復刻版

超越思考シリーズ第三巻

人間やりなおし

今からでも遅くはない

空 不動

Kuu Fudou

復刻版

超越思考シリーズ第三巻

人間やりなおし

今からでも遅くはない

空 不動

Kuu Fudou

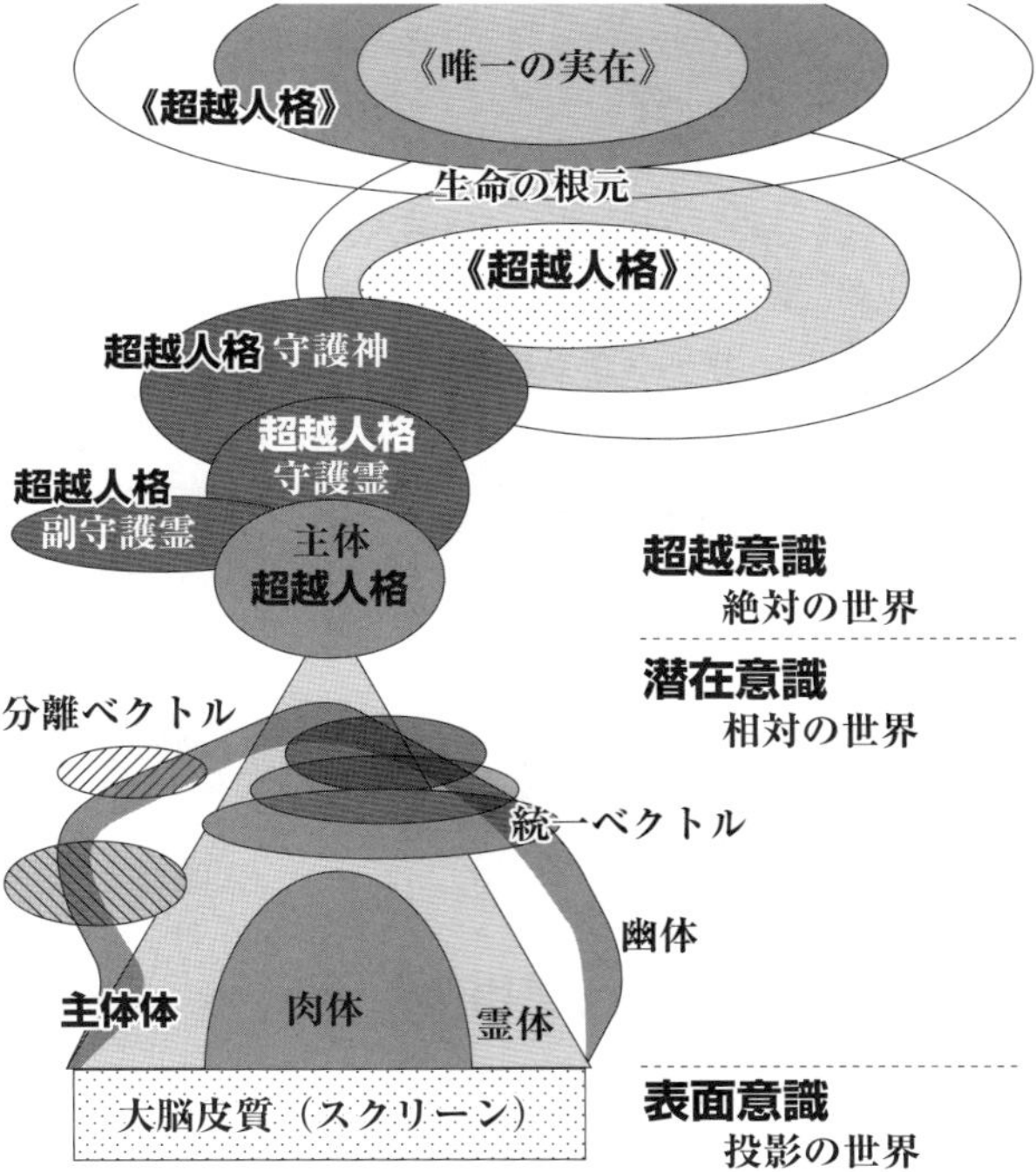

図１　人間の意識の多層構造

人間の意識は表面意識、潜在意識、超越意識からなり、その中のさまざまな人格が表面意識に映し出されてくる。真の自分である超越意識の主体の意識が潜在意識の妨害を受けず、表面意識に真っ直ぐに映し出されている状態が人間の本来の姿であり、その状態を保つ人を統一人格という。

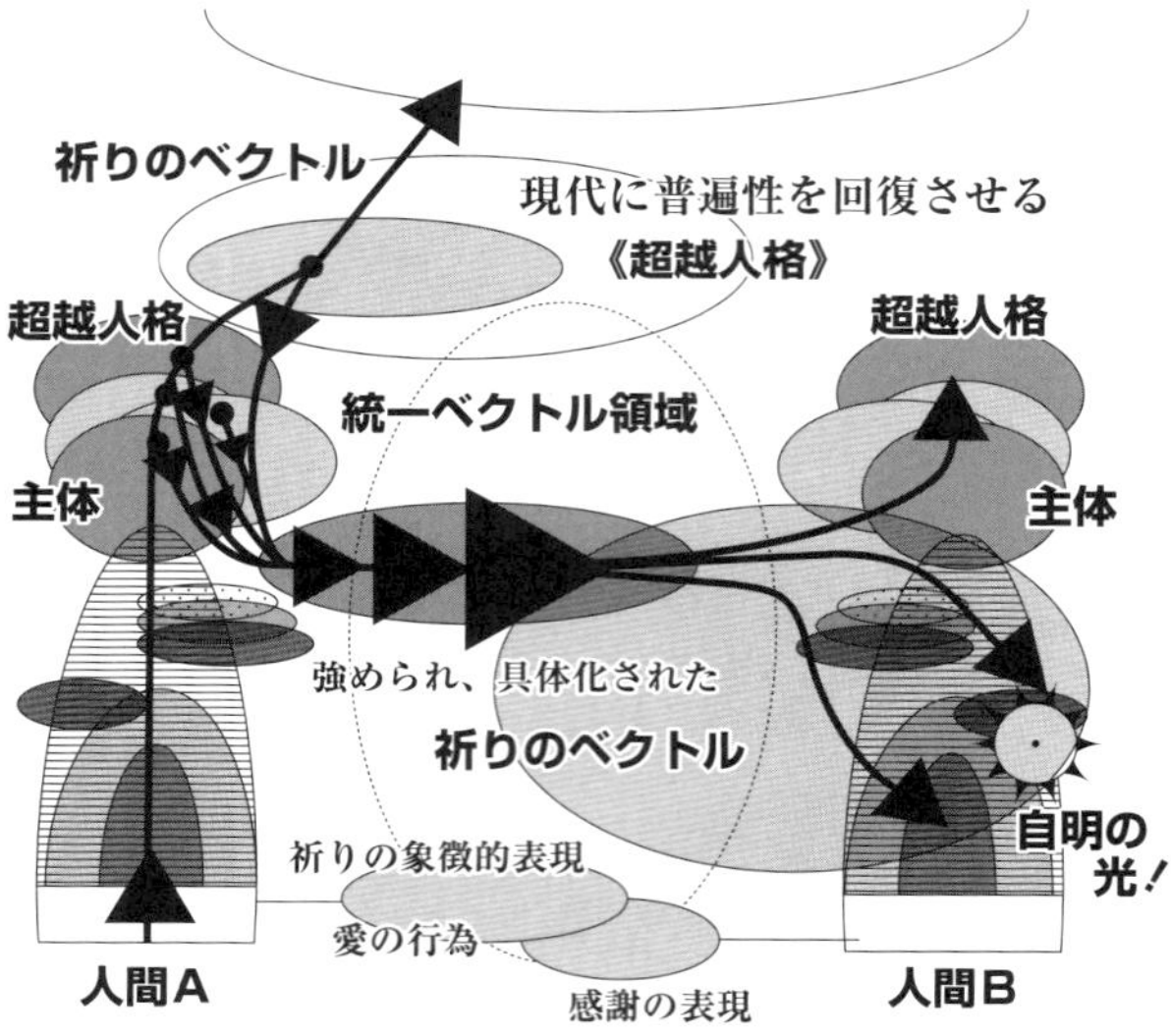

図2　祈りと感謝（図１も参照の事）

図１に示した人間の多層構造の全てで、人と人との交流が行われるが、その根本は主体と主体の交流であり、表面意識はそれを祈りと感謝で象徴的に表現すればよい。

人間Aの「人類愛の祈り」（本文参照）は統一ベクトル領域で強められ、《超越人格》に達する。また相手の主体を心において相手の進歩と調和を祈れば、その祈りのベクトルは具体化され、相手の超越人格に達する。

人間Bはそれに感謝で応えることで、その感謝のベクトルは祈りのベクトルの逆のコースで人間Aに伝わる。

復刻版　再増刷にあたって

「人間やりなおし」の初版出版から十数年経って、一度増刷をしましたが、その増刷分の在庫がついに底をつき、ここで復刻版を出版することにしました。

著者はその後、【暗号は解読された般若心経】、続いて【暗号は解読された般若心経・改訂版】を出版し、読者からの要請もあって、講演会を何度か開き、同様の内容をYOUTUBEでも発表しています。

般若心経の解読だけで、語りきれない重要な内容をこの「人間やりなおし」は含んでいるので、上記新刊の読者が、この「人間やりなおし」を読んでくださっているようです。

この「人間やりなおし」と「暗号は解読された般若心経・改訂版」の本を読んだ多くの読者による自主的な集まりや、著者を囲んでの組織も継続していて、年一回の全国的な研修会も十八回を数えます。

読者からは、再増版を望まれていましたが、その機に、著者として「人間やりなおし」を読み返してみました。そこで、その後YOUTUBEでの活動を考慮し、今進行形の活動にそって、人類愛の祈りの、祈り言葉の説明を一部追加しました。しかし、内容として特に大きく付け足したり、削除したりするところは無いと強く感じています。

「人間やりなおし」は私の原点です。これは当時の私の修行によって得た宇宙に対する理解と解釈とそこに至るための方法論を示したものであり、それはその時の著者でなければ書けない内容です。

もし今著せば、それは今の著作であり、当時とはまた違ったベクトルとなるでしょう。

当時の私には、修行中の体験の記憶が鮮明であり、このままの方が、後から来る人のためにはより現実味があり、説得力があると思います。そこで敢えて、何も付け加えないことにしました。その後の著者の体験は、その後の著書に書き記してあります。

今の私が「人間やりなおし」を読み返してみて、当時の霊修行を思い出し、そのことに「そうだ、あんなことがあったのだ」と前世を思い出すほどの隔世の感を持って読み返しています。

そして当時の私の道を求めて止まない真剣さが伝わってきて、胸にジンとくるものがあります。

今の私は、当時の修行の中で学んだ真理を実践しつつ、現実世界に通用しない真理では意味がないとして、現実の世界の中で真理を体現することを続けています。


今は、私がこれまで説いてきた、普遍の真理を般若心経の世界観の中に発見し、世界に働きかける大構想を本格的に始動させつつあります。

YOUTUBEでの活動はその一環であり、その前にもう一度この「人間やりなおし」を世に出して、道を求める多くの同志と関わり、祈りの輪を広げ、超越思行ネットワークを充実していきたいと思っています。

平成二十九年一月吉日

空不動

序文

この書は私の実際の体験を通して語られる、普遍の真理に至るための案内書である。そしてこの書はあなたが今直面している人生の困難を乗り越えて、真の幸福を得るための手引き書である。

人は誰しも人生の大きな悲しみや運命的苦しみに直面した時、それまでの生き方の変更を余儀なくされ、心機一転人生の再出発をしたいと思うものである。

そのような時、人は無自覚のうちに、あるいは明確に自覚して、人知を越えた「超越的存在」に心を向け、自分の運命に立ちはだかる大きな障害の解決を願うものである。

そこで人は新しい人生を歩もうと、『人間やりなおし』を決意し、その「超越的存在」を前提とした生き方を探し求めて人生の旅を始めることになる。

ところが実に不思議なことであるが、人類には百万年の歴史がありながら、いまだ「超越的存在」を前提とした価値体系というものが普遍的な形でこの世に存在していないことに気づくのである。

確かにそれに近いものとして宗教というものが有るには有るが、徹底した『人間やりなおし』を求め、どこまでも「普遍の真理」を追究する当時の私からは、「そのあるものは自己を世界の中心に置く独善的世界と他の宗教を受け入れない閉ざされた排他的世界の中に閉じこもっていて、それ故に普遍性を大きく欠いたまま強引な価値観を作っている」とみえたものである。そしてまたあるものは、「絶対であるべき神や仏を悪魔や悪霊と対立する宇宙観の中に位置づけるために、結果的に絶対性を失い自ら相対の世界の中に落ちこんでしまっており、大きく魅力を失ってしまっている」と思えたものである。

このように多くの宗教は真理の普遍性を失い、普遍性を失ったまま絶対性を主張することで独善となり、実に傲慢《ごうまん》で不完全な姿でしか存在していないことに、当時の私は絶望的になっていた。

私は「超越的存在」を求める入り口の段階で、既にこのように最も本質的矛盾に突き当たり、それを到底宗教の範疇《はんちゅう》では解決できないことを知り、かえって苦しんでしまっていたものである。

それは私でなくても、真理に素直な人であるなら、宗教の中に長くいるとその独善的な自己中心の世界観にうんざりし、何とかそこから脱却したいと悩むはずである。

当時の私は、絶対普遍の存在であるべき「超越的存在」を自分達の勢力の中に取りこみ、真理の普遍性をわざわざ捨て去って独善の中に安住し、そのことで信仰心を強め、我田引水のへ理屈を発明して妙に有り難がってみたり、他との比較の優越感にどっぷり浸り切ることで救われを得ようとすることでは、到底満足のできない部類の人間であった。

また私が、多くの道を求め真の幸福を求める人々と話してみて感じたことは、人知を越えた「超越的存在」を直感していながら宗教には決して近づこうとしないでいる人達が多くいる、ということである。

つまり宗教にはどこか否定的であり嫌悪感さえ持っていながら、「超越的存在」を明らかに意識して真摯に生きている知性的な人達は案外多いのである。それは宗教に対して当時の私と同じ問題で悩む故であろう。

はたして現代において多くの宗教は、真摯に道を求め真の幸福を求めるそのような人達に対して、本質的に矛盾のない解決を与えるだけの力と普遍性を持ち合わせているのであろうか。

普遍の真理を求め、『人間やりなおし』によって運命的困難を乗り越えようとする当時の私にとっては、人知を越える「超越的存在」を心のどこかで確かに感じていたからこそ、「超越的存在」を前提とした価値体系が存在するならば、それはある宗教のように自己中心の世界観や独善的価値観であってはならず、普遍的でなければならず、排他的であってはならないと私は強く思い続けていたものである。このように当時の私の求めているものは、もはや宗教とは言えないものであった。

私はそれ以来、人類普遍の価値体系をもたらす「超越的存在」はもはや宗教の中に居られるはずはないと確信して、まだ見ぬ「超越的存在」に対してこれらの疑問に解決の道を示して下さるように、そして「超越的存在」による絶対普遍の価値体系を示して下さるように、そしてその価値体系に沿った『人間やりなおし』の道を示して下さるように、真剣に祈り続けたのである。

そしてその私の祈りは、結果的に最も本質的なところでかなえられていくことになった。

それは私が初めに期待していたこと、即ち書物や言葉で教えて頂くというスタイルではなくて、結局私自身が「超越的存在」の直接の強い指導の下に、普遍の真理を得る道を開拓し、その道に沿った『人間やりなおし』を実践することによって、真の幸福を得る方法論を体得するという思いがけない運命に導かれて行くことになったのである。

結果から言うならば、「超越的存在」は私の確信の通り、まさしく宗教の外側に厳然として居られたのである。

そして普遍の真理を得てみれば世の中にはすばらしい宗教も当然有ったし、独善と見えた宗教も文化の中でそれなりの部分の働きを十分していることが理解できたのである。ただしそれらの宗教は、文化全体の中で自らの立場を確立できない、傲慢で危険な姿のままではあるが。

世の中に「超越的存在」を説かない宗教はない。愛の大切さを説かない宗教はない。反省の必要性を説かない宗教はない。そして人生を真面目に生きようとしている人であるなら、愛深くあることの大切さを知らないはずはない。正しい行いが必要であることを知らないはずはない。反省の必要性を知らないはずはない。

真理の言葉を満載する宗教によって、「愛とはこういうものだ」「これが正しい道だ」と示されて、それをそのまま実行できる人はもう既に救われている人であり、その人にとってはただその自覚だけが必要であったのだ。

また心素直でない人は、その虚栄心が「その通りできない自分」を隠し、知識を得たことであたかも「その通りできている」ように振る舞い、自分でもできていると錯覚し、人に「良い人だ」と言われることで満足するのだ。この人達にとっては、神さまにではなく他人にどう思われるかだけが大事なのであって、他人との比較の中にだけ住んでいて、そのために一所懸命宗教をやっているようですらある。

「愛とは何か」を示され「正しい道」を示され、それを知識として理解することで自分はもう既に「その通りできている」と錯覚できるおめでたい部類の人達は、その宗教で十分満足してしまうものである。

そして何よりもその「愛とは何か」を説き、「正しい道」を説く人が、自分自身を見極めていなければ、自分を何か特別の人間と思いこみ、自分には決してできないことを、そうとは知らずに周囲に向かって堂々と説くことになり、それでは虚栄の世界を作りながら偽善をどんどん積み重ね、自己矛盾を積み重ねていくことになってしまうのである。

しかし心素直な人は今、人生を真剣に生きようとする中で愛深くあろうとしても、そうできない自分に直面して苦しんでいるのだ。どうしたら愛深く成れるかを求めて苦しんでいるのだ。

正しい行いが必要であることなどは誰でも当然分かっていて、問題は常にその正しい行いができないことで悩むのである。反省深く生きているつもりでも、ある時根本が何も変わっていない自分自身に直面して絶望するのである。

真実は、そのような現実のどうしようもないダメな自分に直面してからが、本当の信仰なのだ。

そしてその「どうしようもないダメな自分」に直面した人が実践し、真の救われを得ることができるかどうかで、その宗教が真の宗教か、それとも独善的世界観の中に人々を閉じこめることで他からの優越感を与え、仮そめの安住の地を与えるだけの……、そしてただ集団的陶酔と自己満足と虚栄とを与えるだけの偽の宗教かが明らかにされるのである。

ここではこの書の限られた紙面を、愛の大切さを説くことよりは、「どうしたら愛深い自分に成れるか」の方法論を説くことのために多くを割いた。

愛はいかなる宗教においても常に語られることであるが、真剣に生きようとする人にとって、愛や思いやりの大切なことなどはあまりにも当然過ぎるほど当然である。

そして正しい行いが必要なことなど、三歳の子供でも十分知っていることである。

私がこの書で述べたいことは、「愛の大切なことなどは当然とした上で、それではどうしたら人に見せるための偽善的な愛にならずに、本当の愛を実践することができるか。決して虚栄心を満足させるためではない、決して自分や他人への見せかけではない、心の底からの愛とはどういうことか。そしてそうできない自分自身に直面した時にどうすれば良いか」ということなのだ。そして正しい正しいと言っても、正義と正義が衝突する現代において、何が正しいのかを正しく判断するのは極めて困難である。むしろ現代はそれをめったに判断してはいけないのである。

そして真の正しい判断力と矛盾のない行動原理を得るためには、最低この書で示した「行」を実践し、超越思考を得なければならないことになる。

この書を執筆するにあたって私はあえて正しいとか間違いとか、善とか悪とかいう二極的表現を極力避けることにした。それは愛とか平和とか、善とか悪とか、正しいとか間違いとか、そういう象徴的な言葉を安易に遣《つか》ってしまうと具体的意味を失い、単なる「呪文《じゅもん》」の言葉になり下がってしまうのを恐れることからと、善と悪の対立の中で真理を説くことには限界があるからである。

この書ではまず第一段階の「個人の救われ」に達するための方法論として、いくつかの「行」を実践的に示すように心がけた。そして特に私の体験を基として、自分の現実の姿を直視し、それを徹底して見極め、救われるべき自分自身の出発点を明確に定める「自明行《じめいぎょう》」を重点的に取り入れた。

人間の大きな可能性と現実の醜さ、この人間の光と陰の両面をバランス良くとらえるために、自己の現実を見極め、それに対処する「自明行」なくしては、いかに理想を高く掲げても、いくら熱っぽく愛を語っても、それだけでは現実から浮き上がってしまい、人間はその理想と現実のギャップの中でかえって苦しんでしまい、決して救われることはない。つまり直面する自己の現実の醜さ一つ一つに丁寧《ていねい》に対処する「自明行」なくしては『人間やりなおし』は成功しないのである。

私は宗教に絶望し、宗教の外側に「超越的存在」を求めたのであり、それ故にこの書をいわゆる宗教書として見て戴きたくはない。私は文化家として、人間を生かしている精神文化に関する書として著したつもりである。

それでもこの書で述べる、宗教と重複する分野は長年の宗教体験を持った人にとっても大きな発見の連続となるに違いない。

これまでは自分自身にさえ隠してきた「愛深くあろうとしてもそうできない現実の自分」を、今度は恐れずに直視することができるはずだ。

そこであなたは初めて、自分自身の『人間やりなおし』へ向けての新しい出発点を発見し、今度こそ真の救われへの希望と実感を持てるであろう。

この書は、私が「超越的存在」に直接導かれ霊修行を通して得た真理に至る道と、そこへ至る方法論を整理して、皆さんにも日常生活の中で十分実践できるように改良工夫してある。それ故に私はこの書を徹底した現実主義の立場から執筆したつもりである。従ってこの書を読んでもし理想主義的と思われる方がいるとすれば、残念ながらその方は私の主旨を全く理解して戴いていないことになる。

この書は入門書としての位置づけにあり、課題を『人間やりなおし』として、魂の救われという宗教的な「個人の救われ」の問題にかなり限定して絞りこんだ。

さらに『人間やりなおし』の次に来るべき、人間の究極の理想を指し示すこと と、そこへ至る方法論、及び社会や国家の問題、民族と歴史の問題、そして組織や人類に関する問題など『全体やりなおし』の課題は私の既刊の四冊（巻末を参照）、及び次巻に譲ることにした。

人間やりなおし——もくじ

4節　潜在意識を越える――80

5節　普遍的な神への到達――99

第三章　超越人格の導き

第四章　自己改造のための自明行――305

第一章
自伝的　真理探究の物語

1節　九十九パーセントの無神論

〇一　自然科学の中に真理を求める

まず初めに、私が長年「普遍の真理」を求め続け、そこにたどりつくまでのお話を少しさせて戴きたいと思います。

私の大学での専攻は物理学で、以後、国立の研究機関に籍を置き工学も学びました。

私は真理の探究者として初めは自然科学を探究し、科学者を目指したのです。その後医学と工学の境界領域の分野で、人間の視覚の研究などに従事してきました。

その当時の私は学術研究者としての自負からか、唯物論であり無神論でした。

しかしちょっと普通の無神論と違っていたのは九十九パーセントの無神論であり、常に自分の心の中に一パーセントの神の存在の可能性を残しておいたという点です。

当時私は『神は九十九パーセント存在しない』と思っていましたが、残りの一パーセントの部分で『いまだ神の存在しないことが証明された訳ではないのだから、絶対に存在しないという姿勢は科学的ではない。神は存在するかしないかのどちらかであり、半分だけ神が存在する、ということは有り得ない』と考えていました。

そして、もし神が存在するとするならば、次のようであると考えていました。

『もし存在するとしても、人間に毛が生えた程度の中途半端な神では到底神と呼べる存在ではないし、ましてや自分の運命を委ねるに足る存在ではない。そして真剣に求めるに足る神でもないし、それでは神は存在しないに等しい』

そして、『神が本当に存在するならば、神は決して宗教の枠の中に閉じこもって、他を否定するような偏狭なことを絶対にするはずがない。それでは単なる不思議な生き物に過ぎず、到底神といえるものではない』

『神がもし本当に存在するならば、それは完全な存在として宇宙の法則を司《つかさど》り、絶対的存在として、しかも宗教などの枠に無関係に、善悪を超越して普遍的存在として厳然と存在しなければならない。そしてそれ以外の神は全く存在するに値しないことなのだ』とそう思っていました。

学生の頃の科学者を志す者としての私は、この際どこまでも神は存在しないという立場で貫いてみようと思って、そう徹底して思考し行動していました。

そして友と議論する場合でも、私は常に無神論の側で論陣を張っていたのです。

〇二　徹底した唯物論の見解

その頃の私は神を意識的に無視して、故意に徹底した唯物思想を貫いていました。

その頃を思い出して書いてみれば……。

『宇宙はビッグバンによって突然できたものであり、太陽系も地球も偶然の産物に過ぎない。

その中で営まれる生命活動はこれまた偶然の産物であり、この人間の存在は偶然が重なって生物が何億年という時間の中で進化した結果であり、その偶然の中で生きる自分は何と小さい存在であろうかと。この小さな人間が何を考えようと、それは宇宙の中では全く無意味ではないか。

絶対善とか絶対悪は実は存在しないのであり、単に社会秩序を保つために人間が作り出したものが正義だったり、宗教だったり、善とか悪という概念に過ぎない。愛とか、思いやりとか、誠実とか、……愛も平和も単なる社会秩序維持の機能のための、人間の都合によって作られた概念に過ぎない。生命の尊厳とか生命尊重という主張だって、神なき世界にいったいどれほどの意味があるというのか。絶対善の意味がない愛や平和を本気で論ずる気にはなれないし、そんなことは誰かに任せておけば良いではないか。反対に人殺しだってどうして悪いと言えるのだ。善というものに絶対性がないのであれば、悪にも絶対否定の理由はない。従って人殺しや泥棒を裁くことなどできはしない。人間の精神性も単に大脳皮質の活動の産物であり、愛とか思いやりとか、それがいったいどれほどの価値があるというのだろう。

そのような、ある人達が大切にしている真・善・美の一切のものが単なる大脳皮質の活動に過ぎず、それ以上なんら絶対的意味を持ちはしない』

〇〇三　唯物論の限界

しかし一方、偶然がどれほど重なろうとどれほどの時間が経過しようと、宇宙が出来て、太陽系と地球が生まれ、そこに突然生命が発生し、それが進化し、人間にまで成長し、それが自分の存在を意識し、ものを考えるなどということがあり得ることなのであろうか。

そもそも、全ての生物がその親から子へと伝える遺伝形質を作っている遺伝子は、DNAによるただ一つの方式しか存在しないというのも理解に苦しむ。偶然できたものならばいくつかの違った遺伝方式が有ってよいし、現在もそのような生物の系統が存在していなければおかしい。一つの方式しか存在しないということは、長い地球の歴史の中でたった一回しか生命の発生はなかったと考えざるを得ない。

それはあたかもテレビの部品の材料の全てを一つの箱の中に入れておいて、それを外から振動を与えて揺らし続けていたら、ある時全ての部品が作られて、それが正しくつながり、偶然にNTSC方式のテレビ受像機が一つだけできあがり、映像を映し出した確率に例えられよう。そしてさらに問題はそれがなぜNTSC

方式なのかである。ＰＡＬ方式だってＲＧＢ方式だっていくらでも考えられるはずだ。

いやいや人間の発生はもっともっと不可解で、その発生の確率はそのテレビよりももっともっと低いに違いない。……

そしてさらに不可解なことは、人間を人間たらしめている意識の存在のことでした。

自己と自己以外の存在を自覚する意識を、唯物的に物質の作用として説明することはあまりにも不自然ではないだろうか。……ということでした。そのことは九十九パーセントの私にとってはどうしても解決できない問題でした。そして私は九十九パーセントの立場をとりながらも、この「偶然」という概念をいかに認識するかが、また「意識」の存在をいかに位置づけるかが、無神論と有神論を分ける分岐点であろうとは感じていたようです。

神が存在するとすれば、この偶然が神の完璧《かんぺき》なコントロールの下にあり、「意識」も神からきているに違いないであろうと、そこに一パーセントの可能性を残しておいたのです。

この一パーセントの考えは時たま心に湧きあがるのであって、日頃は心の奥深くに控えていました。

一方日常では九十九パーセントの方が私を支配しており、それが私の価値観と人生観を作っていましたから、それは当然人間関係にも友達関係にも影響してきました。

その中で私は友達と友情を温めたり徹夜で議論したりもしました。

しかし九十九パーセントの方の私は未来の運命の選択も偶然に過ぎないし、人の出会いも偶然に過ぎない。また友情も恋愛感情も愛も誠も、それもこれも大脳皮質の活動に過ぎないし、死んだら意識もろとも全ては消滅するのだと思うことにしていました。

音楽も好きでよくクラシック音楽のレコードを買い集め、自分が趣味で作った真空管OTLアンプで聴きあさっていたことを覚えています。

しかしその音楽に陶酔しどれほど感激しても、それも単なる大脳皮質の問題だと処理してきたのです。

当時のこのような「全てを大脳皮質の活動に過ぎない」とする私の虚無的な生

き方が、後になって大いに役立ってくれるとは、当時の私には知る由《よし》も有りませんでした。

このような生き方を続ける私は、当然周囲からもずいぶん変わった人だと思われたに違いありません。

それは今思えば大変に苦しい時代でありました。

2節　一パーセントの目覚め

○○四　一パーセントの目覚め

九十九パーセントの方の私は物理学や自然科学の中にしか真理はないと信じて、その中に自分の生き方を探ろうとしていましたが、唯物論的無神論に徹すれば徹するほど心は虚無感に襲われ、未来に対する不安も増加して行きました。

やがて私の唯物論は限界に達し、それ以上前に進めないでいたのです。

就職して社会に出てすぐのこの頃は、唯物論的無神論に徹しようとしながらも、一方で神の存在が気になってきていた頃でした。

ちょうどその頃、待望の学術研究者としてスタートし、いよいよ研究の仕事もこれからという時に突然病気になり、未完成の実験装置もそのままにして入院してしまいました。

そしてそのような時に限って仕事や身の回りの事で困難な出来事が次々と重な

ってしまったのです。

私はそのような困難な運命に直面してみて初めて、自分が苦しんでいる人間であることを知ったのです。

入院していても頭の中は中途で投げ出してきた研究の心配でいっぱいであり、さらに「入院が長引いて、研究者としての道を続けられなくなったらどうしよう」というような、将来に対する不安がどんどん膨《ふく》らんでしまい、私は自分の心の不安を全くコントロールできない人間であることを、その時いやというほど知らされたのでした。

私はその時初めて自分が救われるべき人間であったことに気づいたのです。それを契機に私は真理の探究以前の問題として、何を為《な》すにもまず初めに自分が救われていなければどうにもならないと知ったのです。

そのために今度は生まれ変わって自分の人生を根底から出直したい、という強い衝動にかられたのでした。

つまりそれはもう従来の九十九パーセントの方の私では解決できない問題であり、ついに価値観と人生観の方の変更を余儀なくされることになったのです。

その時、私は心の奥深くに残しておいた、たった一パーセントの私に賭けてみる以外にないという結論に達したのです。

その時たった一パーセントの可能性に以後の人生の全てを賭けることができたのは、それまでの十年近くを徹底して九十九パーセントの可能性に賭け、無神論に徹して生きてきたからこそなのです。つまり私の中では九十九パーセントの可能性の方は、既に実験済みだったということです。それが矛盾だらけであったことは、誰よりもこの私が一番よく知っていたのです。

それ故に私は以後躊躇《ちゅうちょ》なく、残された一パーセントに私の人生の全てを賭けることができたのです。

そんなことが私の『人間やりなおし』の始まりでした。

○○五　中途半端な神々に満足できず普遍の真理を求める

私は何事でも熱中すると、寝食を忘れるほど集中し、徹底してしまう方でしたので、それからの私は突然掌《てのひら》を返したように、今度は徹底して神の存在を前提とする生き方に変わってしまいました。

友と議論する時も以前とは一変して、今度は徹底して無神論を否定したので、それまでの私を知る友は目を白黒させて面食らったに違い有りません。

本屋に行けば必ず哲学書や宗教書を何冊か買ってきたものでした。しかし私にとっては、どの本も肝心なところで私の求める「超越的存在」の概念を満足させてくれるものではありませんでした。つまり私からみるとどの神も中途半端な神であり、そこに説かれている真理も哲学も決して絶対普遍とは思えず、またそれが「単純で美しい」とも到底思えるものではなかったのです。

私は、神とは特殊な人にしか理解できないような存在であるはずがなく、全ての人をその人に応じて生かして下さる存在であり、そして真理とは決して学問知識ではなく、難解であるはずがなく、単純で美しいものでなければならないと思っていました。

しかし多くの宗教の中では、その宗教にしか真理が存在しないような独善的な理論を構築され、それ故に強引な布教方法がとられたり、無理な資金調達がなされたり、特に一神教や一神教的な理論の宗教では神と悪魔が対立した二極構造の世界観を作っていて、一つの神による一つの真理が一つの宗教の中でしか通用しなかったり、自分に都合の悪い存在を簡単に悪霊に仕立て上げたり、さらにその同じ神が他の宗教からは悪魔にされてしまうというような極端な独善性は当時の私をますます混乱させたのです。

これではそこに一見いかに人生の指針となるすばらしい言葉が説かれていても、このような神々の姿を「超越的存在」として受け入れることなど、私には到底できるはずがありません。そして、私はやがてそのような神の姿には見切りをつけて、「超越的存在」としてもっともっと理解しやすい普遍的な姿を求め続けることになって行くのです。

神が存在する限りには神が悪魔と対立したり、ましてや他の神と対立したりする世界を創るような神では、私にとっては到底神と呼べる存在ではありません。神は私にとっては「普遍の真理」であり、同時に「絶対の真理」でなければならなかったのです。そして「普遍の真理」は善悪を超越し、全宇宙に通用する絶対普遍の価値体系を創る根底となるものでなければならないし、それ故に「普遍の真理」とは「単純で美しいもの」でなければならなかったのです。

当時の私には、宗教の中では愛とか調和とかが強調されていながら、その宗教以外の宗教とは実に不調和な関係を作っていることが、とても耐えられないことと思えたのです。

特にある種の独善的宗教勢力や一神教の、他を一切認めない傲慢《ごうまん》さは、そこにいかにすばらしい愛や真理の言葉が散りばめられていても、私には到底受け入れられるものではなく、ましてやそのような矛盾の中に自分からわざわざ足を踏み入れることなどは決して有り得ないことでした。

その私の重大な疑問点を、宗教団体に入って熱心に信仰している人に問いただしても、なかなか理解してはもらえませんでした。

どうもそのことを強く意識して問題視するのはこの私が特別のようでした。

私のそのような問題提起に対して、宗教に熱心な信仰者からは「どうしてそこまで厳密になる必要があるんだ」とか「そんなことは大した問題ではないじゃないか」とか「どうしてそんなことが問題になるんだ」とか「宗教とはもともとそんな程度のもんだよ」という答が返ってくるのが常でした。

私は彼らのそのような意識とは余りに隔たりがあることに幾度となく失望した

ものです。

その問題に真剣に取り組んでいた当時の私には、そのような彼らの信仰態度というものがとても不純に思えたものでした。

それは絶対普遍であるべき神の方を強引に自分の所にまで引き降ろして、自分達に都合の良い神に勝手に仕立て上げて有り難がっているように思われたからです。

それにもかかわらず、救われたような、信仰深そうな、言葉は丁寧《ていねい》で有り難そうな顔をしている彼らの態度がとても偽善的に思えて、私にはそれがかえって腹立たしくさえ思えたものでした。

私はそんな彼らに接して「そんな不純な態度で絶対に真理を得ることなどできるはずがない。もちろん絶対に救われるはずもない」と決めつけていました。

そして私は「そんな矛盾だらけの、ご都合主義の、独善だらけの中途半端な神になんか救ってもらわなくて結構だ」という強烈な思いが突き上げてきたものでした。就職や結婚の問題ならいざ知らず、私はこと「真理」とか「神」に関しては、一切の妥協や利害の気持から接したくはなかったのです。

そして私が神に求めるものは、存在する限りにはどこまでも絶対普遍の存在でなければならず、決して自分の都合に合わせた神ではなく、人間的対立の中には居られず、私達を調和の中に生かす存在でなければならなかったのです。

私はそれほどの絶対の神を求め、普遍の真理を求め続けていたのです。

3節　霊修行が始まる

〇〇六　まだ見ぬ絶対の神に祈る

私は絶対普遍の神が存在する限りには、その神が善悪の対立の中に在るはずはないし、それ故に絶対普遍の神がもはや宗教の中には存在し得ないし、絶対普遍の真理は単純で美しいものでなければならないと確信していました。そして結果からいうならば、私のそのような気持は既に実質的に祈りそのものでありました。

そして私はいまだ自分では確認はできていない絶対普遍の神に向かって、やがてハッキリと言葉に出して真剣に祈り続けたのです。

「絶対普遍の神が本当に存在するなら、私にそのことを確認させて下さい」と、そして「神が善悪を超越し、宗教をも超越した存在であることを、そして真理の単純で美しいことを示して下さい」と、そしてさらに「地球の未来の秩序を構築するために、その美しい真理を基にした絶対価値体系を私に示して下さい」……

と祈り続けたのです。

毎日毎日それこそ四六時中、その問題で私の心の中は明け暮れていました。いつもいつもそれを求め、そのことを祈っていました。

宗教者をつかまえてはこの問題の疑問をぶつけて、私は相手の独善を厳しく追及するものですから、ついには喧嘩《けんか》みたいになることもしばしばでした。そしてしばらくして……

○七　突然、霊修行開始の啓示を受ける

それは二十七歳のある日のことでした。いつものようにその問題で悶々《もんもん》としている時、突然、『その問題を解決するのはあなたです。これから霊修行が始まります。覚悟するように』と守護神から霊言によって言い渡されたのです。

まず初めは、自動書記をするから書道用具一式を買ってくるようにと言われ、急いで街へ行ってそれを買い揃《そろ》えて来たものでした。そこで一番初めに書いて頂いたものは、『無礙自在』（「むげじざい」と読む。とらわれがなく自由自在な心、という意）という見事な「書」であったと記憶しています。そしてこの言葉は、

以後霊修行の中の重要な場面で大いなる味方になってくれたのです。

これが私の霊修行の始まりでした。

初めのうちは、守護霊がテレパシー・自動書記・霊視・霊聴・霊夢など霊的な指導をして下さったのです。以後は次第に守護神から直接いろいろと指導を受けることになっていきました。

肝心な場面では必ず守護神が出てきて、私に厳しく忠告して下さったり、喝《かつ》を入れて下さったり、未来の運命の方向を強く指し示して勇気づけて下さったりしました。

そのような体験に私は驚き、感動し、使命感や気負いが、いっ時自分を突き動かしていたように思います。

修行は一番初めの頃は朝の四時頃までかかり、睡眠時間は二〜三時間という状況がしばらく続きましたが、さして疲れは感じませんでした。

そして次々現れる霊現象を体験しながら、そのうちにきっと私の求める「普遍の真理」が現れてくるに違いないと思って、いっ時はそれを待っていたのです。

自動書記ではすばらしい道の言葉を「書」として書いて頂いたり、守護霊からのメッセージという形で、周囲の人々に運命の指導をしたり、未来を予知したり、……霊聴やテレパシーであの世の事や真理の言葉をいろいろ教えてもらったこともありました。

そしてある時は歴史上の事件や人を清めたり、またある時は街中を祈りながら歩き、周囲を清めたり、そしてある時は夜中に突然起こされて、「○○町まで行け」と命令され、霊視された家の前まで行ってその門の前で祈ったり、そこでいろいろと清めたりしたようなこともありました。

その事はどうも不自然で信じ難い内容もしばしばあったので、おそらくこれは私の潜在意識の浄化ではないかと勝手に思っていました。

霊修行が始まってしばらくして、ある時私は守護神から『あなたは神界から地上に遣《つか》わされた、救世の大霊団の地上の継承者である』と伝えられ、その働きに係わる私の大きな天命を啓示されました。

その直後にあたかもその事実を裏づけるかのように伝えられたことは、詳しくは忘れましたが、それは私の生年月日の持ついくつかの象徴的意味でありました。

その事があってからすぐに、急に掌の皮がボロボロとむけだしたと思ったら、短期間のうちに両手の手相が一変してしまい驚いていると、たまたまある人がその私の手相を見て「これは本モノだ、あなたは救世主の条件を備えている」などと、有らぬことを言っていたことがありました。

○○八　おだてられたが、決して独善にも傲慢にもおちいらなかった

しかしそのようなことを言われても、私はそれをそのまま信じたり、有頂天《うちょうてん》になってそれを吹聴《ふいちょう》するようなことは全くなかったのです。

私は到底それらの霊言や誕生日の不思議な符合や、一変した手相を信じて、それを前提に生きるなどということは絶対にできない部類の人間だったのです。

私は多くの宗教者や求道者がせっかく素質がありながら、このような霊言や霊現象に呪縛《じゅばく》されて、独善と傲慢に落ちこんでしまい、自らの一生を台無しにしている実態を見聞きしてよく知っていましたから、「このことで決して独善になるまい、傲慢におちいるまい、ここで私までが釈迦やイエスの生まれ変わりだなどと言い出したら、私はもうおしまいだ」と常々自分に言い聞かせていました。

「これは明らかに私を独善と傲慢に引きこもうとする守護神のテストに違いな

い」と、守護神のテストの主旨を見抜いたつもりでいましたから、そのような内容を否定するか、相手にしないようにしていたのです。

そしてこれらの霊言を否定したもう一つの理由は、この時点ではいまだ本当に指導霊が守護霊であって、その背後に守護神が控えているということは明確に証明されてはいなかったからです。

傲慢になるまいと注意している私にとっては、そのような位置づけをされ条件をつけられてしまうと、私が求めている「普遍の真理」に色がついてしまい、かえって価値を低めてしまうように思われて「困ったな、私は純粋に普遍の真理を求めているのであって、宗教団体を作りたいわけでも、その教祖になりたいわけでもないのだが……」というのがその時の実感でありました。

〇〇九　天命の啓示があったけれども無視し続けた

人間というものは霊的権威に極めて弱く、特に霊や宗教に関心がある人はなおさらのこと、霊言によって運命を示唆されでもすれば、たちまちその言葉に呪縛されてしまい、簡単にその内容を信じてそのつもりになってしまうものです。

私は知性的な人間でありましたし、そのような霊的呪縛の実態を霊修行以前から知っていて、霊言や霊視で『私は神である』と言って出てきても、それが神ではないことがほとんどであることも良く知っていましたし、大方の霊現象には絶対性がないことも十分知っていましたから、このような誘惑に乗ることはなかったのです。

それに何にもまして私の強く求めていたものは、そのような特別の立場ではなく、霊現象でも霊的権威でもなく、独善のない「普遍の真理」、ただそれだけであったからです。

それは霊修行が始まってしばらくして八年間の修行を覚悟させられた頃だったと記憶していますが、それはある日独りで愛車を運転している最中に起こりました。

運転している私の背筋を光が突然貫いたような感じに包まれ、その後全身がハッカを食べたみたいにスーッとしてきたので、それ以上運転を続けることができなくなり、思わず車を路肩に止めて成りゆきに身を任せていました。

すると守護神の声で、『汝《なんじ》の天命は人類のこの危機的時期にあって、釈迦やイエスにもできなかった偉大な仕事を成しとげることにある』と言い渡されました。

その瞬間は、その啓示の意味よりも突然の異常体験に私は呆然《ぼうぜん》としてしまい、体が元に戻るまでの数分間、車の中でじっとして祈り続けていたことを覚えています。

体がどうにか元に戻ってから啓示された意味がじっくりと思い出されてきて、その時私は守護神に、「私は確かに現代に遺《のこ》された仏典や聖書に飽きたらないからこそ、現代に通用するそれ以上の普遍の真理を求めているのですが、いまだ何も得ていない今のうちから、私の天命をそう決められてしまうと、かえって重荷でありとても負担です」と伝えたのです。

独善と傲慢におちいるまいと強く意識していた私は、このような霊言によって私が何か特別の人間に仕立て上げられ、位置づけられていくことは危険だと察知し、これを受け入れてつかんでしまっては、私までがまた独善的な宗教でも始めることになりかねないと思い、その言葉を無視しようと努力していたものです。

この一番初めの、「独善と傲慢への誘惑のテスト」と思って努力していた試練は、今になって守護神にその意味内容を確認してみるならば、それは確かに独善と傲慢の落とし穴に落ちない訓練でもありましたが、それ以外に私の「普遍の真理」を求める気持の純粋さのテストでもあったのです。

そしてまたこのテストはこれから続く霊修行そのものの適性を試すテストでもあったのです。

これは霊修行の第一教程というところでしょう。

今になって思えば、この種の守護神による私の天命の啓示に関しては、何もそうむきになって否定しなくても良いことでしたが、それは結果論であり、一たん強く拒否することが正解でしょう。

読者のためにつけ加えれば、この種の霊言は一たん否定することが鉄則です。こちらに独善の気持や傲慢な気持や虚栄の気持があれば、それに共鳴する偽者の神が出てきて、全く普遍性のない虚栄に満ちた自己満足の独善的世界を作ろうとするからです。そしてそのような例はあまりにも多いのです。

さて私は日頃から、『私が導いて頂いている方法は、私だけが特別に救われる方法では困る。私はあくまで特別の人間として救われるのではなく、まずは普通の人間として救われ、愛深く生きることができなければ、普遍的な「道」を開拓したことにはならない。霊修行は、「道」を求める気持がある人達を、私が代表して修行しているのであり、求める気持さえ有るならば、誰でもが歩める「道」でなければならない。そして選ばれた私だけしか救われないような道では「普遍の真理」を体得したことにはならない』と考えていました。

そしてさらに私は『救われを説く人が、初めから完全で決して罪を犯さない神さまだったり、生まれた時から特別偉い人間なのでは、現実的な救われの力を持ち得ない。普通の人間の弱さも苦しみも正直に自分のこととして認め、その体験を通して苦しみを乗り越え、そのなかで「普遍の真理」を追究することで超越的な世界に到達し、本当の救われの「道」は開拓される』と強く思っていました。

そしてこのような時であっても、私は決して「個人の救われ」だけではなく、湧き上がる人類愛の気持を大切に、人類の恒久平和を祈り、未来の地球の秩序を真剣に求め続けていたのです。

霊修行を通してそれが与えられることを私は期待していたのです。

そのような私の願いは従来の宗教では到底かなえられないからこそ、現代に通用する絶対価値体系を真剣に求めていたのです。

一〇 人類の未来の秩序を創る絶対価値体系を求めて祈る

その頃の私の常々の祈りは、「私に絶対価値体系を与え給え」でありました。

ちょうどその頃、富士登山をして御来光を拝した時に、そこに現れた神さまから、「あなたの願いを一つだけかなえて上げましょう」と言われた時には、私はとても喜んで一瞬のためらいもなく、「私に絶対価値体系を与え給え」という言葉が一気に心から湧き出てきたのでした。

その一瞬に湧き出てくる祈りからも明らかなように、私は霊的権威を求めるのではなく、特別の立場を求めるのではなく、普遍の真理を求め、人類の恒久平和を実現するために必要な絶対価値体系を求めている私の強い純粋な気持は、守護神に当然伝わっていました。

まずは課題の霊修行の適性テストと、「普遍の真理」を求める気持の純粋さのテストには合格し、霊修行の第一教程は無事終了したのです。

この種の、私の天命を示唆して下さったり、未来を指し示して下さったりする守護神の指導は、それ以後も何年にもわたってしばしば体験しました。

時が経つにつれて私は成長し、それらを拒否せずに自然に有り難く、しかもとらわれずにそれらを受け取ることができるようになって行ったのです。

その時はもう既に霊言にとらわれたり、独善や傲慢に引きこまれたりする心配は全くなくなっていたからです。

○一一　天命の啓示は以後何度も繰り返された

以後のこの種の「天命の啓示」や啓示的意味の霊体験は数え切れないほどありました。

それらのうちで今でも思い出すことのできることとしては……。

その一つは霊視として戯画化された形で見せられたことです。

それは『この混迷する世界に人類を救うべく四人の「人」が天から地上に遣わ

され、私はその三番目であること。そして一人目と二人目はかなりの業績を遺したが最終目的に到達できなかったこと。そこで三人目の私は、一人目と二人目の業績から吸収できるものは最大限吸収したこと。さらに前二者が最終目的を成就《じょうじゅ》できなかった原因を、指導上も組織上も有効な修正機構を構築し得なかったためと、絶対的立場を主張しようとして真理の普遍性を大きく犠牲にしてしまったためと、さらに「個」と「全体」を調和させる原理を発見できなかったためと見抜いたこと。

そこで私は宗教から離れた所で一たん純粋に真理の普遍性のみを追究し、独善を徹底して排除することで初めて宗教の限界を越えて真理の普遍性を回復できたこと。そこで次にそれから導かれる絶対価値体系を産み出し、「個」と「全体」を調和させる理論とその方法論を体得し、それを携《たずさ》えて人類に働きかけ、ついに人類の恒久平和の道を切り開くことに成功した』という内容でした。

さらにそれ以後の重大な意味を持つ啓示としては、以下のような体験があります。

それはある朝早く目覚めと同時の出来事でした。守護神の威厳の有るしかも大空と大地に響きわたるようなエコーがかかった大きな声で、『汝ダビデの子、ソロモンの子、ヘロデの子……』と突然言い渡されたことがありました。

その当時は、それがいったい何を意味するのか分かりませんでしたし、それを深く考えようともしなかったのですが、今にして思えば、これは「汝は正統なユダヤ王の継承者である」という意味になるのです。

私は日本に生まれ、これまで深く聖書の世界に係わった経験はないのですが、この啓示は、人類の恒久平和と未来の秩序を求める上では、いずれこのような立場でユダヤ問題に係わるであろうことを示唆していることになるのでありましょう。

このように十数年にわたって、私が一見バラバラに体験した天命に係わる啓示のいくつかを思い出しながらここに書き並べてみると、それらは全て一貫してある方向を差し示していて、しかも多面的に表現されていることに気づき、驚きを禁じ得ません。

その頃はこのような重大な意味を持つ「天命の啓示」さえ、単に心を明るくする有り難いこととして頂くだけで、日頃はすっかり忘れていたことでした。

これらの霊言による「天命の啓示」は、これまで全く私の生きる上での前提にはなっていません。

そして私はこの種の霊言を、人を導く時の看板にしたことも一度もありません。なぜなら私にとっては、私の求める「普遍の真理」と、それから導かれる絶対価値体系と、それを実践する方法論の中身だけが常に最も重要な関心事であったからです。そしてそれのみを今日まで求め続け、それ以外は全て二義的なことであり、どうでも良いことだったからです。

右記以外にも、大宗教家五井昌久師が亡くなられたその数時間後に、師ははるか数百キロ離れた私の前に突然現れ、私にご自身の跡継ぎを依頼されたことがありましたが、その当時の私がその依頼をどうしても素直に受け入れられなかった理由の一つは、「私が誰の後継者であろうと、どこの継承者であろうと、もしそれを私が認めて受け入れてしまえば、その時から私はその系統として色分けされてしまうのではないだろうか、そうすれば私の最も大切にしている真理の普遍性がそこから崩れてしまい、次第に失われてしまうのではないだろうか」という危《き》惧《ぐ》でした。

　それらの啓示や依頼は大変に有り難いことではあっても、私としては宗教や既成の勢力からは明確に一線を画した立場で、真理の普遍性をどこまでも純粋に守り続けたいという気持の方が、絶対的に優先していたのでありました。

　さらに当時の私には自分が救われることが先決でありましたし、そのような時に『あなたが私の本当の後継者です。私の後を頼みます』とか『あなたが人類の危機を救うのです』などと言われても、いまだそれを受け入れるだけの中身も条件も自覚も全く整ってはいませんでしたし、私は現実の自分の至らない実態を正しく見抜いて自覚していましたので、その時点では到底それらを受け入れる立場にはなく、それらをただ未来を明るくする言葉としてのみ受け入れていたことは、今から振り返ってみても身の程をわきまえた謙虚な態度であり、まさに模範解答であったと言えます。

　私がさらに霊修行を積み、いつの日かそれにふさわしい中身が十分に充実した時が本当に来るならば、その時こそ初めてこれまで私の受けた数々の「天命の啓示」も、大きく意味を持ってこようというものです。

○二一　守護神への信頼を試される

さて話を当時に戻しますが、私は第一教程を難なくこなして、いっ時霊修行を楽しんでさえいましたが、霊修行の中でも最も危険な命がけのテストはすぐにやってきました。

突然ある時、守護神から、『この世での修行はもう済んだから、今から直ちに霊界に移行する（死を意味する）』と言い渡され、側にあった丹前の紐《ひも》で首を絞めて、自殺するように言われたのです。

この頃は私の指導のために守護霊の背後に厳然と控えている守護神の存在を、私は強く感じていましたし、私は守護神に対して既に自分の運命を完全に委ねていましたから、「守護神の判断で私が死ぬ必要があるのなら死のう」と思い、実際にその紐で自分の首を絞めたのです。

それはかなり丈夫そうな帯状の紐でしたが、それを首に一回半巻いてその紐の端をそれぞれ左右の手に持ち、それを一気に力いっぱい引いて絞めたところ、その紐は見事に真ん中からプツンと切れ、命は助かったのです。

それは今思えば、守護神を絶対として従う姿勢と、運命を神に委ね切る守護神のテストであったのです。

しかしそれは大変危険な賭けでもあったのです。

私の場合は霊修行そのものが守護霊と守護神の強い指導の管轄《かんかつ》下にあったから良かったようなものの、そうでなければ身を破滅させるところです。くれぐれも私の真似などはしないで下さい。

そのような場面で私は、「これで死ぬなら死んでもよい、もし背後の声が守護神ではなく悪霊であったとしても、それで殺されるなら殺されても良い」と思えたのです。

しかしその時の私は、「決してここで死ぬはずはない」という打ち消せない強い確信のようなものが、心の底から湧いてくるのを感じていましたので、恐怖感は有りませんでした。

それは守護神の厳しい指導で生死の瀬戸際に追いこまれている私を、守護霊が背後から『大丈夫、大丈夫、決して死ぬことはないよ』と支えてくれているように感じました。

守護霊の支えもあって、「ここで私が死ぬはずがない、そして死ぬなら死んでもよい」という確信と自信につながったのは、自分の真理を求める姿勢が中途半端ではない、というところから来るのでした。

自分の求めていることが決して一時の願望ではなく、自分の生涯を賭けた真剣勝負であり、全身全霊を賭けた真理の探究であることに真の自覚があったからです。

そして私がそうまでして「普遍の真理」を求める背景には、自分自身のための救われだけではなく、人類の恒久平和と世界の未来の秩序を求める限りない願望と、湧き上がる色づけのない人類愛の心の裏づけがあったのです。

それはまだ見ぬ真実の普遍の神への憧れであり、それは宗教の中にいる中途半端な神ではなく、宇宙的存在の普遍的な神であり、そしてその神を求める真摯な姿勢であり、それは心の内から湧いてくる自分の本質的願望であり、そのためにならば自分の命など惜しくはない、というほどの強い気持に裏づけられていたということです。

この体験によって、私自身の「普遍の真理」を求めている気持が、それほど真剣なのだという強い自覚につながり、「普遍の真理」を求める気持がさらに強く大きく成長していったのです。

○一三　最後に自分を支えたものは自分の求める姿勢であった

ところで「天命の啓示」は第一教程から始まり、その後十年以上にわたって何度も体験することになりますが、今そのことを心の中で守護神に問うならば、『それは私の意識の深いところでの自覚を促し、一たん忘れても将来必要な時に記憶を呼び起こすことができるように、糸口をうまく作りながら私の脳裏に確実に刻みこんでおくことであった』と伝わってくるのです。

そしてこの第二教程では、私の求めてきたものが独善のない「普遍の真理」であり、色づけのない人類愛の心であり、純粋にそれのみに突き動かされて来たことを自分自身に確認させ、その純粋な私の願いに守護神が応える形で霊修行が始まったのであることを私に確信させ、それ故にこの霊修行を疑わずに全面的に肯定して感謝で受け入れることでありました。

ここでそれが偽の神ではなく絶対に守護神であることを最終的に証明してくれたものは、数々の奇跡でもなく、守護神の声でもなく、姿でもなく、それは私自身で確認する私自身の「普遍の真理」を求める純粋な姿勢だけであったのです。

この命がけの体験を通して、「私は守護神への強い信頼を確立した……」と思って喜んでいるその矢先に、さらにだめ押しのためのテストが与えられたのでした。

守護神は私の信頼をわざわざ揺さぶるかのように、いきなり『私は守護神ではない。実は私は化け猫だ』と言い出して、私の耳元でその鳴き声さえ真似するのでした。

私は一瞬ギクリとしましたが、私にはそのような時に、すぐに帰り着くべき所が既にできていたのでした。

その帰り着く所とは、『私は命がけで「普遍の真理」と独善のない神を求めたのであり、私はそれを真剣に祈り続けたのであり、祈りはかなえられるものであり、求めないものは決して与えられない』という所です。

私が自分のこれまでの独善のない神を求める純粋さを心の中で確認してから、『……その私が化け猫にとり憑《つ》かれるわけはないでしょう。あなたは、絶対に守護神です』と自信を持って言い切ると、『そうです。その通りです。よくぞそこまで来ましたね』という守護神の祝福の心がピーンと伝わってくるのでした。

そしてもう、以後そのような揺さぶりに対しては無視さえできるようになったのです。

この守護神のテストに合格して、霊修行の第二教程は終了できたのです。

今になって思えば、この教程は特に私に真の自覚と真の自信を得させるために、わざわざ守護神が用意して下さった教程であることが初めて理解できるのです。

私はこの時の体験を通して守護神と守護霊への絶対の信頼と、真理を得るためになら死をも恐れぬ勇気と、求めるものへの揺るぎない自分の気持が本物であることを、自分自身で確かめることができ、それはとても大きな収穫でありました。

そして以後それが、自分の真の自信へとつながって行ったのです。

この自信こそ、以後の私の霊修行にとって強い支えとなったのです。

○一四 「普遍の真理」がなかなか得られないことに焦りを持つ

さて、しばらくの間は背後の霊に向かって何かを質問すればいろいろと教えてもらえました。それは確かに楽しい日々でもありました。

守護神を呼べば守護神が現れ、守護霊を呼べば守護霊が現れ、こちらの質問には一応何でも答えては下さいました。

しかしそれらは皆尤《もつと》もらしい答ではありましたが、心から私を納得させるものは少なかったようです。どうもそれは守護霊が私の潜在意識を浄化するために、わざわざ私の潜在意識の中から出してくるだけのようにも思えました。

そしてもちろん中にはすばらしい真理の言葉も多くありましたが、なにせ情報量が少なすぎて私が求めるものには程遠く、私はそれらに到底満足はできなかったのです。

そのような霊的な不思議な体験を通して、「真理を知るとか真理が分かるということは、こういう形で教えて頂くこととは全く違うのではないか」とだんだんと思い始め、自分が進んでいる方向に疑問を持ってきたのです。

そして初めは霊現象に感動し、確かに人の役に立ち、霊的に人を導きそこに生きがいをも持てた時期もあったのですが、一年もすると「このような霊現象に頼って教えてもらうことを続けてはきたが、結局私の求めているものは全く何も得られていない」という事実に気づき出していたのです。

つまり教える側と教えられる側が離れていて、言葉（霊言・霊視・テレパシーを含む）で真理を伝えて頂こうとするのでは、情報量が少なすぎて、どこまで行っても真の理解に至ることはできないということ。そして背後の霊に命令されて行動することを続けていては、それは自ら霊に隷属しようとする霊への依頼心を増す姿勢であり、自ら神のロボットになることを望んでいるのであり、個性も主体性も自ら捨て去ろうという姿勢であることに気づき出していたのです。

今になって結論から言うならば、神のロボットになることは本来の人間の姿ではないのです。そして神もそれを人間に求めはしないのです。

そしてそのことを私に教えるために、守護神は私に、『神のロボットになってはいけない』と霊言やテレパシーで教えるのではなく、一たん私をロボットの状況に引きこんでおいて私に考えさせ、それが人間の本来の姿ではないことに気づかせ、今度は私の力でそこを越えさせるのです。

このように守護神の指導方針というものは、私が霊現象を追い求めているうちは、どこまでもその霊現象につき合ってくれるのです。こちらが「もう霊現象などいやだ」と言うまで、「これでもか、これでもか」と霊現象は続くのです。

そしてその渦中にある自分が、「これが決して自分の、そして人間の目指す方向ではない」と自分で明確に気づくことで初めて、それを卒業できるのです。

その程度のことは私は知識では知っていたつもりでしたが、その渦中にあって霊能力が人の運命指導のために大いに役立っていたりすれば、自分が霊現象に振り回されていることにすら気づかないものなのです。

その頃私はなかなか得られない真理を焦《あせ》って求めようとするあまり、ますます混乱といらだちの中に入って行きました。

そしてようやくある時、このような霊現象を追い求め、それに頼って振り回されている自分が次第にバカバカしくなり、『もうこれ以上霊現象に頼って「普遍の真理」を学ぼうとしたり、霊からの命令を待って行動するような姿勢では、結局私の求める「普遍の真理」は何も得ることはできない』と明確に悟ることができたのです。

「この霊的世界から抜け出ない限り、普遍の真理を得ることは絶対にできない」と、それを腹の底から分かるまで、私は一年以上このような霊的な世界で振り回されていたように思います。

今にして思えば、霊視や霊言やテレパシーや自動書記などを手段として情報を伝達する方法では、到底「普遍の真理」に係わるような奥深い内容を伝達するには全く不十分であり、それが良いか悪いかという以前の問題として、伝達する情報量として極端に不足しているのであり、それは私が求める真理の深さを到底満たす情報量ではなかったということなのです。

当時の私にはそれをそのまま「普遍の真理」として受け入れることにかなり躊躇があったのです。さらにもっともっと深い真理を求めて躊躇する私の姿勢こそ、守護神からみて私の霊修行の第三教程が終了間近であることを意味していたのでした。

「真理を知る」ということは、このように霊的な世界に入りこみ、霊から教えてもらったり、霊に命令されて動くようなことでは絶対にないことが分かったのです。

『「真理を知る」とは「真理を体現する」以外にないのだ。言葉で理解できるのはごく表面的なことであり、体現こそが真の理解なのだ。体現こそが「普遍の真理」の無限の情報量を得る方法なのだ。そして体現以外に真理を理解することはできないのだ』

私がそのような認識に至る時を、守護神は初めからずっと待っていて下さったのです。

私の心境がやっとそこまで到達したことを、その時守護神と守護霊は心から祝福してくれていることがひしひしと私の心に伝わってきて、私は感謝の気持がとめどなく湧き出してきたことを今でもよく思い出すことができます。

一つ霊的な修行で役立ったことがあります。それは人の心がまる見えになったことです。しかしこれは大変なことでした。人の心の中など決してきれいではないのです。相手は口で黙っていても、自分に対するいろいろな批判が聞こえてきてしまうのです。油断しているとつい善悪の世界に落ちこみ、相手と戦っているのでした。それだけでも苦しいのに、相手はその心とは裏腹な姿勢で私に接してきます。その相手の心にいちいち反応する自分がつらく、このような時にはその苦しみから抜け出るために、いかにして相手の良さだけを見つめるか、いかにして相手の否定想念を無視するか、いかにして自分への否定想念に反応する自分の気持を消滅させるか、いかにして善悪の世界から抜け出したらよいか、とその方法を試行錯誤しながら考え続けていたのです。

そしてその頃は、相手が悪かろうと良かろうと周囲の出来事は全て私の成長に必要なものであり、「全ては自分の問題なのだ」と、現れる運命や環境全てを自分の霊修行の糧《かて》にしようとしたのです。

それは今思えば私自身を実験台にして、後に示す「行」をあみだすための修行だったのです。

4節　潜在意識を越える

〇一五　まだまだ入り口の入り口であった

いわゆる霊修行の中で見えたり聞こえたりの教程は二年間程度で終え、その霊現象がなくなってからが実は私の本当の心の修行だったのです。

実はそれまでの霊体験は修行の入り口の入り口に過ぎなかったのです。それは表面意識から潜在意識に入って行っただけのことで、そんな霊体験などは人間からは不思議に見えるだけで、特に神の存在とは全く関係のないことであり、神の存在の何の証拠にもなりはしないのです。

そしてさらに結論から言うならば、これらの相対世界である潜在意識に係わらずに、いかにそこを越して潜在意識の向こう側にある絶対普遍の世界である超越意識に至るかが、その修行の最も重大な課題であったのです。

その潜在意識の係わりを越えることが、最も大変なことで、この入り口に引っかかってしまうと、「私は誰それの生まれ変わりだ」とか、「私にはこういう神がついている」だとか……霊的に見えたり聞こえたりすることで真理を体得したとかん違いし、霊的権威でもって人を指導したり、自分の正当性を主張しようとしてしまうのです。巷《ちまた》には私の霊修行の第一教程で既に引っかかっていて、それを越せないでいる指導者がたくさんいるようです。

○一六　守護神を信頼し霊の世界を自らの意志で越える

「体現こそが真の理解」という認識に達することが、霊修行第三教程の終了を意味したのです。

この第三教程は霊的な人には大切なことなので、もう少し遡《さかのぼ》ってお話ししておきましょう。

つまり霊修行の第三教程としては、守護神に対して絶対の信頼を持ちながら、しかも対話の内容に真理が有るのではなく、そんな浅いものを真理として受け入れてはいけなかったのです。

言葉やその意味に真理があるわけでは決してないのです。真理とは言葉以前の言葉の中にあるのであり、言葉以前の言葉を理解できなければ真理は体得できないのです。

またそれまで私は守護霊からの命令があれば、それに従おうと努力してきましたが、人間とは本来神の命令で動く存在ではないのです。

「人間とは、いまだ成り得てはいないが、本来は神そのものである」とは、その時までは知識にしか過ぎなかったのですが、そのことを通して次第に自覚していったのです。

そして何よりも守護神に対して死をも恐れぬ絶対の信頼を持ったまま、霊の世界を越えることこそが第三教程の課題であったのです。

振り返ってみれば、そこでは私がかつて無神論に徹し、物理学を学び、科学の研究者であったことがとても役立ったのです。科学的論理性、科学的客観性ということについては、私はかなり訓練されていたので、どんな尤もらしいことを言われても、どんな奇跡を見せられても、それだけで飛びついたりせずに、それを主観を排して見ようとする目を、いかなる時も失うことはなかったのです。

〇一七　袋小路に追いつめられ出直しを決意する

守護霊には言葉でいろいろ教えては頂きましたが、私が既に知識としては知っている内容を、大きく越えることは少なかったようです。また私の知識を越える内容については、突飛なことも多く、到底そのまま素直に受け入れることはできませんでした。今にして思えば、言葉に真理がないことを分からせようと、守護霊はわざわざ真理らしき言葉を私にたくさん語りかけたのでした。

そして何にもまして、このような霊言や霊視やテレパシーや自動書記では情報量が極端に不足していました。それは私にとってとてもじれったいことであり、真理を納得するまで知り得ない私はとてもいらだっていたようです。

私はもうどれほど尤もらしい人類の歴史や真理の断片を聞かされても、到底それを信じて受け入れられなくなっていたのです。「根拠のないことを、なんら実証されていないことをそのまま真実として受け入れることはできません」とか、「私の求めているのは、このように一方的に教えて頂く内容を、そのまま信じるなどという理解の仕方ではありません」という具合に、私は背後の守護霊の働きかけに対し、疑問の気持がどんどん湧き出てくるのを押さえようがありませんでした。

私から湧いてくるそのような疑問にいちいち守護霊は答えて下さいませんでしたが、守護霊は私のそのような心境の変化をとても喜んでいて下さるように、私の心には映ってきました。

明確に第三教程の認識に至るまでには、常に「それではいったい何をもって正しいと言えば良いのか」とか、「そもそも真理を理解するとは何か」とか、「今こういう形で教えて頂いていることに真実の裏づけはあるのか」とか、「何をもってならば、この私が納得することができるのか」とか、「それが真理であると証明するにはどうしたら良いのか」などと自問自答したり、守護霊に疑問を投げかけたりしていたようです。

そうしているうちに、私があれほど自分から係わろうとしていた霊の世界に対する関心が消えて行き、そしてもうこちらから霊に係わろうとする気持はなくなり、それにつれて守護霊からの言葉やテレパシーを通しての直接の働きかけも次第になくなり、そしてだんだん何も聞こえなくなり、霊との対話もなくなり、もう不思議な霊現象もなくなっていったのです。

しかし霊現象がなくなってからの方が、私と守護霊との一体感が完璧となり、より深い所でしっかりとつながり、それを守護神が無言のまま温かく見守って下さっているような存在感だけが、その後もずっと続いて行くのでした。私はその時既に、次第に「分かる」とか、「理解する」とか、「証明する」とか、そういう最も根本を解決せずには、到底これ以上前には進めない気持になっていました。

そして今まで進んできた道の先にはもう何もないということが分かっていました。

しかしこれまで来た道を戻ろうにも、どう戻って良いか分かりません。

私は「普遍の真理」というものを霊との対話の中で理解しようという姿勢や、思考を巡らして思索を錬《ね》るような一切の演繹《えんえき》的な「理解」というものを捨てなければ、この大きな壁は越せないというところにまで追いつめられていたのです。

そして追いつめられ、袋小路に追いこまれ、行き詰まった私はついに、それまでの一切の常識や宗教的知識を全てかなぐり捨て、守護霊から指導中に言葉で教えて頂いたことも全部忘れ、全てを初めからやり直そうと固く決心したのです。

〇一八　一切の判断を捨てる決意

今までの知識と体験と今までの生き方を全て捨てるということは、大変な決心がいるものです。

そのためには知識や常識を捨てる程度のことでは全くダメで、今まで自分と思ってきた自分そのものを全て捨てることでなければなりません。

それは自分から湧いてくる一切の判断を放棄し、一切何も考えないことであり、この捨て身の「何も考えないで理解する」という方向に向かう以外にもはや進む道はないということを、次第に自覚していったのです。

何も考えないことで絶対の認識に至ることができる、という自覚にどうして私が到達したのか、それは今考えてもとても不思議なことですが、そこには守護神の強い意志が働いていたというべきでしょう。

そして当然のことながら私を袋小路に追いこんだのも守護神であり、そこで私に判断放棄を決意させることが、守護神の私への指導方針であったのです。

自分の一切の判断を放棄することで、「真の理解」と「絶対の認識」を得ようという選択は、街中を目隠しして車を運転するようなものであり、初めはなかなか決心がつきかねることでした。

しかしその決心ができたのは、霊修行中に紐で首を絞めた経験などから、「絶対に悪いようにはならない」という守護神に対する揺るぎない絶対の信頼があったからなのです。

そして以後全ての導きは霊現象を一切通さずに、自分の判断を越えて自分の体験と認識を通して与えられて行き、いよいよ「普遍の真理」を体現によって理解する「道」を歩み出したのです。

○一九　判断放棄によって絶対の認識に至る

この時、私は既に霊修行の第四教程に入っていたのです。

そしてこのように守護霊とより内面的に一体となって、守護神の指導の下に「普遍の真理」を体現することで理解する在り方こそ、宇宙の深淵《しんえん》に直接つながる「理解」の最も深い姿であり、そこではもう既に言葉（霊言、霊視、テレパシーなど）は不必要であったのです。

既に述べましたが、以前私は唯物論に徹していた時に、「私の感じることや判断や、その元となっている私の価値観などは単に大脳皮質の活動に過ぎない」として何年もの間生きていました。これはもう既に、判断放棄の修行の意味を十分持っていたことになるのです。

その意味で私の唯物論時代は私にとっては必要な時代であり、既に霊修行の一部であったとさえ言えるのです。

そのようなわけで、私の場合は判断放棄の修行の基本姿勢は実質的に唯物論に徹した時代に既に済ませていたことになるので、この判断放棄は以後躊躇なく、徹底して行うことで完璧にできるまでになっていったのです。

そしてこの判断放棄の真の意味は、自分のこれまで築いてきた「真理もどき」の一切を捨て去ることであり、相対の世界の向こう側にある「絶対の認識の世界」に至ることであります。

私はこのように判断放棄の訓練によって、表面意識と潜在意識を難なく越えて、私の目標であった超越意識の世界に到達することができたのです。

そして第四教程は無事終了したのです。

〇二〇　超越意識に達して思うこと

第四教程を終了して感じることは、超越意識こそ人間の本住の地であり、そこは統一された宇宙であり、それは始めなく終わりなく、大きく変様する唯一の生命体であるということでした。

そして私の本質は、「主体」と呼ぶところの超越意識にある私の本心であり、「主体」からみればこの肉体すら私の所有物ではなく、もちろん私自身でもないという実感でした。

肉体と肉体にまつわる意識の全ては「主体」の理念の乗り物であり、いわば宇宙の意識空間を貫いて行き来する宇宙船のようなものでありました。従って肉体も肉体にまつわる意識も、超越意識の唯一の生命、即ち宇宙の創造者である《唯一の実在》から一時的に預かったものであり、それはいずれお返しすべきものであるという実感でした。さらに《唯一の実在》の一部として生きる「主体」こそ真の自由な存在であり、人間は生命の根元である《唯一の実在》から分かれてきたという真実においてのみ、そしていずれ《唯一の実在》に還るという真実においてのみ「平等」なのでした。

さて、超越意識の判断こそ絶対にして普遍なる判断でありますが、多くの人間の実態をみればこの超越意識からの判断はほとんど隅に押しやられていて、潜在意識と表面意識に住み着く偽者の人間の判断が優先的であり支配的であるということでした。

多くの人々の真理の言葉や善行為さえ、潜在意識や表面意識が優先した出来事でした。

そこではこの潜在意識と表面意識が尤もらしく価値体系を作っていて、いかにもそれが真の人間であるかのようなフリをして、本モノではなく偽者の人間に都合の良い判断をしているのでした。

それまで偉そうに言っていた自由とか、平等とか、平和とか、愛とか、自分を大切にとか、自分に正直に生きるとか、主体性を持って生きるとかいう尤もらしいことは、それは全て超越意識を無視した、あるいは超越意識側の真の人間の主旨が大きくゆがめられた、潜在意識と表面意識の偽者の人間優先の「真理もどき」の主張であったのでした。

特に現代人は自己主張や主体性を大切にしようとしますが、実はそういう現代人はその期待とは裏腹に、全く正反対の潜在意識の奴隷の状況でありました。

即ち、自由と自己主張と主体性を大切にする現代人は、人間の本質である超越意識の真の自分であり、自分の本質である「主体」の理念と主体性を抑圧してしまっていて、事も有ろうにその抑圧の原因である潜在意識のエネルギーに呪縛されている奴隷状態を、自由とか主体的とか錯覚してしまっているのでありました。

そして私の場合も、それまで自分そのものと思って大切にしていた自分の判断や自分の価値観が、実は真の自分とはほど遠いものであることが分かったのです。

さらにいかなる潜在意識や表面意識の活動であれ、それは超越意識の完璧な支配下にあり、その大枠を押さえながら、超越意識がその中での横暴を黙って許しているということなのでありました。

以後、判断放棄の修行はその内容が拡張され、あらゆる言動、あらゆる直感、あらゆる感情、あらゆる欲望、あらゆる想念を放棄することになって行きます。

実はこの判断放棄の修行が、自分のそれまでの人生を作ってきた価値観の枠を一気に越える決定的意味を持っていたのです。私が自己の本来の姿を取り戻し、真の主体性を確立するための霊修行の大きな意味は、まさにこの拡張された判断放棄の修行に有ったと言っても過言ではないでしょう。

○二一　恐怖や不安の感情を越えて潜在意識から解放される

拡張された判断放棄の修行では、様々な誘惑や恐怖や不安の想念に襲われたり、運命的困難に直面したりします。それは霊修行の中でも最も厳しい産みの苦しみの時期であり、筆舌に尽くし難い極めて内面的な修行でありました。

この感情や想念相手の判断放棄の修行とは、襲ってくる感情や想念を一切無視し、守護神への絶対帰一の中での「反省放棄」を意味します。ここで襲ってくる想念に下手に係わって、尤もらしい反省などしようものなら、たちまち善と悪の綱引きになり、恐怖や不安の想念に巻きこまれてしまって、一気に底無しの暗闇に転落して行ってしまいます。

さて、その厳しい試練も私の強い求める気持と、守護神への絶対帰一と、守護神からの大きな加護で、三・四年かかって越えることができました。

この修行によって私は、人間としてのあらゆるとらわれと想念と欲望から次第に解放されることになって行きました。しかし解放と言ってもそれは感情も欲望もなくなったのでは決してなく、潜在意識の支配から解放されたのであり、全ての感情も欲望も超越意識の真の自分である「主体」の支配の下に、以前よりもいきいきとして存在しているのです。

私が超越意識に達したことで、私の判断も感情も想念も欲望も言動も、全ては超越意識の私の支配下に位置づけられ、全ては全肯定された精神作用と成り、全ては自他を生かすものと成り、全ては人生を美しく飾るものと成っているのでした。そしてそれが私の……、そして人間の本来の姿なのです。

それがどれほどすばらしい世界であるか、どのように表現したら理解して戴けるでしょうか。

○二二　判断放棄をしなければ生まれ変われない

ここで示した霊修行の第四教程は、真理を求める全ての人にとって、極めて大事な所です。

判断放棄が完璧にできることとは、表面意識と潜在意識の感情や想念や判断や言動を完全に越えることであり、それは絶対性のない相対の世界からの干渉を遮断して、絶対の認識である超越意識に達することであり、自分がこれまで築いてきた「真理もどき」の価値観を捨て切ることであり、自分の本質である「主体」の支配の下に感情や想念や判断を置いて生きることを意味するのです。

私は判断放棄を唯物論と霊修行で完璧にこなしましたが、これは真理を求める人全てが避けては通れない関門です。このことはちょっと考えてみればあまりにも当然のことです。

つまり自分で築いた「真理もどき」を捨てずに、新しく「真理」を受け入れようとすることは明らかに矛盾だからです。それ故に超越意識に達し絶対の認識に至るかどうかは、判断放棄によって自分のこれまで築いてきた「真理もどき」をどこまで捨て切ることができるかにかかっているのです。

それは自分の感じることや判断を一たん完璧に捨て切って生まれ変わることです。

超越思考（後述）を得ていない相対的な判断の中にあって、それを多少いじり回したり知識を積み上げることによって、これまで築いてきた「真理もどき」をどのように改善しようとしても、絶対の認識には到底至らないことを知らなければばなりません。どんなに宗教を熱心にやっても、いくら祈っても、いくら善行為を積んでも、判断放棄を成就しなければ超越意識に達することはできません。

一度は完全に自分の築いた「真理もどき」を捨て、自分の感覚的に感じたり思ったりすることも捨て、判断も捨て、自分の一切を捨てなければ相対の世界を越すことはできないのです。

○二三　人間の五感の不確実さをいかにして越えるか

自分の判断を自信たっぷりに話し、物事をすぐに断定する人は「自分は神さまだ」と言っていることと同じであり、「自分は絶対の認識の世界に住んでいるのだ」と主張することと同じです。相対の世界に住みながら絶対の世界に住んでいると主張することは大いなる錯覚と言わねばなりません。

多くの人達は自分が相対の世界にどっぷり漬かっていて、自分の都合の良い「真理もどき」を大切につかんで生きていて、自分がそうであることさえも知らないものなのです。

そのように傲慢で神の存在を信じないという人はしばしば、「もし神がいるならここへ出してみろ。ここに目に見える姿で出てきたら信じてやる」などと言うものです。しかし私に言わせれば、頭に輪を乗せて長い杖を持った白髪の神がそこに出て来たって、それが神であるとは限らないのです。「それを見た」という程度ではとても神の存在を信じることはできないのです。

私はその辺を徹底的に吟味する人間なのです。その理由の一つは、私は人間の知覚や判断機能について専門的な研究をしてきたからでもあります。ここで一つの例を示してご説明しましょう。

人間の目はカメラの原理と同じであることは、誰もが知っていることです。従って人間の目の特徴は、「近くの物は大きく見えて、遠くの物は小さく見える。さらに物の陰は見えない。それに余りに大きい地球みたいな物の全体は見えないし、ばい菌みたいな小さい物は見えない」ということです。つまり、目は三次元の世界のほんの一部だけを網膜という二次元に投影して見ており、いろいろ予想しながら、どうにかこうにか三次元空間を想像して判断し、認識しているのです。それは到底人間の技術では真似のできない大変に優れた機構ではありますが、しかしそれでも実に不完全な認識には違いないのです。つまり目は実体そのものの認識ではなく、実体の陰を見ているに過ぎないのです。それに目は、人の心は見えないし、神も真理も見えないのです。真理を判断するには目は極めて不完全な認識機能なのです。見えた、聞こえた、感じたなどと言うのは人間の知覚と判断機能に過ぎないのです。

それが、どうして人間の知覚と判断機能に絶対の信頼を置き、神が見えたから神が存在するなどと言うことができるのでしょうか。いったい誰がそれを保証してくれるのでしょうか。五感を総動員しても、時空を超越した世界を我々の大脳は正しく認識してはくれないのです。

人間の知覚や判断機能などはこのような根本的な認識のところでは一切当てにはならないのです。見えたって聞こえたって感じたって、それは実体の陰かあるいは実体のない錯覚であり、単に知覚がそうとらえたに過ぎないし、真実はまた別のところにあるのであり、その真実は五感を越えたところ、六感も越えたところに求めざるを得ないのです。

五感も六感も越えて絶対の認識に至る道を開拓したことが第四教程の終了でした。

今それを厳密に議論すれば、「それならばいったいどうやって、そのような絶対の認識に達することができるのか」とか、「その前に、どうして五感も六感も越えた絶対の認識が有ると分かるのか」という問題を解決しなければなりません。この点に関する詳細はかなり緻密《ちみつ》な議論を要するので前著（『人間が「人」に成る時』）に譲ることにします。そして神の存在も、超越意識の存在も、「普遍の真理」の存在も、あなた自身がそれを強く望むなら、私がそれをしたように自らを実験台として、帰納《きのう》的に自分自身の中で証明する以外にないのです。

5節　普遍的な神への到達

○二四　潜在意識を越えて超越意識につながる

その後の私の真の修行とは、潜在意識のそのさらに奥の、生命の根元である超越意識に真っ直ぐにつながり、自分の本質である「主体」に完全に一体化することであったのです。

それからの修行は守護霊と内面的に一体になったまま、守護神に支えられて表面意識と潜在意識に極力係わらずに、霊の世界にも係わらずに、直接超越意識に到達し、超越意識の中に心を置いたまま、「主体」と一体となって現実の日常生活を生きる修行であったということができるでしょう。

これは第五教程の霊修行の始まりであるということができます。

この教程では日常生活の中で様々な課題をこなして行きました。

毎日毎日何らかの困難を与えられ、その困難を真正面からとらえていきました。

それは大変に厳しいことでありましたが、とても生きがいの持てる日々でもありました。

たまたま一日何も困難に出会わない日などは、何かせっかくの一日が損したような気さえしたものです。八年と言われて始まったこの霊修行ですが、結果から言うと第五教程の「個人の救われ」までがほぼ八年というところでしょう。さらに、超越意識に真っ直ぐにつながったことを自分の表面意識で明確に確信できるまでには、もう八年はかかりました。

超越意識につながって、その中に普遍の神を探し求め、ついにそこに私が長年求めていた独善のない、普遍的な神の姿を発見したのです。それは私が普遍の神に到達したことを意味します。

そして私はその普遍的な神を「超越人格」と呼ぶことを許されています。この超越人格こそ私が長年求め続けた普遍の神であり、それは普遍であるが故に絶対の神であり、そして「絶対普遍の真理」であります。

〈絶対普遍の存在そのものの《唯一の実在》と、《唯一の実在》からの直接の分かれである『普遍性を回復させる働きの超越人格』についてのみ、しばしば《超

越人格》と表記します。図1・図2参照）

私がこの誘惑の多い潜在意識の世界からの係わりを無事越えることができたのは、もともと私は宗教好きな人間ではなく、宗教に対してどこか批判的であり、むしろ嫌悪感さえ持っていたことが大いに幸いしたと思います。それに若い時代に十数年間学術研究者として過ごした経験から、そこで科学的論理性を十分に学んでいたこと、それに私は霊的権威を求めるのではなく、真摯な姿勢で普遍の真理を求め、真剣に普遍的神を求め続けていたこと、色づけのない人類愛の心を求め、人類の恒久平和と絶対価値体系に基づく未来の世界秩序を求め続けたこと、常に真理に対して謙虚であり、何が見えても聞こえてもめったに「分かった」などとは思えなかったこと、などがその理由としてあげられます。

私が超越意識に到達したことで修行が終わったのでは決してなく、今度は超越意識の世界を体現的に理解し、「主体」と統一整合したまま表面意識にまで降りてきて、超越意識の世界を表面意識に翻訳して表現することでありました。この時私は、既に本来の「人」に成っていたのでした。

このように「主体」と統一が完成し、その下に内面の秩序を整合した状態は、人間の本来の姿として位置づけられ、「完成された統一人格」と呼ぶことになります（後述）。

○二五　私は叱られることがとてもうれしかった

霊修行の初めの頃から次々現れる厳しい環境の中で余りに大きな障害を与えられた時に、ふと一瞬「厳しいなあ……」という思いが脳裏をかすめたことがたった一度ありました。その時、それまで背後で鳴りを潜めていた守護神が突如出てきて、『バカ者！』と言わんばかりの大きな声で『こんな程度のことは厳しい内には入らないのだ！』と喝を入れられ、厳しく叱られた経験がありました。

それはとても厳しい響きでありましたが、私にはその事がうれしくて、うれしくてたまりませんでした。

それはあまりにもうれしかったものですから、その時には「ご免なさい」ではなく「有り難うございます」という気持が真っ先に湧き出してきたものでした。

私の一瞬の心の動きを指摘されて叱られたというその事実は、私にとっては守護神が一瞬の隙間《すきま》もなく私を見守り、いつも私を導いていて下さる確かな証拠だと実感されたのです。

そしてその厳しい言葉の裏に守護神の強い愛を感じ、片時も離れることなくこの私を見守って下さるのだという、守護神の存在感がひしひしと湧き上がってきたものです。

私にはそのことが心底から有り難くて、有り難くてたまらなかったのです。私だけがそうして叱ってもらえることが自分だけ良い思いをしているようで、そのことが何かとても不公平に感じ、みんなに申し訳ない気持になったりもして、守護神に「私だけが叱って頂けるのは不公平ではないでしょうか」などと本気になって言ったものです。

○二六　私は求める気持が人一倍強かった

しかし後に私が多くの人達を指導してみて分かったことは、忠告されるということが普通の人間にとっては大変な苦痛であるという実態でした。

自分を変えることなく救われを得ようとか、知識のみで真理を体得しようなどと根本的に矛盾したことを考えている人々や、全く求める気持のない人々にとっては、忠告されるということはとても苦痛であり、嫌なことなのであり、忠告されればそれを認めたくなくて反発して否定するか、あるいは自分がダメな人間だと思って落ちこんで心を暗くして、次に言い訳を考えついたり、へ理屈を探し出したりして逃げ回るのが実態だということが分かったのです。

私に言わせれば、忠告されて、「自分はダメな人間だ」と心を暗くするなどとは、傲慢の極みであろうと思うのです。そこで私はその人達に、「それでは今まであなたはどれ程の人間だと思っていたのですか」と問いたいのです。

忠告されて暴れる人はそれは裏を返せば、今まで「自分は立派な人間だと思っていた」ということであり、その期待が裏切られたから反発したり落ちこんだりするのであり、身の程知らずもはなはだしいと言わなければなりません。

その人達はあまりにも自分の実態を知らないからこそ実態を知らされて落ちこみ、それを否定しようとするのです。自分の実態を正しく知っていれば、叱られることは恥でも何でもありません。自分が否定されたのでもありません。叱られることで一つ自分の実態が浮き彫りにされ、その分大きく清められ成長できるのです。叱られたその点を、今直して頂けるチャンスが来たということなのです。

ですから叱られることは、うれしい体験のはずなのです。

宇宙においては、心から望まないことは決して与えられないのです。ですから、忠告されることが喜びであった私だけが特別に忠告して頂くことは決して不公平ではなかったのだと分かり、後になってやっと納得したものです。

その点、「私は人を救う人間である前に、まず自分が救われていなければどうしようもない」と初めから自分の実態を見抜いていましたから、私にとって叱られることはそのまま成長することであり、それは一歩救われに近づくことであり、そのまま心から有り難いことであったのです。

私は自分の心の隅の隅まで良く見える人間でしたから、現実の自分の実態を良く知っていただけに人一倍求める気持が強かったのです。

そしてどんなに叱られようと、落ちこんでいる暇などはまったく有りませんでした。

叱られれば喜んでこの時とばかりに食らいついていく私のしぶとさは、厳しい霊修行に極めて適性があったということです。

それだからこそ守護神に認められて霊修行の白羽の矢を立てられ、その厳しい修行を最後まで貫徹することができたのだと思います。

しかし超越意識に立って解釈すれば、私はそのような星の下に生まれ、霊修行を受ける準備を全て済ませて生まれてきて、一時は唯物論に徹し、知性と論理性を学び、判断放棄を学び、普遍の真理を求め、ある時から霊修行に入り、それを今予定通りにこなしているということになるのです。

〇二七　事の本質は超越意識に在った

第五教程では心を超越意識に住まわせながら、身体を表面意識に置いて極めて内面的に生きることでありました。それは自分の心の動きを見つめ、一瞬も見逃さないように監視し、そこでの生き方を学び、事象の真実を理解し、それを「行」として実践する修行でありました。

私は超越意識と表面意識を行き来している中で努めて理解しようとしていたことは、人間の運命や環境として身の回りに現れて来る事象の本質についてでありました。

第五教程で私は、事象の根本原因は表面意識、潜在意識、超越意識のどこに在るのかという問題に取り組んだのです。この教程で知り得たことは、まず運命や環境を作る十分な原因というものは常識的に表面意識の世界に有るということでした。しかし決してそれだけではなく原因は潜在意識にも有り、超越意識にも有るのだということでした。中でもとりわけ確信を得たことは、事象の根元的本質は、いかなる事象であっても表面意識の中の原因では決してなく、潜在意識の中の原因でも決してなく、常に超越意識に存在している原因であるということでした。

そして私は最終的に、あらゆる事象を多層構造としてとらえ、「事象の原因は表面意識にも潜在意識にも超越意識にも同時に多層的に結合した形で存在しているが、その本質は超越意識にある」と理解したのです。

その超越意識にある「事象の本質的原因」は、常に人間を護《まも》り導き成長させ、生命活動を成就させようとする神の理念と、神の経綸《けいりん》と、神の愛の導きにこそ在ったのです。

そしてこの真実こそ、以後私の理論の根幹となっていったのです。

〇二八　全ては神の愛の導きであることを確認する

この理論は決して突然得たのではなく、その原形は既に霊修行の初めの頃から私の中には有ったことです。

私の理論はその初めの段階ではいまだ仮説にしか過ぎませんでしたが、それを確認し、実証することが私の強い願いであったのです。

そして私はそれを第五教程で確認し、体験的に実証することができたのです。超越意識と表面意識を行き来する体験を通して、表面意識や潜在意識に直接的原因が有るように見える事象でさえも、大きくは神の理念と神の経綸の中に肯定されて存在し、「全ての事象の本質は超越意識に在る」ということを確認したのです。

以後私はそのすばらしい真実を明確に自覚して、その理論を「行」として前面に押し出し、日常生活の中での一つ一つの出来事をこの理論に当てはめ、それを体験的に実証することがこの第五教程の大きな課題でありました。

これは例外なくいかなる出来事をもでした。

良い運命はもちろんのこと、現れてくる都合悪く見える運命や環境に対していちいち善か悪かを判断せずに、表面意識や潜在意識の原因を探らずに、「全ては必要があって与えられたもの」と理解して受け入れることは極めて単純であり、これは既に善悪を超越した理解であったのです。

それは既に理論的には十分理解していることなので、抵抗なく次第に習慣づいていきました。

こうして神の愛に感謝しながら生きる日々が何年か続きました。

○二九　あなたも体験する神の愛の導き

さてここで、ちょっと実感を持って理解して戴くために、第五教程の「全てを肯定し神の愛として感謝で受け入れる」という課題を、あなたの疑似体験として少しお話してみましょう。

例えば、子供の投げたボールが飛んで来てあなたの頭に当たりコブができてしまいました。それをすぐにあなたは「神さま、有り難うございます」と受け入れる……。

この受け取り方を今あなたは求められています。

しかしこの程度なら子供に優しいあなたならば案外できることかもしれません。

しかしながら、次のような場合はどうでしょうか。

それは、常々あなたが自分の最も良き理解者と思って心を許してきた親しい友が、実はいつもあなたの前だけでは味方のような顔をしていながら、裏であなたを大きく裏切り続けていたという事実が発覚したという場合です。

しかもそのことで、あなたの運命も大きな岐路に立たされてしまったという場合です。

このような場面では、さすがのあなたも一瞬、短刀で胸をグサッとつき刺されたような、あるいは全身の血液が逆流するような思いをするはずです。

そこであなたは瞬間に「これで良いのだ。これが神の愛なのだ。神さま有り難うございます」と、その状況を心から肯定して受け取ることを、ここでは求められているのです。

〇三〇　気づいた時には既に救われていた

私にはそれができたのです。そして気がついてみれば、私は自分に敵対する人であっても、その人を心から愛せる自分に既に成っていたのです。人を見る目も、いつの間にかその人の中に「主体」を意識して肯定的に見ているのでした。それは以前の九十九パーセントの時代の自分とは全く違った心の反応であり、そのような自分を発見して私はうれしくなり、自分が着実に内側から変わって行くのを実感していたものです。

考えてみれば、一パーセントの自分に自分の生涯の全てを賭けるきっかけとなった病気での入院時に、私が初めて神に祈ったことは「病気を治して下さい」ではなく、「病気でも不安にならない不動心をお与え下さい」であり、常々の祈りは「誠実さを貫く不動心をお与え下さい」であり、ちょうどその頃自動書記で「不動心」と書いて頂いたことなどを思い出し、その時既にその祈りがかなえられていることに気づき、守護神・守護霊の指導によって自分もやっとここまで来ることができたかと、感謝の気持があふれてきたものです。私は既に救われていたのです。

第五教程を通して、「事象の本質は超越意識にあり、全ては神の愛の導きである」という理論を、私は体験的にそして帰納的に実証したことになるのです。

私は真理の普遍性を修行の一番始めから最も重大視してきましたが、この頃には、それをいかなる場合でも絶対に譲らない、厳しく強い何ものかが私の心の中に厳然と存在していることに気づき出します。それは私の天命に直接係わることなので、そこには内から湧いてくる止めようのないものすごいエネルギーを感じるのでした。そしてこの頃が第五教程の終了であったのです。

○三一　自分の裸の心を直視できる素直さが統一人格を完成させた

第五教程になっても、守護神は私に運命そのものとして越えることは常識的に考えては到底不可能と思えるような、霊的困難や精神的試練を次々に何度も与えました。しかし神の愛の導きという受け取り方を学んでからは、これらの試練を越えることがとても楽になりました。

私は捨て身の気持でその試練を神の愛として感謝で受け取って、決して逃げずに正面から運命に立ち向かって行くと、不思議に障害は解決され、あるいは次の環境が新しく展開し、前よりももっとすばらしい運命が展開していくことを何度も体験し、次第にいかなる運命の障害が出てきても心は動じなくなり、いつも心の平安な自分を発見し、「不動心」が既に与えられていることに、その時気づいたのです。

霊修行では、初めのうちこそ多少の私の宗教知識が貢献してくれたこともありましたが、霊修行が心の内面深くに進んで行くにつれて、すぐに私の宗教知識の全く及ばないところに深く踏みこむことになって行きました。そこでは下手な知識などはかえって邪魔でありました。何の予告もなしに次々に与えられる運命的課題や霊的困難や精神的試練は、私にとっては何の予備知識も、何の手がかりもなかったにもかかわらず、それらの全ての危機的状況をたった独りで越えることができたのです。

振り返ればそれらの課題は極めて内面的なことであり、それは単独で前人未到の絶壁を素手で登るかのように、守護神に導かれる自分への強い信頼と絶妙な精神バランスを必要とすることであり、一つ間違えば奈落の底へ突き落とされ、廃人になる危険に直面しながら、孤独の中で全ての課題を越えることができたのです。それは今振り返ってみて、あまりにも不思議に思われることです。

次々与えられる試練のたった一つにでも挫折し失敗すれば、私は気が狂っていたでしょう。

私はいかなる障害、いかなる困難に突き当たった時でも、決して諦《あきら》めたり、投げだそうという気になったりしたことは一度もありませんでした。私は困難を前にしても「全ては神の愛の導きである」「未来において事態は既に解決されている。既に解決の結果は用意されており、私のすべきことは既に有る答を発見することだけだ。守護神は私に越えられない試練を絶対に与えるはずはない」と確信を持って思えたのです。そこで必要なことは、求める強い気持であり、守護神への強い信頼であり、次々現れる困難な運命を恐れぬ勇気とそれに正面から当たろうとする誠実さであり、色づけのない人類愛であり、そして洗練された知性であったのです。

ところで、そのように書けば私は何か特に強い勇気を持った人間のように思われるかも知れませんが、人は誰もこのような困難な運命に直面すれば、運命に立ち向かう強い勇気を奮い立たせることは案外できるものなのです。それは生きるためには、それ以外に選択の余地がないからです。

ですから私は守護神に逃げ道のない一本道に導かれたことで、あれだけの強い勇気が湧いてきたのであり、それぐらいのことはおそらく私でなくてもできることでしょう。しかし今私が人を指導してみて初めて分かることとして、私には人にはない特別に優れた点があったということです。

それは私は自分の心の中が良く見えたということです。それ故に私は自分に決して嘘《うそ》をつけない人間であったこと、そして私は自分の正直なありのままの実態を直視する素直さを持っていたことです。

この恐れずに自分を見極める素直さこそ真の勇気であり、そしてこの勇気が自分の心の中の様々の人格を正しく見抜き、それらを超越人格に帰一させて位置づけし、それによって自己の内面の秩序が多層的に統一されて、人間の本来の姿である「完成された統一人格」に達したのです。

6節　統一人格と成って

○三一　そこには実に当たり前の姿がある

宇宙の創造者である《唯一の実在》はその理念を実現するために宇宙という入れ物を造って、そこに御自身を働きの数の超越人格に分けて、宇宙の中に生命活動を展開しておられるのです（後述）。

ここで私は《唯一の実在》をも《超越人格》と呼ばせて頂くことを許して頂き、さらにその働きを分けた働きをも「超越人格」と呼ばせて頂いています。

そして「主体」とは《唯一の実在》である宇宙の創造者から、天命としての主体命を預かって分かれた一筋の光であり生命体であります（ここで言う光とは物理的な光のことではなく、生命エネルギーの象徴的表現です）。

「主体」はしばしば肉体という宇宙船に乗り、自由と創造を駆使して、表面意識まで降りてきて生命活動を営んでいる超越人格です。その「主体」が人間の主体性を確保し、人間の内面の秩序に宇宙の秩序を多層的に投影し、表面意識と「主体」との統一を回復した状態が統一人格です。そして統一人格を完成した人を統一者と呼び、いまだ統一人格と成っていない人を未統一者と呼ぶことにします。そして統一人格から未統一者を見れば、それは実に異常な、主体性を失った、無秩序な、不自然な、作為に満ちた状態と見えるのです。

私は内面の秩序を多層的に統一して統一人格を完成させ、「主体」に帰還したのでした。

そしてこの状態が人間として最も当たり前の姿であり、本来の姿であったのです。

この多層的に統一された意識構造を例えて言えば、それは私を友達としか見なければその人からは友達の私しか見えないが、私を超越人格と見れば超越人格の私がその人の前に現れるのです。そして私を《唯一の実在》と見れば、そこには《唯一の実在》の私が現れてくるということです。

私はこの人間の多面性を意識の多層構造として説明しています（図1参照）。

私は自己の内面の秩序を統一整合することで、内面の本質的矛盾はなくなり、超越人格の導きを自然に受け入れることができるようになり、私の過去の一切の思考と言動と運命的体験は例外なく全て宇宙的に肯定され、進歩と調和の中に生命活動が円滑に行われるようになったのです。

私の「主体」は超越意識にあって私の表面意識と直結して私を生かしているのです。今や私の思考と行動には常に超越意識の裏づけがあるのです。それはそこに絶対性と普遍性が有るということです。それは即ち時代の常識を超越し、世界のことも、宇宙の全ての全てを知って十年後百年後いや千年の過去から千年の未来をも見通し、計算し尽くされているのです。

たとえ人間からはどのように見えようと、私の思考と行動には宇宙的意味があるのです。私は常に宇宙と調和して、宇宙と一体となって生きているのです。私は《唯一の実在》の生命活動の一端を受け持ち全宇宙を自分の世界として生きているのです。

そこでは既に、私のすることは宇宙のすることであり、宇宙のすることが私のすることとです。そして私は宇宙を自分として生きながら「何でも知っている」だけではなく、宇宙の中で「何でも創っている」のです。

○三三　霊修行はまだまだ続く

私は八年をかけて第五教程までを終了し、「個人の救われ」を得て統一人格と成り得ても、私の真に求めるものはまだまだ何も得られてはいなかったのです。

そして第六教程からがやっと私の天命（主体命）成就のための人生となるのです。そこでは私は「生かされている立場」から「生かしている立場」（降りる道・後述）に変わり、真理の普遍性を基盤に真理の絶対性を確立し、理論的にも方法論としても大きく展開しながら、自分自身を実験台として「個人の完成」の理論と方法論を開発し、次にその理論を発展展開して「人類の救われ」の理論と方法論の開発である第七教程へと進み、この理論を基に絶対価値体系を構築する第八教程をも成就しました。

さらに修行は私自身の天命（主体命）成就のための第九教程へと続いて行きます。

さて、ここで追記しておくべきことは、ここに示した霊修行の第一教程……第九教程という分類は、当の私であっても執筆に当たって守護神に確認させて頂きながら、今初めていくつかの教程として分類整理して理解できることであり、その中にあっては常に連続的に切れ目なく、ある時は並列して同時に、ある時は断続的に何年にもわたって進行する修行であるということです。

以下の章で示す内容は私の霊修行第五教程までの中から、理解のしやすい部分の「生かされている立場」（登る道・後述）を主とした「個人の救われ」の内容となります。

この書では第六教程以降の詳しい説明はあえて避けています。それは第五教程までを正しく体得していないと、無知からくる傲慢や独善的錯覚を生み出したり、内容の知的理解さえ困難な部分も多々あるからです。（六、七、八教程の内容に係わる一部分は既刊『人類が宇宙人類に成る時』を参照）

７節　祈りが全て成就された今にして思うこと

○三四　重大な真実の発見

　私は二十年を越える霊修行によって《超越人格》に到達し、「普遍の真理」を得て、同時に自らの体験を基にして、救われのための方法論も開発しました。そして「普遍の真理」に基づく絶対価値体系も既に与えられ、人類の恒久平和と秩序構築に絶対不可欠な「個」と「全体」を調和させる理論の基本形の開発も済みました。そして修行の過程で次のような重大な真実をも発見したのです。それは……

『真理の普遍性を徹底的に追究することで、初めて真理の絶対性が確保される』
『真理の普遍性と絶対性は一体不可分である』
『真理の普遍性を追究することは真理に対する謙虚さである』という真実です。
そしてそこから次の真実が導かれます。

『普遍性を失ったまま絶対の立場を主張すれば、それは真理に対して独善となる』

『この独善は真理に対する傲慢さであり、真理に反する最も重大な罪となる』という真実です。

この真実は真理を求め真理を語る者にとっては何にもまして最も大切なことであり、愛を語る前に、平和を語る前に、神を語る前に、真理を語る者が絶対に実践しなければならない真実です。

そして私はこの真実を全ての宗教者と真理の探究者に伝えなければならないのです。

○三五　天命の啓示を受け入れる重大な決意

さてこの書の執筆のために、私は当時の出来事の一つ一つを記憶の糸をたどりながら振り返ってみれば、当時の私の祈りは既にことごとくかなえられていることに気づかされ大いに驚くのです。

さらに、図らずもこの書の執筆は、私が霊修行の全教程を通じて守護神から何度も頂いていたにもかかわらず、既に忘れかけていた「天命の啓示」のいくつかを、現在の私に鮮明に蘇《よみがえ》らせる結果となり、その重大な意味を今になって初めてしみじみと噛みしめているところです。

その記憶を呼び戻した今の私にとって、これ以上「天命の啓示」を無視し続けることは、目の前の課題からの逃避であり、それは私をこれまで導いて下さった守護神に対して大きな不誠実となってしまいます。

そしてそのことは、今の私に否応なく重大な決断を迫らずにはいないのです。

そこで私はこれまで何度も頂いた「天命の啓示」の主旨を、今ここに謹んで受け入れるのです。

ここで私に与えられた天命とは、人類に絶対性と普遍性を与える《超越人格》の働きに直接係わることであり、それは人類の歴史に画竜点睛《がりょうてんせい》を与える極めて重要な意味を持つのです。

即ち、真理の普遍性と、その帰着として得られる真理の絶対性を、真理を求める全ての人や、真理に係わる組織に与えることで、その立場を確立させることです。

そしてそれは、命がけで真理の普遍性を求めたこの私だけに与えられた天命であります。

私は私につながる皆さんと共に、祈りと超越思考（後述）によって人類に働きかけ、私に与えられた天命を成就することになるのです。

第二章

《超越人格》の普遍的な姿

1節　私の到達した《超越人格》

この一節は、私の霊修行の結論であり、多くの読者にとっては難解に違いない。その時は一節をとばして、二節から読み続け、最後にこの節を読んで戴きたい。

この書を何度も繰り返し読み返すことで次第に《超越人格》の姿が見えてきます。

○三六　絶対普遍の存在が《超越人格》である

真理を探究しての私の八年間の旅に関して、その第五教程までの理解しやすい一部分を既に述べましたが、以後私はさらに八年をかけて第六・第七・第八教程と進み、ついに絶対普遍の《神》に到達したのです。その《神》を私は《超越人格》と呼びました。そして私が到達した《超越人格》は私の求めた「超越的存在」なのです。ここで重要なこととして認識すべきは……

「《超越人格》が本当に絶対普遍の存在なのかどうか」ではなくて、……『絶対普遍の超越的存在を求めた結果、到達した存在が《超越人格》である』という真実です。

そして《超越人格》とは一つの宗教に占有される神でなく、宗教を超越して人類に働きかける超越者、即ち《超越人格》であるということです。

○三七　《超越人格》の中から新しい働きが生まれる

真理は唯一絶対にして普遍であり、何物にも制約されたり、限定されたりするものではありません。

それ故に真理を一つの形式に限定して表現すれば、当然絶対性と普遍性が失われ、そのことでそれは既に真理そのものではなくなっているのです。しかしその限定によって一つの具体的な新しい「働き」がそこに生まれ、その働きが成就《じょうじゅ》されることで、宇宙の生命活動は進捗《しんちょく》するのです。

即ち、《超越人格》から頂く主体命という「働き」は、常に真理から生まれ、真理を一つの形式に制限し、真理を限定して表現することで一つの立場を確保し、それを宇宙の中で正しく位置づけし、その立場を確立することで宇宙的意味を持ち、それを成就するのです。

そこでもし真理を語る者が「これが真理である」と、真理を一つの形式に表現すれば、それは宇宙の中で一つの「働き」を持ちますが、それはいかなる場合であっても「普遍の真理」そのものではなく、真理の一面の表現にしか過ぎないのです。そしてそこに《超越人格》の理念の一部分が限定されて表現されたことを意味するのです。従ってそこには絶対性も普遍性も存在しないことを知らなければなりません。

そこで次に必要になることは、失われた普遍性を何とか少しでも回復することです。

その回復のためにできることは、表現されたものを「これは真理の表現の一つに過ぎない」と謙虚に位置づけ直すことです。このことによって、普遍性を失って孤立していた「部分」は「全体」に結合され、真理の一部分としての立場を確立し、普遍性を回復し、その結果絶対性をも回復し、完全な「全体」と調和し、その主体命としての働きを成就するのです。

○三八　宗教は、真理を一つの形式に限定することで一つの「働き」を与えられた

特に宗教は真理に係わる重大なことですから、その大切な認識として……、『宗教は真理の中から生まれ、真理を一つの形式に限定して表現したものです。従っていかなる宗教であっても、それは既に真理そのものではなく、真理の表現の一面であり、それは宇宙という「全体」の中の「部分」の働きに過ぎない』ということになるのです。この認識は「普遍の真理」に対する謙虚さであり、宗教に係わる者全てが常に心がけなければならない絶対条件なのです。そして当然のことながら全ての宗教が本来持つべき認識なのです。そしてこのことは、「人類には多くの宗教が必要であり、一つだけであってはならない」ということを意味します。つまりそれぞれの宗教はそれぞれ「部分」の使命と立場を謙虚に求めることで、宇宙の中で《超越人格》に肯定され、位置づけられ、宗教全体として救われの方法論を多面的に構築し、普遍性をかろうじて確保するのです。それによって初めて宗教の対立や矛盾も解決され、それぞれの宗教の存在に宇宙的意味が与えられることになるのです。

このことを比喩《ひゆ》的に説明すれば、ここに有る白紙の束はいまだ無限の可能性を持っていますが、それを綴《と》じて表紙に「日記帳」と書けばそこに一つの「働き」が生まれ、そこに毎日日記をつけることでその働きは成就されます。そしてその時白紙の持つ可能性は限定され、それは既に手紙を書く紙でも、絵を描く紙でもなく、それは白紙の持っていた普遍性が失われたことを意味します。

ところで、特別に注意深く「普遍の真理」を著すこの私の書であっても、決してその例外ではありません。正確な意味で、一つの論理に、そして一つの方法論に体系化され表現されたものは普遍の真理そのものではあり得ないのです。

〇三九　《超越人格》は善悪を超越している

超越意識は究極の普遍的世界であり、絶対的世界であり、それ故に善悪を超越した世界です。そこには既に対立はなく、あらゆる存在は《超越人格》の理念の中に肯定されて位置づけられ、立場を与えられ、個性と働きを持って既に一体化しているのです。

当然のことながら《超越人格》は宇宙を創造した《唯一の実在》でありますか

ら、宇宙の一部の善と見える部分だけではなく、悪と見える部分をも含めて一切を肯定することができるのです。

狭い人間の視点からはそれが善と見えようと悪と見えようと、全ての存在の本質は超越意識に在って、《超越人格》にその存在が許されているのです。そしてこの真実こそ、宇宙の生命活動には全く無駄がないということを意味しているのです。

宇宙の秩序は決して善と悪の対立によって創られているのではありません。生命活動が進捗する中での善に至る過程として悪が存在します。さらにまた人間からは善と見えるその善でさえも、より大きな善からみれば大悪と見えることも珍しくありません。つまり「その善が善として、悪が悪として、進化の過程のふさわしい立場に位置づけられ、謙虚にその立場を確立していさえすれば、その存在は《超越人格》によって全肯定される」のです。反対に善と見えることでも、その立場を逸脱していれば悪としての作用が強く出てしまい、宇宙の秩序を乱すことになるのです。従って《超越人格》は、人間が期待するような、人間から悪と見えるものを裁くことはめったにないのです。もし本当に《超越人格》が全ての悪を裁くことにでもなれば、全ての人間は消滅せざるを得ないのです。なぜなら悪を持たない人間などは、どこにもいないからです。

○四○《超越人格》は神と悪魔の対立を認めない

今時が至り、人類が独善のない絶対普遍の存在の到来を強く望むことで、《超越人格》は理念として人類の上に降りて来るのです。そこで初めて善も悪も《超越人格》の理念の下に統一され、二極的対立は解消され、宇宙の秩序は回復されて大調和するのです。

具体的には、《超越人格》はあらゆる人々とあらゆる組織に主体命という立場を与えることで位置づけし、その立場を確立させることで、その存在を全肯定するのです。

従って、全ての存在は《超越人格》に与えられた主体命を発見し、その立場を発見することでその立場を確立し、《超越人格》に祝福され、真の生きがいを与えられ、個性を輝かせ、永遠の生命を得るのです。

《超越人格》は悪と見えることを、自らの「外」に排斥する形で否定するようなことは決してありません。

《超越人格》は善も悪も、それを自らの「内」に取りこんで位置づけし、帰一が有る者には立場を与え、自らの中に位置づけることでその立場を確立させ、その存在を肯定するのです。

善と悪の対立は、究極的に神と悪魔の対立として語られますが、この神と悪魔の対立は人間の錯覚なのです。

《超越人格》はそのような極端な錯覚ですら生命活動の過程として認め、全否定せず、その対立を超越意識に統一することで解消し、正しく位置づけし、立場を与えてしまうのです。

《超越人格》は悪魔と対立する神ではなく、悪魔の存在などは初めから認めないのであり、善悪を超越し、善と悪の二極対立構図の中などには初めから居ないのです。

以上のことから《超越人格》の理念をこの現実世界へ投影することは、善に対立する悪をやっつけることではなく、「善も悪も一切を含めての、真理に対する立場の確立である」という極めて注目すべき意味になります。《超越人格》は決して人類の未来を神と悪魔の対立の中に委ねるようなことはなさいません。

宇宙の中に善と悪の対立や、神と悪魔の対立を初めから認めないが故に、私の理論は……、いや《超越人格》の理念は一元論であり、善と見えるものも悪と見えるものも、全ては《超越人格》の御心（理念）の中に肯定されて在るのです。

社会規範や道徳や宗教の中においては、しばしば善と悪が、あるいは神と悪魔が対立して説かれますが、人間というもの、神と悪霊の狭間《はざま》に立たされれば、常に緊張を強いられ、必死で神に向かおうとするものです。

それ故にその緊張からくる信仰的効果は絶大ですが、それではいつまで経っても悪魔の脅迫から逃れ切れず、真の救われには到達できないのです。

また宗教における独善の原因がこの善悪対立の構図にも有ることから、善と悪や神と悪魔の対立する重大な錯覚に関しては、どうしても方便としての正しい位置づけが必要となります。

人は善悪を超越した《超越人格》の愛一元の世界に到達して、初めて真の救われを得て、心の平安を得ることができるのです。

○四一　《超越人格》は歴史上の全ての神々に絶対性と普遍性を回復させる

歴史的に全ての民族は独自の神を持ちました。しかし全ての民族は決して普遍的神を求めず、常に自分達だけを護《まも》ってくれる自民族に都合の良い独善的神を求め続けて来たのです。

ところで神は、人間の求めに応じて、人間の求めた範囲で、人間の祈りの段階に応じてその姿を現して下さるのです。しかも人間が求めないものは決して現さないというのが、神が人間を指導する場合の鉄則です。ですから人間が神に普遍性を望まず、それを求めなければ神はそれを現さないのです。

神は本来普遍性を持っていて、《超越人格》でありますが、人間の側が自分達だけに都合の良い独善的神を求めれば、神は人間の期待通りの独善的な姿しかそこには現さないのです。

そしてさらに、人間間や民族間の勢力図の相対の世界の中に、神を引きずり降ろしてしまえば、神もまた勢力間の対立の中に位置づけられてしまうのです。このように歴史上のあらゆる神々は全て人間側の勝手な祈りと希望と、勝手な都合と解釈で大きく普遍性を失ってきたのです。

それ故に歴史上の全ての神々は、その真の姿をいまだ現してはおられないのです。

様々の宗教で語られる絶対者や超越的存在は、本来は全て《唯一の実在》から働きとして分かれた《超越人格》であり、本来普遍性を持っていることは当然ですが、人間がその超越的存在に普遍性を求めようとしないが故に、あるいは従来は時代的に求める必要がなかったが故に、いまだその普遍性を現してはいないのです。そしてそのことはさらに、その神の権威となっている絶対性も、いまだ決して本モノではないということを示しているのです。しかし、地球が狭くなった現代は、いよいよ神に真の普遍性と絶対性が潜在的に求められる時代なのです。それ故に、ここに人類史上初めて《超越人格》の登場となるのです。

そこでまず私が《超越人格》の理念を体現し、『超越思考シリーズ』を著し、《超越人格》の善悪を超越する普遍的な理念と、理念に共鳴する祈りが人類の前に示されたのです。

それ故に、人類は今こそ、全ての神々に普遍性の回復を求めて真剣に祈らなければなりません。

全ての人々が《超越人格》に帰依《きえ》し、普遍性を回復することを人間の側が強く求めて祈ることで、世界中の全ての神々は本来の普遍性を人類の前に現すのです。

現実的には《超越人格》に普遍性の回復を直接祈るか、あるいは自己の信じる神の名と《超越人格》を重ねて位置づけて祈り、《超越人格》に帰依することで、初めて全ての神々は独善を解消し、真の絶対性をも回復し、本来の姿に戻ることになります。しかしそのことの本当の意味は、「あなたが《超越人格》に帰依することで、《超越人格》の理念があなたの中に投影され、あなたの中で普遍性が回復され、そのことでやっと神本来の普遍的姿が、あなたの前に現れることができるようになった」ということなのです。

それによって、人類の歴史を創ってきた古代から現代に至る全ての神々は普遍性を回復し、絶対性を確立し、《超越人格》と成って結集し、人類の前に再び現れ、人類の恒久平和のために働いて下さるのです。《超越人格》とはそれほどの理念と力を持った存在なのです。

《超越人格》が「全ての神々に普遍性を与える」というこの重大な場面で必要となるものは決して従来の宗教的力ではなく、《超越人格》の理念とそれから導かれる力であり、そしてそれは絶対性と普遍性が表現された宇宙の秩序の原理とそれを創る力、そのことなのです。

〇四二 《超越人格》は真理に対する独善と傲慢を厳しく裁く

《超越人格》の理念から導かれる力は人類に明確な意味を持って作用します。その力は宇宙の秩序の中に、全存在の立場を確立して、そこに普遍性を回復しようとする力であります。

そしてその力の持つ意味とは、普遍性を回復しようとする存在には「《超越人格》による大きな祝福」と映り、《超越人格》に導かれたすばらしい運命を創る強い力として作用します。

一方、宇宙の秩序の中で普遍的立場を確立していない存在には、「《超越人格》による厳しい裁き」という意味に映るのです。

この真実は特に重要です。従って人間からはどのように見えようとも、《超越人格》は立場を確立していない「善を装う悪」と、立場を確立していない「善もどき」と、この普遍性を回復させようとする《超越人格》の働きを妨害する勢力を実質的に裁くことになるのです。

この《超越人格》による裁きは、宇宙の秩序の乱れが人間の力では到底処理し切れない事態にまで達した際に、その秩序を回復させようとする《超越人格》の特別の強い愛の働きなのです。

ところで、真理はどこまでも無限定であり、そしてどこまでも普遍的でなければなりません。

ですから、真理を自分達に都合良く解釈して、ある人達が真理を独占しようとしてはいけないのです。従って、真理を語る者には真理に関して微塵《みじん》の独善も傲慢も許されないのです。

真理を語る者はそれほど慎重でなければならないということです。もし真理を語る者が人間からはいかに善に見えようとも、また実際に多くの善行為を為《な》していようとも、真理に対して多少でも独善的になったり、傲慢であったり、真理を自分達に都合良く狭く解釈して真理を独占しようとしたり、《超越人格》に与えられた自分達の「部分の立場」を発見できずに、世界の中心に自分達を置いたり、「全体」を支配するような発想や独善的理論を構築したり、自分達に都合の悪い存在を悪魔と見立てて排他的になったり、他を見下すような傲慢な立場を作ったりすれば、その存在は《超越人格》の理念に大きく反し、《超越人格》の最も嫌うところとなります。《超越人格》は真理の持つ普遍性を最も重要視しますから、真理を語りながら自らの立場を逸脱し、真理の顔を装って絶対性を主張するこのような独善の人や組織や存在は、最も大きく真理に反する結果となり、それは《超越人格》によって厳しく裁かれることになるのです。これらの裁かれる存在は……

「神の普遍性を追究することなしに、神の絶対性だけを主張したり、自己の信仰の絶対的立場を維持しようとすることで独善となってしまい、その結果真理に大きく反してしまった」のです。

さらに独善におちいることで謙虚さを失い、傲慢な立場を築いてしまえば、極端な錯覚の世界を作り、それが宇宙の中で巨大な秩序破壊のエネルギーを発生させることになってしまいます。

ですから真理に直接係わる分野で、独善という「善もどき」におちいり極端に普遍性を失っているにもかかわらず、自らが《唯一の実在》で有ることを主張したり、あるいは《超越人格》の普遍的な働きを否定したりするような人や組織は、《超越人格》によって厳しく裁かれます。

独善という「善もどき」は、普遍性を欠いたまま絶対性を主張することから生じます。

ここでもし本当に、自らが《超越人格》の絶対的立場に立ち、《超越人格》の絶対性を主張し、「全体」の立場を確保したいと願うのならば、徹底して普遍性を追究し、それを体現していなければならないのです。絶対性を主張する者には常に普遍性の徹底した追究が不可欠なのです。

○四三　《超越人格》は宗教に普遍性を回復させる

既に述べたように、神が普遍性を回復すれば、宗教も普遍性を回復することになりますが、現実はその普遍的神を受け入れないという事態が生じて、宗教自身がその神によって裁かれる事態が発生するでしょう。特に宗教においては、一方で真理を語り、愛と平和を説き、多くの人々を救っていたとしても、「いずれ自分達の宗教が世界中に布教されることで世界が救われる」とか、「この宗教で説かれることだけが真理であり、他は真理ではない」などと、自分達に都合の良い勝手な解釈をしたり、人類の歴史を自分達中心の独善的解釈をしたり、普遍であるべき真理をわざわざ窮屈に狭く解釈している例が多いものです。これは真理を自分達に取りこもうとする極めて傲慢な発想であり、《超越人格》による厳しい審判を受けるところとなります。特に《超越人格》を認めないような極端な傲慢や、あるいは普遍性を回復しようとする《超越人格》の働きに対しての妨害は、ほんの少しでも命取りになることになります。さらにその独善と傲慢が、神の権威に裏づけられていたりすれば、なお始末が悪いことになり痛手は大きいでしょう。

　しかし真理に対する自らの独善と傲慢に気づき、それを公に認め、そのことを既に普遍性を回復して《超越人格》と成った自らの神に心から詫《わ》び、一たん謙虚に自らの立場をお返しできれば、今度こそ本当に《超越人格》に赦《ゆる》され、存在を認められ、立場を与えられ、生まれ変わることになります。このように《超越人格》は真理の普遍性を回復しようとする存在には、最大限の祝福と力を与えます。そのことで組織は《超越人格》により多層的に統一された組織に生まれ変わり、宇宙の秩序が回復し、《超越人格》の働きの中に取りこまれて、宇宙は調和するのです。

○四四　《超越人格》は偉大な理念を現代に与えて下さった

以上のように、《超越人格》は善悪を超越し、自らの理念の中に善も悪も一切の存在を統一して肯定し、神に普遍性を回復させ、その本来の働きを回復させ、宗教にも普遍性を回復させてしまう程の権威と力を持って現代に蘇《よみがえ》ったのです。

このことは、宇宙の創造者である絶対普遍の《超越人格》にして初めてできることなのです。

現代から未来の人類に絶対的に必要なものであって、しかも過去から現在までに決定的に欠けているものは、それは従来の宗教的力では決してなく、「徹底した真理の普遍性を追究する姿勢」であると言うことができます。

そしてその《超越人格》の理念を現実の世界に現すために必要なものは、祈りなのです。

私の霊修行は、まさにこの全ての神に真理の普遍性を回復させる祈りで始まったのでありました。

そして後に私が提示する祈りこそ、この普遍性を回復させる祈りと成るのです。

そして私が《超越人格》の存在を明らかにし、その理念を祈りとして示すためには、《超越人格》の理念を求め続け、その絶対普遍性を追究するという点で、私は過去の聖者を大きく越えていなければなりません。またもし、私がここで過去のある聖者の生まれ変わりを主張してみても、それはなんら益にならないばかりか、かえって普遍の真理を薄めてしまうことになるのです。私はそれほどの真理を霊修行を通して真剣に求め、それを体得し、体現したのです。

これからの時代が《超越人格》の理念を必要とするが故に、私の使命感はそれを求め、私の天命は私を《超越人格》に到達させたのです。

2節　宇宙の法則『思い通りに成る法則』

○四五　『思い通りに成る法則』が宇宙を創造する

この目に見える宇宙は時間空間の作る物理的事象の世界、つまり人間からみれば表面意識の世界です。その奥に精神と現象の係わり合う潜在意識の世界があります。

潜在意識には人間と人類の一切の思考のエネルギーが……、人類の体験、知識、技術、思想の一切が、良いものも悪いものも玉石混交の状態で蓄積されていて、個人や民族や人類の未来の運命を創る材料として、出番を待っています。

潜在意識には明確な個人の境界はなく、同質の思いは全人類の潜在意識の世界で共鳴し合い、深く影響し合います。さらに潜在意識は表面意識に働きかけて、個人や人類の運命を作りますが、これが運命の本質では決してありません。いわゆる霊現象の多くはこの世界から表面意識への係わりです。潜在意識は不思議な世界に見えますが、そこは人間の本質の世界では決してありません。

潜在意識のさらに奥には超越意識の世界があります。実はそこが人間の根元の世界であり、本質の世界です。つまりこの超越意識の世界こそ私が求めていた絶対性と普遍性の存在する世界であり、運命の本質を創る真の実在の世界です。

宇宙はこのように超越意識と潜在意識と表面意識の三層から成っていると便宜上分類することができます。そしてこの全部の意識世界を通して、『思い通りに成る法則』が成立しています。

○四六　『思い通りに成る法則』は錯覚の世界さえ創る

『思い通りに成る法則』を言いかえれば、人間には「思い」という『自由』が与えられているということです。そして三層の意識空間を通して思考は行動を産み出し、人間は理念を基に『思考の自由』を駆使して自分の思考する世界を潜在意識に描き、次に『行動の自由』を駆使し、潜在意識の材料を組み立てて運命を創り、主体命を成就することで生命活動を展開して行くのです。

ここで人間の作る思いのエネルギーをベクトルと呼びますが、それは後に詳しく述べることにします。

ベクトルは潜在意識に一たん蓄積され、時と場所などの条件が全て整ってその思いが形に実現されることでその思いは成就し、思いのエネルギー（ベクトル）は消滅します。

また個人の潜在意識は宇宙の潜在意識につながっていますから、「あなたが自分の心を汚せば人類の心が汚れ、あなたが自分の心を輝かせれば人類の心が輝く」のです。

そのような蓄積が文化を創り、人類を進化させてきたのです。ですから「何を考えようと、それは自分の自由だ」という主張は成り立たないことになるのです。潜在意識のエネルギーは人格を持って表面意識に作用します。またその気になれば故意に潜在意識に働きかけてエネルギーを集中し、巨大な力を表面意識に及ぼすことだってできるのです。

これは超越意識の支配から離れた大変危険な勢力となります。悪魔や悪霊と霊視される存在はこの種の潜在意識の勢力であり、実在ではなく錯覚なのですが、錯覚と言ってもそれを認めればそれだけの強烈な力を発揮し、人一人の命をもてあそぶだけの力は十分に持っているのです。

私は前節で、宗教における神と悪魔の対立を問題視しました。そのような宗教に所属すれば、悪魔の存在を前提として価値が構築され、その価値によって秩序ができているために、確かに悪魔は活動し、神と反対の作用をすることになるのです。それは絶対普遍の超越意識を知らず、暗黙のうちに潜在意識を実在の世界とする誤った認識が、『思い通りに成る法則』によって悪魔や悪霊を作り出し、それがあたかも実在のごとく錯覚してしまうのです。

しかしながら後に述べるように宇宙は完全であり、潜在意識の勢力が勝手に動いていても《超越人格》は潜在意識を完璧に支配下に置いているので、《超越人格》を知った人にとってはそれは恐ろしいものでは決してありません。従って超越意識に至らず、この宇宙を潜在意識が支配する因縁因果の世界と見れば、この世界は確かに因縁が現れては消えて行く、虚無的な世界のように見えてしまうのです。

この辺のことを具体的な例で示せば、例えばある人が遭遇した交通事故という一つの困難な出来事は、それを表面意識で解釈すれば、確かにその人のスピードの出し過ぎと対向車の信号無視が原因であり、それは物理的にまったく矛盾なく原因と結果が説明されるのです。

そして潜在意識まで含めて考えれば、因縁因果の法則によって、それがそうなるべき因縁を確かにその人は持っていて、それが結果として現れ、そしてその事故原因は消えたのです。

あるいはまたその事故が潜在意識に漂う憑依霊《ひょうい》の障《さわ》りとか悪霊の祟《たた》りによって起こされたと解釈すれば、潜在意識の出来事としてそのように霊視されたりしてしまうのです。

しかしこのことは後に詳しく示すように、人間からみれば表面意識や潜在意識、あるいは悪魔の仕業と思えることであっても、その出来事の本質には常に超越人格が係わっているのです。

そして錯覚を取り除いてみれば、全ての事象は宇宙の完全性の中にあるのです。

○四七　この世界を愛一元の世界と見れば愛一元の世界を創る

ここで私が最も強調したいことは、この宇宙を《超越人格》の愛一元の世界と位置づければ、この世界は《超越人格》の愛一元の世界が展開していると見えることです。

そしてもちろん、一切の錯覚を取り除いてみれば、まさに全ての出来事は《超越人格》の愛一元の世界の中での出来事として理解できるのです。この事実こそ最も重大な、そして救われに直接つながる真実なのです。その真実に立って先ほどの交通事故の例を解釈すると、「その人の潜在意識は、その事故の潜在意識での原因を正しく知っていて、その事故を体験することでその意味を悟り、そこに反省すべき点が有れば無自覚の中で反省するのです。また表面意識にも原因があればそれを反省することは当然です。このことによって、その人は生まれ変わり超越人格に運命を大きく修正して頂いた」となるのです。

「宇宙は超越人格の愛一元の世界である」と理解することは、後に詳しく述べるように《超越人格》の普遍的な理念と一致しますから、超越意識と共鳴し、永遠の実在の裏づけを得て存続し、さらに超越意識の世界を地上に投影する働きを持つことになるのです。

これこそが最も重大な真実であり、この真実を知ることが、真の幸福に通じる決定的なカギを握っているのです。そしてこの真実を知ることこそが、世界の真の恒久平和につながるのです。

私はこの重大な真実を原点として、全ての価値体系を構築しているのです。

そしてこの超越人格の愛一元の世界観が産み出す「普遍の真理」を、この書では我々人間の日常生活を取り巻く人生の諸問題に還元してお話しようと思います。

3節　人間は『思い通りに成る法則』で苦しむ

○四八　あなたの「思い」があなたの運命と環境を創る

宇宙は『思い通りに成る法則』が支配する世界であることから、あなたの日頃の「思い」は良くも悪くもあなたの運命を創り、あなたの環境を創り、宇宙を創っているのです。

ところで『思い通りに成る法則』が支配するのならば、身の回りを見渡した時、全てが自分の思い通りに成っていなければならないはずです。

しかし現実はどう見てもなかなかそうは見えません。なかなか思い通りにならないのが現実の世界のように思えて仕方がないのではないでしょうか。「思い通りに事が進んでいれば、私は何もこんなに苦労はしないのに」と思うに違いありません。

しかし結論から言えば、全てはあなたの思い通りに成った結果が、今のあなたの現実の運命であり、環境であるということなのです。

それを理解するためには、当然「前世」という問題から解き明かさなければなりませんが、何もそこまで遡《さかのぼ》らなくても、良く観察してみれば今生だけでも十分それは理解できるのです。

間違いなく私達の世界には「悪いことを思えば悪い結果が、良いことを思えば良い結果が出る」という実に単純明解な法則が成り立っているのです。

○四九　様々の矛盾した想いが、それぞれ自己実現して人間は苦しむ

良い運命は良い思考の結果であり、悪い環境は悪い思考の結果だということです。つまり人生の勝利者は偶然勝利したのではなく、十分に勝利の思考を積み重ねたからであり、人生の敗北者は偶然に失敗したのではなく、失敗の原因となる思考を十分に蓄積した結果であると言えます。

どうも世の中には幸福に対する認識に混乱が有るように見えます。運命や出来事が自分自身の思い通りに成ることは、一見幸福を得ることと思いがちですが、それは大きな誤解なのです。

表面意識での自由を主張し、表面意識での主体性を貫けば、人は皆幸福に成れるという錯覚が現代には蔓延《まんえん》しています。もし本当に自分の思い通りに成ることが救われや幸福に成ることならば、修行によって念力を体得すれば良いことになります。そしてどこまでも自己の利益と、自己の自由を主張し、何が有ろうと自分の考えを信じてそれを貫き、もしその行く道に障害が有れば、戦いを恐れずそれを勇気をもって打ち破り、突き破って行けば良いことになります。

しかしこれは大変な間違いなのです。このように、何が幸福かということに関して、一般にはなかなか正しく認識されてはいないので、ここで少し幸福の周辺について述べておきましょう。

人間という存在は自己保存の本能が主になって創られている「肉体」と、《唯一の実在》から宇宙的使命を預かって一筋の光として分かれてきた「主体」と、「主体」の入れ物としての「主体体《しゅたいたい》」とからなり、それぞれの意識の活動がスクリーンとしての表面意識に投影されています。そして表面意識が生み出す様々な経験や想念を蓄積する潜在意識と、《唯一の実在》と「主体」が存在する世界、即ち宇宙的に普遍であり、全人類的に普遍である超越意識との三層の意識構造か

ら成っています。（図1参照）

そして人間とは「主体」の理念を表面意識の世界に具現化することで生命活動を営んでいる存在です。

さらに人間とは本来、表面意識と潜在意識が超越意識にある自分の本質としての「主体」に統一された人格であります。ところで人は誰も作為なく、無欲で行動している時には統一状態に成っている瞬間は確かに有り、その状態を広義の統一人格と呼ぶことはできますが、ここでは多少意味を狭くして、もっと深い統一状態を連続して維持している人を、統一人格と呼ぶことにします。

即ち、実質的には人の意識構造は統一されておらず、表面意識と潜在意識と超越意識で分裂した状態になってしまって、超越意識に反する想念エネルギーが潜在意識には満ちているのです。そしてこの潜在意識には様々な人格がひしめいていて、それがバラバラに分離していて、それぞれが単独で自己実現をしようとする未統一の状態なのです。そしてその分離した複数の人格が、それぞれバラバラに『思い通りに成る法則』によって自己実現するので、大きな矛盾を生じ人間は苦しむのです。

決して借金で首が回らない人や、病気で寝たきりの人や、何かに頼らないでは生きて行けない心の弱い人だけが苦しんでいて救われを求めているのではなく、現実の人間は皆例外なしに『思い通りに成る法則』によって苦しんでいて、救われるべき存在なのです。

そして現実の人間には、「そのことに苦しみの自覚が有るか、ないか」だけの違いが有るだけなのです。そしてそのためにこそ《超越人格》は私達に様々な救われの「道」を用意して下さっているのです。まさにあなたは今、苦しんでいて必死に救われを求めているのです。

まずその自覚が必要です。その自覚がなければ何事も始まりません。

○五○　思い通りに成ることが決して幸福ではない

幸福とは運命が現実の自分の思い通りに成ることでは決してないのです。そして救われということも、現実の自分が自分の運命を思い通りに支配することではないのです。

もし「思い通りに成る機械」が発明されたとしても、それは一面便利になることではあっても、それが幸福に成ることとは違うのです。多くの人々が幸福をそのような機械に頼って得ることにでもなれば、秩序はさらに大きく破綻するのです。

ちょっと考えてみて戴きたいのですが、人類の歴史の中で見れば現代は様々の「思い通りに成る機械」に満ちあふれているはずです。情報機関も交通機関も科学技術も学問もそして兵器も全て人類が思い通りに成ることのために作り出してきたのです。その結果現代は非常に便利な時代ではありますが、それが決して人類の幸福にも救われにもつながっていないことは誰の目にも明らかでしょう。現実には人類はこの便利な機械のために反対に大きく秩序を混乱させているのです。

もし自分が思い通りの環境を得ようとして、自分を被害者に仕立て上げることで自己を主張し、自分に都合の良い状況を作り出そうとすれば、それは自分が被害者であることを望んでいるという意味を持ってしまうのです。これはやがて本当に自分が被害者となる状況を実現するのです。

集団で被害者的発想をすれば集団で被害に遭遇する運命を作り上げるのです。その実例としては、歴史の中で自民族をわざわざ被害者に仕立て上げることで、再び実際に被害にあう運命を選択してしまっている民族があります。また自分だけが得をしようとする思いが集団で自己実現すれば、その状況は利益の奪い合いとなり、これをどうして幸福と言えましょうか。もしいつも「相手が悪い」とばかり思っているならば、いつも相手が悪い出来事ばかりが身の回りに起こるのです。それはそれを望んだからです。もし自分が嫌いな人間の不幸を願い、それを思い続ければ相手に苦痛を与えることになりますが、しかしその好き嫌いの構図は、当然自分を支配することになります。それは必然的に自分の不幸を実現することを意味します。

つまり現実の中で未統一者が今以上に強く『思い通りに成る法則』に支配されることになると、不統一のままのバラバラの人格がそれぞれバラバラに自己実現されてしまい、この世は修羅場《しゅらば》と化すのです。

また今だけの欲望を満足させる「自分の思い通り」は、未来からの借金であり、未来の自分から自由を奪うことになり、それは自分の未来が不幸になることを意味するのです。

さらに統一人格に成っていない人間の「自分の思い通り」は、自分が得するためには常に誰かが損をする構造を作り、これでは常に誰かの自由を奪う結果になり、相手に苦痛をもたらしてしまうのです。

そして当然『思い通りに成る法則』からこの行動様式は自分をも支配しますから、それはやがて自分の自由が奪われる苦痛となって返って来るのです。

このようにして自分の中の対立する思いと思いが、あるいは自分と他人の対立する自由と自由が、そして大きくは民族の中の対立する主義と主義が、あるいは民族と民族の対立する正義と正義がそれぞれ自己実現しながら戦い合う世界ができあがってしまうのです。

現実を冷静に観察すれば、このように『思い通りに成る法則』が自分と世界を不幸にしていることが理解できるはずです。

○五一　立場の確立がなければ必ず分離ベクトルを発生する

ここで「主体」の理念に反する判断や感情や想念のエネルギーを、分離ベクトル（前著では「不統一起因」あるいは「不統一人格達」と呼んだ）と呼ぶことにします。一方「主体」の理念に統一された調和したエネルギーを、統一ベクトルと呼ぶことにします（ベクトルとは元々物理用語で「方向を持った力」の意、ここでは転じて、運命の方向を創る意識体の意）。

言いかえれば、宇宙の生命活動を進捗させ自他を主体命に沿って生かすものは統一ベクトル、自他の主体命の自由性を損なうものは分離ベクトルと言って良いでしょう。

ベクトルには初めから統一ベクトルと分離ベクトルの区別ができるものと、その時の状況でどちらにでも変化するものとがあります。そしてあなたの心の姿勢一つで、そのベクトルの統一エネルギーを強めたり、あるいはその分離エネルギーを強めたり、さらには分離ベクトルを消滅させることも、統一ベクトルに変えてしまうことも可能です。ベクトルは現象化することで消滅すると同時に、それに反応するあなたの心の姿勢がまた新たなベクトルを生み出し、それを潜在意識に蓄積して行きます。

さて、あなたには主体命という天命が既に与えられていて、それを成就するための道を生きることがあなたの本来の立場であり、その立場を謙虚に見つけ出すことができるかどうかで、あなたの真理に対する立場の確立ができるか否かが決まるのです。そして自分自身を謙虚に位置づけし、本来の立場を確立できれば、そこは統一ベクトルに満たされた道であって真っ直ぐに幸福に向かう道でありま す。またその位置づけができなければ真理に対する立場の確立ができずに、必ず分離ベクトルを発生させ、他人の運命と戦い、自由を奪い合う結果となるのです。

さてそこであなたの最も基本的な立場の確立とは、宇宙の中での立場の確立であり、それは《超越人格》に対するあなたの立場の確立のことです。そのことは帰依として後に詳しく述べましょう。

ところで宇宙の秩序は多層構造であり、それはあなたの環境にも不完全ながら多層構造として投影されています。そこで帰依の次に来るものは、現実の日常生活の中に自らの立場を確立することです。

立場の確立の実際的意味は、現実の環境の中で与えられているあなたの様々な立場を一たんお返しすることです。そして事有る度に何度もお返しすることです。そしてそのお返しする先は《超越人格》にであると同時に、今現実の秩序を構成している人格にお返しすることです。それはあなたが生かされている秩序の理念を象徴している人格であり、それは多くの場合指導者であったり、組織の長であったり、上司であったり、そして民族文化の象徴的人格です。

そして《超越人格》は「唯一」でも、その働きは「多」であり、そしてあなたの立場も一つではなく「多」ですから、立場をお返しするのは形の上でも独りであるとは限りません。そして責任ある今のあなたの立場の確立とは、それらの様々な立場を多層構造に位置づけし、いつも自分の立場を固執せずに、いつでもその立場を差し出す心の姿勢を保ち、主体命として一瞬一瞬頂き直した立場を大切にして、誠実さを貫き通すということです。特に人の上に立つ人は常に自分の立場を捨て切って、自己の利害も捨て切って、誠実さを貫く潔さがなければ到底立場をまっとうできません。

この立場を一たんお返しすることで立場を確立することを「帰一《きいつ》」と言います。最終的には《唯一の実在》の唯一の理念の立場に帰るという意味でそう呼ぶのです。

そして後に詳しく述べるように、特に《超越人格》に直接帰一することを「帰《き》依《え》」と言います。

さて、あなたが現実に生きる環境の最も基本は、民族が歴史的時間をかけて育んだ文化です。

民族の歴史の中の一切の思考と体験は潜在意識に蓄積し、それが長い歴史の中で超越意識に統一されることで、統一ベクトルを成長させ、普遍性を得て民族の精神性となり、文化の核として、あなたの周囲に文化として存在しています。そしてその文化の中に宇宙の秩序を見て、そこに生かされる側としての立場の確立を追究することが、あなたの現実の人生なのです。

民族文化の中には師弟関係、親子関係、夫婦関係、さらに国民としての立場、民族の一員としての立場、人類としての立場など様々な立場が有り、それらの立場を謙虚に頂き直すことで、あなたの立場の確立が自然に成されていくのです。そして民族文化は、確かに分離ベクトルをも含むことから、いまだ不完全ではありますが、その不完全の背後には常に完全が控えていることを確信して、宇宙の完全性を前提に、一たんそのまま受け入れることから立場の確立は始まります。

ちょっと考えてみて下さい。人間関係のいざこざは全てこの立場の確立がないために生じる分離ベクトルなのです。ですから反対に立場の確立さえできれば全ての運命はうまく流れ、統一ベクトルを発生させて幸福に成れるのです。従って民族文化をおろそかにはできません。

あなたがそれを自覚しようとしまいと、祖先が築き上げた文化という思考環境の中であなたは生きているのです。あなたは文化を作りながら、文化の中で生きているのです。そしてそれが人生の意味です。

このように民族と人類の体験はベクトルとして潜在意識に蓄積して文化を創ります。

しかしそれが超越意識に帰一して立場を確立していれば統一ベクトルと成り、帰一がなければ分離ベクトルとなるのです（詳細は『呪縛された日本』及び『人類が宇宙人類に成る時』参照）。

4節　統一人格を得ることが幸福に成ること

○五二「主体」の「思い通り」だけが真の幸福につながる

あなたの「主体」は「超越人格」と共に超越意識にあって、あなたのことを何でも知っているのです。あなたの願いも性格も、過去も未来も全部知った上で、あなたの運命を創っているのです。

常に「主体」はあなたに主体命を成就するための運命を与えようとします。ところが潜在意識が汚れていれば主体命の活動を妨害してしまうので、せっかく主体命を果たすべき運命や環境が目の前に与えられていても、表面意識がそれを嫌って避けてしまい、結局個性をも抑圧してしまい、真の生きがいにつながらないのです。

この潜在意識と表面意識に詰まっている分離ベクトルを清め、それを統一ベクトルに変換することが後に示す「行」であり、それはそのまま救われにつながることになるのです。

分離ベクトルが次第に消滅し、統一ベクトルが支配的になれば統一人格と呼ぶにふさわしくなり、その時に初めて個性は輝き、思い通りに成ることがそのままあなたの幸福につながるのです。

「主体」は決してあなたから離れたあなたではなく、あなたの最もあなたらしい本質なのです。あなたは自分の「主体」を現実の自分から遠くに置かないで、「主体」が真のあなたなのだと自分自身に言い聞かせましょう。

○五三　未統一者は「主体」の望む運命が現れても幸福とは感じない

あなたの「主体」が創る運命の導きを真っ直ぐに導き出すことができさえすれば、たちまちあなたは幸福に成ることができるのです。そしてそれがそのまま主体命を成就することになるのです。

従って主体命を成就することに係わる運命だけが真の幸福につながり、あなた本来の個性を輝かせ、真の生きがいにつながるのです。

このように「主体」はその人を主体命に沿って生かそうとして、幸福につながる本質の運命を与えようとしますが、一方分離ベクトルは目先の都合だけで動いてしまい、本質の運命から逃げ出そうとするのです。しかし分離ベクトルは帰一によって「主体」との統一を回復しさえすれば、統一ベクトルと成ることで「主体」に従い、あなたの運命を援助するまでになるのです。

このように統一者と成れば、自分の表面意識は「主体」の意志に統一されるので、「思い通りに成る」ことはそのまま表面意識のあなたにとっても満足を得ることができるのです。

ところが未統一者の場合には、たとえいつも良いことを思い、人を助け、親切をし、いずれその徳が自分にかえってきても、そして「主体」の意志のままの運命や環境が自分の前に現れても、分離ベクトルが支配する人には、それを幸福と感じることができないのです。つまり統一人格を求め、現れる運命や環境を受け入れる正しい心の姿勢が確立していないと、周囲からは幸福とみえても、財産がある故に苦しみ、周囲の人々の思いやりがある故にわがままになり、恵まれすぎている故に傲慢になり、せっかくの徳を自分の幸福のために活かすことができないのです。ですから表面意識のあなたが「主体」と分離している状態では何もできず、決して幸福には成れないのです。

「主体」と分離したままあなたが思うことは、「全体」を無視した表面意識の自己本意のことばかりであり、それは結果として「主体」の理念に反することばかりであり、表面意識の自由を発揮すればするだけ、生命活動が妨害されることになってしまいます。

「主体」の主体命に直結した真の主体性を確立していないまま、「主体」と分離した未統一者の人間が自由を振り回し、個性を発揮しようとして動けば動くだけ、分離した世界がたくさんできてしまい、真理に反することになってしまうのです。

例えば……、わざわざ不幸になる運命を選択するかのように、どうしようもない分離ベクトルに心ひかれ、結婚してしまうとか。またその人のわがままな分離ベクトルに振り回され、さらにその人への執着のために重大な決断ができないでしまうとか。超越人格が与えようとする、すばらしい結婚相手が目の前にいても、その人を好きになれないとか。あるいはその人と結婚しても、不満ばかりが出てきてそれを幸福とは思えないとか。他人からみて羨《うらや》ましい家庭環境にあっても、それを幸福とは思えないとか。

そして特に愛することと好きになることの区別がつかないために、好きになることが愛することとかん違いしてしまうことが悲劇の基になっているようです。もちろん愛することと好きになることが一致していればそれが一番良いのですが、『「愛する」とはたとえ嫌いな人でも愛すること』なのです。

そして異性を好きになることは本能に基づいているのであり、それは必ずしも愛していることではなく、自分の感情や欲望を満足させようとする傾向が強いものです。

このように未統一者の場合には、わざわざ不幸な運命を選択したり、あるいは良い運命を選択しても、感謝がないことも重なって、それを幸福とは思えず運命自体が迷い苦しむのです。

○五四　統一者は必要な時に必要な感情が出てくる

従って『思い通りに成る法則』を矛盾なく活かすためには、人格全体での統一が実現されていなければ、到底幸福にはつながらないということになるのです。

即ち「主体」と一体化し、統一人格と成って初めて『思い通りに成る法則』が自分を幸福にしてくれるのです。ですからせっかくの統一ベクトルによる運命を心から幸福と感じるためには、統一人格と成っていなければならないのです。

即ち結論は、幸福に成るためには統一人格と成り、「主体」の気持と表面意識の気持が一致する以外にないのです。未統一者は人格がバラバラであるために、感情や想念や判断がその時その時の都合で何ら統一性なく出て来て、それに翻弄《ほんろう》され苦しむのです。

腹を立てたりイライラすることは良くないと知っていながら腹が立ってしまうというのは、腹を立てる自分と腹を立てまいとする自分が分裂して苦しむのです。その人に優しくしたいと思っていながら優しくできないのは、これも自分が分離しているからなのです。良い運命を与えられても、それをうれしいと思えないのは、感情の出所が「主体」から離れた潜在意識に有るために、判断と感情とが一致しないからなのです。

このように未統一者は、常に「主体」から分離した立場から直感的に利害を判断してしまうのです。

そしてさらにその立場で感情が自動的に作動し、喜んだり、悲しくなったり、腹が立ったりしてしまうのです。この直感は決して超越思考（後述）ではなく、言うならば潜在思考とでも位置づけるべきものです。ここで注意すべきは、腹が立つという感情は人間に与えられた感情の表現形式の一つですから、それを悪いことだと言ってはいけません。全ての感情は人間が勝手に作ったのではなく、生命活動に必要なものとして超越人格に与えられたものです。

ここでの問題は、ただ「主体」から分離した立場で、統一ベクトルに対して腹を立てたり、あるいは分離ベクトルを喜んでしまったりすることなのです。

未統一者は判断基準が「主体」の側にないために、直感は全て潜在意識に由来する潜在思考となり、不調和な感情が、不必要にコントロールを失って出て来るのです。それが未統一者の苦しみなのです。

統一者と成れば腹が立たなくなるのではなく、「主体」の立場で判断して、生命活動の進捗を妨害するような、真理に大きく反する重大な場面に直面すれば大いに腹が立つのです。

今のあなたがある種の分離ベクトルに翻弄されているとするなら、その分離ベクトルさえ清まれば、今現れているダメなあなたの反対のあなたに成れる、ということを意味するのです。

統一者と成れば、「主体」と統一状態で泣きもし、笑いもし、大いに喜び、大いに悲しみます。

統一者は判断の基準が常に「主体」の側にあり、直感も「主体」に由来する超越思考となり、感情も「主体」の立場にあり、「主体」のコントロール下で必要な感情が、必要な時に、必要なだけ、出て来るのです。そこではむしろ、統一者は未統一者に比べて感情も人一倍強く存在するものです。従ってその感情表現も実に豊かで個性的であり、しかも統一されていて、宇宙的に全肯定されているのです。そして感情だけでなく、個性がいきいきと輝き、あらゆることに対する判断も行動もそして本能も、小さな自分という立場を越えて、「主体」の立場、即ち宇宙の生命活動を成就する立場から為されるのです。それは何と自然な、何とすばらしい人生だとは思いませんか。

○五五　《超越人格》の経綸に沿って一大計画の中を生きる

統一者と成れば、もう忘れてしまっている十年前の自分の「判断と行動」が、今日の「判断と行動」に見事に関連づけられているのです。

即ちそこでは「過去と未来が統一された中の現在」を生きていることになるのです。

それは自分が生まれる前の出来事とも見事に調和し統一がとれていることを意味します。それは即ち統一者は、歴史的にも統一されているという意味になります。

統一者と成れば、自分の中の統一された様々の人格が、過去から未来までをひと続きとし、地球の裏側の出来事をも一体として、統一的に判断し思考し行動して主体命を成就していくのです。このように表面意識がいちいち考えても分からないことを無理に考えなくても、全ては超越意識で最も良いように考えて生きることができるのです。

私はこの絶対普遍の超越意識に基を置く究極の思考と行動の様式を特に超越思考、あるいは超越行動と呼んだのです。

それは超越意識において「主体」と超越人格が、その人の全生涯と全宇宙を考慮して作った計画表に沿って、その断片だけを表面意識で判断しながら、一大計画を為していくように見えます。もちろん表面意識の知識や技術で、そのような高度の生き方ができるはずはありません。

統一者と成ることが幸福に成ることであり、個性を輝かせることであり、救われを得ることであり、生命の根元へ帰還することである、という意味があなたにもかなり理解できてきたのではないでしょうか。従って統一人格と成る方法論を示すことが、そのまま幸福に成る方法論を示すことになるのです。

○五六　超越思考とは超越意識の中から生まれる行動原理

超越思考とは、統一人格と成ることで、超越意識の真の自分である「主体」と表面意識とが直結することによって得られる究極的な行動原理と言えます。

超越意識に到達してみれば、人間とはこの超越意識の「主体」に誰もがつながっている存在でありながら、潜在意識が邪魔をして、表面意識が勝手に動いてしまっているということが分かるのです。全ての全てを知っている超越意識にある自分の「主体」に真っ直ぐにつながってさえいれば、誰もがすばらしい運命を歩むことができるのに……なのです。

「主体」は宇宙の隅々まで「何でも知っている」のであり、「何でも創っている」のでした。

その何でも知っていて、何でも創ることができる自分の「主体」につながることで得られる行動原理が超越思考でありました。

ところであなたがいまだ超越思考を得ず、分離ベクトルに翻弄されていても『その背後には既に愛深い完全な自分が「主体」として控えていて、その出番を待ちながら、あなたが統一人格を完成させるための指導をしている』ということを知ることは、大いに生きる勇気につながることです。

超越思考は霊能力などとは全く次元の異なる行動原理であり、この点誤解のないようにしなければなりません。そして超越思考を得れば、修行の時には邪魔であった霊能力さえも超越思考の下に位置づけられ、超越思考を表現する補助技術として大いに役立つこともあるのです。

超越思考とは超越意識の「主体」にその行動の理念を置き、潜在意識を超越意識の完全なコントロール下に置き、超越意識と表面意識とを直結することで普遍的な思考と行動を得るのです。

後に詳しく述べますが、その超越思考とは自分の潜在意識の妨害を排除し、霊能力さえも潜在意識にまつわるものとして一たん排除し、自分の表面意識の判断をも「私には何も判断できない」として一たん放棄することによって得られる究極の行動原理なのです。

当然のことながら、超越思考には浅い段階から深い段階まで様々な段階があります。

そのことを逆に言えば、あなたは今すぐにでも浅い段階の超越思考ならばそれなりに得ることができるということです。あなたはまず身近なところから訓練し、超越思考を体験的に味わって、さらに超越思考を深めて行って下さい。

超越思考を得るためには、自分のことを自分以上に知っている「主体」の存在を、生きるうえでの大前提とすることです。そして「主体」は何でも知っているだけではなく、超越人格の援助の下に、あなたの運命を創ることができることを強く信じることです。ですからあなたはいかなる出来事に直面しても決して目先の利害に走ったり、作為的に運命をいじり回したり、表面意識をいじり回したりせずに、常に誠実さだけで対応し、「自分には本当の所は分からない」と表面意識の判断を放棄していれば良いのです。

そして「主体」と超越人格に自分自身の運命を委ねて、後は目の前に現れた環境に対して誠実さを貫けば良いのです。

そしてこの超越思考を得ることは統一人格を得ることと同じであり、それは真の個性を輝かせて幸福を得ることと同じであります。

私はその超越思考を追究し、超越思考によってこの書を執筆しているのです。

5節　宇宙は《超越人格》の理念が創った

○五七　一番初めに《超越人格》の理念が在った

私達人間の意識は表面意識にあって時間空間という枠に完全に縛られているために、時間空間を超越した世界というものを想像することすらできないのです。しかし私達の認識するこの世界だけが、全てであるなどと、どうして言えるでしょうか。

私達の認識できない世界があるに違いないと信じることこそ、謙虚な態度なのです。

この超越意識・潜在意識・表面意識の一切を含む「全存在」は本来その本質を、時間空間を超越したところに置いているのです。ここではこの「全存在」のことを「宇宙」と呼びました。

そもそもの宇宙の初めの初めに存在する究極の根元は《唯一の実在》であり、

それは始めなく終わりなく、決して消滅しない実在としての宇宙の理念でありま
す。そして私はそれを《超越人格》と呼んだのでした。この《超越人格》こそ、
私達が真に神と呼ぶべき存在であります。
　つまり宇宙の理念は《超越人格》そのものであります。
『思い通りに成る法則』とは、ここではその《超越人格》の理念を具体的に表現
する手段として存在します。真理とは決して無人格の冷たい法則のことではなく、
《超越人格》というまさに温かい「人格」の中に在るのです。そして真理とは
《超越人格》の愛と創造という理念であります。
　もちろん《超越人格》の愛を神の愛とか、仏の慈悲と言っても良いのです。

○五八　《超越人格》の理念を表現する生命活動の自由

《超越人格》の愛こそが真理の最も本質であり、その《超越人格》の愛の表現活
動が全意識空間の生命活動なのです。
　超越意識には理念という本来の原因があって、それが表面意識に現れた時に空
間的に様々の条件が整い、時間の流れの順番に乗って、原因から結果へ向かって

現象が現れて来るのです。

表面意識側から見れば、理念を空間の広がりと時間の流れの中にどう表現するかは、「与えられた自由」なのです。

しかしながら、表面意識は時間と空間に制約された世界であり、自由といってもかなり厳しい条件つきの自由であると言うことができましょう。それが人間に与えられた生命活動の真の意味の自由であり、生まれる以前の理念を忘れた自由は宇宙を汚すのです。

子供の頃こんなナゾナゾが有ったのを覚えています。

「法隆寺を造ったのは誰だ?」……そこで聖徳太子と思って、そう答えると、答えは「大工さん」……というわけです。

これは大変おもしろい例題であると思います。

法隆寺を造ったのは確かに大工さんでありますが、法隆寺の主旨である理念は聖徳太子にあり、その理念に沿って設計した設計士がいて、それを実際に造った大工さんが居るということです。

即ち真理である《唯一の実在》が自らの存在を表現し、そこに真理を満たそうとしている姿が生命活動であり、そのために造られた世界がこの宇宙という全存在です。

○五九　真理は書くと難しそうだが、実は極めて単純なところにある

このように書くと何かとても難しい表現になってしまいますが、その言わんとするところはそんなに難しいことではないですから、安心して戴きたいのです。

真理は無人格の冷たい法則ではなく、《超越人格》という超越的な人格でした。そして私達も人格を持つことから、あなたも真理の理念をある程度は理解できるはずなのです。

例えば、もしもあなたにあらゆる自由と創造の力が与えられたとしたらどうでしょう。

そこであなたは何をするでしょうか。……たとえあなたがそこで何をするとしても、そこにはあなたの理念が必然的に表現されることになります。家を建てればそこに、街を造ればそこに、絵を描けばそこに、食べ物の好みだって、そこにはあなたの理念が表現されないわけはないのです。

あなたの世界にあなたの理念が全て満たされるまで創造は続くでしょう。あなたは自分自身を表現するためにいろいろな場を作るでしょう。そしてそこにあなたの気持を様々な姿に表現するでしょう。

そして最後にその世界にあなた自身が出向いてそれを見、そして体験しようとするでしょう。

今私は「もしもあなたにあらゆる自由と創造の力が与えられたとしたら……」と言いましたが、実はこれは決して「もしも……」ではないのです。

人間とは本来自らの理念を自由に表現できる存在なのです。人間が超越意識に達すれば、超越人格の愛と一体になって宇宙の創造活動を担うのです。人間とは実は、本来このような世界の住人なのです。つまり、人間は本来宇宙の創造者なのです。

6節　次元を越えた生命活動

○六○　生命活動は「降りる道」と「登る道」が統一されて成就される

宇宙の創造がある程度の段階にまで進んだ場所には、初めて超越人格が直接お出ましになります。それが即ち私達人類であり、人間の本来の姿なのです。人間はこの世界に超越人格の理念を自らの手で直接表現するためにやって来たのです。宇宙の秩序を、この現象の世界を含めた世界に縦構造の秩序として表現し、そこに愛と誠実さに満ちた世界を表現するためにです。

ところでこの肉体の要素を見る限りには、人間はほ乳類の霊長類として、遺伝と進化論的なプロセスを経て現在の姿に至っていることは動かしようのない事実でしょう。ただしそれは地球という閉じた世界をはるかに越えた、天文学的宇宙を舞台にした生命の発生と進化としてとらえるべきでしょう。

しかしそれだけでは決して人間の本質を説明することはできません。人間の人間たる存在の意味はその肉体にあるのではなく、その高度な精神性にあることは既に誰の目にも明らかです。

人間が神を求め、真理を求め、精神の自由を求め、愛を求め、誠実を貫こうとする精神はこれは人間だけのものです。これは超越人格の働きで超越意識から表面意識に投影された、人間にのみ与えられた高度な精神性であります。そしてそれは超越意識に回帰しようとする人間の根元的な帰巣本能です。

つまり現段階の人間の進化（肉体の進化ではない）の現状は、動物から進化した肉体に超越人格が直接降りて来て一体化しようとしている段階なのです。別の言い方をすれば、超越人格は、人間側が強くそれを求めさえすれば、どうにか超越人格が直接降りて来て一体化できるまでに、人間の精神構造を進化させたのです。つまり人間の精神構造を超越人格と相似形の精神構造に進化させたのです。

ここで現実の人間に求められることは、超越意識からの強い働きかけを受け入れて、動物から進化した肉体にまつわる本能や欲望や感情などの様々な精神を縦構造の多層的秩序として調和させ、超越意識から直接降りて来る超越人格と一体化できるまでに高め、内面の秩序を整えることです。

さて、そこで人間の魂の遍歴をその精神性の進化という観点からとらえるならば、人間の「主体」は地球を一つの通過点として体験を積み、生命活動を重ね、さらに高度な精神性へ進化して行きます。

一方人間の「主体」の通過点としての学校、つまり地球と人類の文化は、進化と退化の両面の要因があり、また人間の精神の入れ物としての肉体とそれにまつわる精神は、人間の本質ではなく、常に地球上を輪廻転生《りんねてんしょう》しています。従って地球という大地の上の一民族に生まれた人間にとっての生命活動とは、自らの「主体」を進化させながら、人類と民族の進化をも同時に求め、やがてそこを卒業して次の上級学校へ向かうのです。

このように宇宙の生命活動は完全な「全体」としての存在が初めにあって、その「全体」が「部分」を創り、次に「部分」から「全体」に向かって進化する「登る道」と、「部分」がある進化の段階まで来た時に「全体」から「部分」に向かって下ってくる「降りる道」とから成り、「登る道」が「降りる道」に結合することで不完全な「部分」は完全な「全体」の一部となります。このプロセスをらせん状に繰り返し展開することで、宇宙は広がり進化して行くのです。そして同時にこれが人間の魂の遍歴であり、生命活動の本質なのです。

○六一　自分の本質は超越意識の「主体」にある

さて人間の「主体」の意志は確かに自分の表面意識に投影されてきていて、自分の表面意識を動かしてはいますが、残念ながらいまだ表面意識と一体化して、とどこおりなく主体命を成就するまでには進化していないのです。そこで人間が現実に救われるということは、「主体」の意志を全面的に自分の内に取りこむことであり、自分の「主体」に帰一しようとする「登る道」を歩むことなのです。そしてそれに応える形で、「主体」側から超越意識と表面意識とを整合し、内面の秩序を多層構造に統一するために「降りる道」を通して強い働きかけが開始されるのです。

「超越人格」としての「主体」こそ自分の本心であり、宇宙の創造活動に係わる主体命を《唯一の実在》から与えられているのです。そして表面意識の自分から見れば、超越意識の自分の「主体」こそ自己の運命の主宰者なのです。

ところで現実は、人間が日頃自分と思っている自分は表面意識の自分であり、超越意識にいる真の自分の意識には至っていません。この表面意識の自分が超越意識の自分の心を素直に投影していれば問題はないのですが、現実には潜在意識の影響をかなり強く受けていて、超越意識の自分とは分離した思考と行動をとってしまっているのです。これでは到底宇宙の創造者とは言えません。そこで人間が現実に救われを得るためには、まず生かされる人間としての自分の精神を高める作業として、潜在意識の妨害を乗り越えて、表面意識と潜在意識の秩序を整えることです。そしてそれは以下の章で述べる自明行を中心とする行によって、超越人格に帰一する「登る道」を歩むことなのです。

○六二　死後「主体」は超越人格としての本来の自由を取り戻す

潜在意識には人間がそれまでに発した思考のエネルギーが、「ベクトル」として蓄積していて、その思考の意味が顕在化することで、その思考のエネルギーは消滅します。

そして一方いまだ顕在化していない部分は、全て運命を作る力を持った「ベクトル」として潜在意識に蓄積して行きます。

従って潜在意識に蓄積した「ベクトル」は、人間の死によって肉体は滅びようとも、それが統一ベクトルであれ分離ベクトルであれ、消滅することは有りません。

死後「主体」は肉体の拘束から解き放たれ、超越人格としての本来の自由を取り戻します。

「主体」の活動のための衣服である「主体体」は、幽体という想念の体と霊体という心でできています。清まった幽体は霊体と同化し、霊体は「主体」に統一された状態で超越意識に回帰し、「主体」の個性を持ったまま宇宙意識に同化し、そこに統一ベクトルに満ちた世界を創ります。

この人類の歴史が産み出した全ての統一ベクトルが創る世界は《超越人格》によって普遍性を確立した世界であり、それを「統一ベクトル領域」（前著では「統一思考帯」と表記）と呼びます。そこは「主体」の主な生命活動の場であり、「主体」が潜在意識や表面意識へ働きかける通路でもあります。そして『普遍性を回復させる働きの《超越人格》』によって、「統一ベクトル領域」はやがて地上に投影され、普遍的秩序を確立した恒久平和の世界が実現するのです。

さて、人間が生涯をかけて産み出した統一ベクトルは、人間のこの世での生命活動による業績となり、その人が人類の共有する「統一ベクトル領域」をそれだけ広げたことになります。

そして「統一ベクトル領域」は帰一によって超越意識につながっていることから、常に生命エネルギーの供給を受けていて、決して消滅することはないのです。

そして肉体の拘束から解き放たれた人間の「主体」は、超越人格として個性を持って超越意識でいきいきと生き、必要が有れば自分が開拓した統一ベクトルの世界を中心に、「統一ベクトル領域」を自由に行き来し、宇宙の生命活動を営むのです。そして自分が産み出した統一ベクトルが大きく強ければ、現世の縁有る人間に働きかけて、その人々を自分の統一ベクトルを通して護って上げることも自由にできるのです。

その自分の創った統一ベクトルの世界とは、自分と人類の全ての思考と行動の体験を、《唯一の実在》の理念の中に取りこみ、自分の「主体」が個性を通して表現した高度に調和した精神文化の世界なのです。

このように人間はこの世とあの世の体験を通して、「主体」が様々な体験を積むことで、その主体命としての働きを広げ、大きくし、個性を輝かせ、魂を強く深く高く成長させ、しかもいずれ卒業していく学校としての地球世界の中で、遺産としての文化を創りながら生きているのです。

即ち、あなたがこの世に肉の身を持って生まれてきたことは、「主体」の体験を積むことであり、分離ベクトルを昇華消滅させ、あなたが活動する統一ベクトルの世界を創ることであり、それ故にあなたが今迷っていようと苦しんでいようと、この制約の多い世界に肉の身を持って今生きているという事実こそ、実はあなたの「主体」の生命活動にとっては、何物にもかえ難いほど貴重な体験となるのです。

○六三　あなたは肉体という宇宙船に乗って超越意識からやってきた

思い出してみれば、あなたという個性は《唯一の実在》から「主体」として働きを分け与えられた時に始まったのでした。そしてあなたは個性を通して生命活動を成就することで《唯一の実在》の理念を表現しようと、一筋の光と分かれてこの現象世界にやってきたのでした。そこは超越意識とはあまりに次元の異なる世界であるため、あなたは《超越人格》が用意した肉体という次元変換装置、即ち宇宙船に乗ってここへやってきたのでした。

しかしあなたがこの宇宙船の中に閉じこもったことで様々な問題が生じてしまったのでした。一つは「主体」よりも宇宙船の意識が優先的に働いてしまい、宇宙船にまつわる意識が「主体」の主体命を受け入れようとしないことでありました。そこでは宇宙船の快楽のためだけに生きてしまったこともありました。宇宙から孤立した意識と、自分自身で生きているという錯覚に翻弄され苦しんでしまったこともありました。しかしそのままでは宇宙船は個性も発揮できず、決して生きがいをも幸福をも味わうことはできず、他の宇宙船と調和できないことを次第に悟り、やがて「主体」に生かされている自分であることに気づき、「主体」に帰一することで操縦者である「主体」の意識と整合して一体化し、やがて「主体」のコントロール下に入っていくのでした。

精神作用や意識や意志さえ持つこの肉体という精巧な宇宙船は、本来その操縦者である「主体」に帰一整合することで初めて「主体」のコントロール下に入り、自由に活動できるのです。

やがて宇宙船は自らの意志で「主体」に帰一し、「主体」と一体になって生命活動を成就し、真の調和した世界を作ることで主体命を終え、死後《唯一の実在》の下に帰還するのです。

○六四 「主体」は主体命成就のために何度か生まれ変わる

死後、あなたの「主体」はあなたの築いた統一ベクトルを主な世界として生きますが、分離ベクトルを取りこんだままの汚れた幽体は「主体」に統一されないまま、死後も潜在意識に「主体」と分裂したまま一部残され、その分だけ幽体という意識体は迷い苦しむことになります。その苦しみとは『思い通りに成る法則』が分離ベクトルの世界をそのまま潜在意識の中に映し出すことで生じます。それは実体ではなく錯覚なのですが、もともと錯覚から成り立っている分離ベクトルは、実在そのものとして幽体に映し出され、大変に苦しむことになるのです。

そこで潜在意識に残された分離ベクトルの大部分は、あなたの死後の仕事として残されます。その場合、「主体」は肉体を持つ縁ある人間の「主体」の了解の下に、分離ベクトルをその人間の運命の中に導き、その人間を守護しながら超越人格への帰一を促し、残された幽体を元のあなたの「主体」に統一し、分離ベクトルを統一ベクトルに変換し、「統一ベクトル領域」を広げるのです。

そのような多くの人間の生命活動によって「統一ベクトル領域」が広がると同時に、真理の普遍性を体得する人間が増えることで、さらに文化圏は地上に投影されて広がり、「統一ベクトル領域」のエネルギーは強まって行くのです。その文化圏を天国とか極楽とか呼んでもよいでしょう。

このように超越人格は、原則として人間の体験である「ベクトル」を全て無駄なく活かして使い、「統一ベクトル領域」を広げ、そこに真理の絶対性と普遍性を表現して行きます。

このように「統一ベクトル領域」とは、人類最高の超越思考文化圏（『人類が宇宙人類に成る時』参照）なのです。そしてそれをこの地上に投影することで世界の恒久平和は構築されるのです。

ところで、日本の文化に根づいている先祖供養という習慣は、これらの分離ベクトルを元の「主体」に帰一させ、統一ベクトルとして超越意識に回帰させることを意味します。ここでくれぐれも間違っていけないことは、迷い苦しんでいるのは分離ベクトルなのであり、決して「主体」ではない、という真実です。幽体が大きいために「ベクトル」を感じたり見たりする人は、しばしばベクトルが以前所属した人の姿をして、しかも人格を持ったエネルギーとして霊視されるので、その人が迷っているように思いがちですが、死後迷うのは、その「主体」に帰一できない分離ベクトルとそれにまつわる意識です。

またこのベクトルが他の縁ある人に取りこまれて他の「主体」に属して生まれることを、「その人が生まれ変わった」と錯覚している人も多く、しばしば混乱がみられるようです。この際そのベクトルの元となる「主体」は、分離ベクトルだけではなく統一ベクトルをも提供することで、その「主体」の主体命成就を背後から応援することになり、援助霊（この書で言う所の守護霊ではない）となります。

また、死によって肉体を離れた「主体」は、主体命成就のために必要であるならば、当然何度か生まれ変わります。この際、守護神と守護霊は決してかわりませんが、今生で果たすべき主体命の都合で、特別の能力を持った今生限りの副守護霊が援助のためにつきます。そして運命の材料として持って産まれてくる「べクトル」の多くは自らの「主体」や守護霊にまつわるものですが、ある部分は新しく守護する副守護霊の系統にまつわるものや、歴史の中で民族が産み出したものや、先祖や両親となる人のものなど、何百何千もの自分以外の様々な「ベクトル」という衣服を着こんで生まれ変わります。それは主体命成就のために必要な力と能力と統一ベクトルという徳を頂きながら、預かった分離ベクトルを清めてご恩返しをするという意味になります。

○六五 宇宙に整合した意識が統一人格である

これまで述べたように、人間は生死を超越して、次元を越えて、全宇宙を舞台として生命活動を営んでいるという驚くべき偉大な存在なのです。

偉大なあなたの「主体」は超越意識にあって、超越人格と共にあり、宇宙の隅々まで何でも分かっているのです。そして何でも創造できるのです。自分の思い通りの世界を創ることができるのです。

そしてこの書を読むことで、あなたは自己の真実を今少しずつ思い出しているのです。

それほどの偉大な存在であるあなたが、今ここに生きているのです。

その偉大なあなたから見れば、今あなたの前で起こっている出来事などは、実にちっぽけなことなのです。

そしてさらに、この偉大なる存在であるあなたの真実から見れば、あなたの肉体とそれにまつわる精神作用は一切仮のものであることが分かるのです。

それでは、その現実のあなたが真実のあなたに到達するにはどうしたら良いのでしょうか。

私は超越人格の直接の指導の下で真実の自分に到達しましたが、それをあなたのために一般化したものが、以下の章で示されることになる方法論なのです。その詳しい説明は後に譲るとして、あなたの意識は肉体の意識を持ったまま「主体」に帰一することによって「主体」に整合し、本来の宇宙意識につながり《唯一の実在》の一部につながることができるまでに成るのです。……と言っても、それが何か特別のことと思われては困ります。宇宙に整合した意識、つまり統一人格とは、「主体」の意識がそのまま表面意識に整合し、表面意識をそして肉体をごく自然に動かしている状態を言います。

○六六　人間の理想は真に求めるものが与えられることである

宇宙に整合した意識の状態をもう少し現実的に述べれば……、『あなたが求めることは、それはあなたの「主体」の望むことであり、超越人格があなたに与えようとすること』であり、そして『超越人格があなたに与える運命や環境は、それはあなたの「主体」が必要とすることであり、そしてあなたの表面意識が望むこと』であるという真実です。

この自《みずか》ら求める「登る道」と自《おの》ずから与えられる「降りる道」が一致する心境を「自然《じねん》」と言います。このように自分が真に求めるものが与えられる「自然《じねん》」こそ、人間の求める理想であり、あなたが真に歩むべき真理の道なのです（以後、「自然《じねん》」は自然《しぜん》と区別するために常に「　」付きで表記します）。

多くの現代人は「自由」を人間の理想と思っているようですが、人間の真実の姿を無視した現代流の自由の意味するところは「主体」の意志から離れた「表面意識の自分の自由」のことであり、このまま宇宙と整合のとれない表面意識の自由を追求すればたちまち個と個は対立し、秩序は乱れ、奪い合いの世界となり、宇宙の秩序を乱し、それは結局自分自身に返ってきて自分の首を絞めることになるのです。

それはどこまで行っても「主体」の真の自由とは絶対に一致はしないのです。

さらにまた現代流の「平等」の意味するところも、自分を取り巻く条件を周囲と同じように満たそうとすることであり、これは決して人間の理想ではありません。宇宙と整合した意識に達した人間が求めることは、当然主体命に係わることであり、そこではその人の「主体」の主体性と個性が最大限尊重されるのです。個性を尊重すれば結果として平等は崩れます。そこは主体命成就に必要な条件が最優先に確保される「不平等」の世界です。そしてこの「不平等」は平等以下の不平等であってはなりません。

当然それは平等以上の不平等でなければなりません。このように真に必要とし、真に求めるものが無理なく調和の中に与えられる「自然《じねん》」こそが、人間のそしてあなたの真に追求すべき理想の世界なのです。

「自然《じねん》」は宇宙の正しい理解に立って、「登る道」と「降りる道」の整合から導かれる最もすばらしい人間の理想の秩序ですから、「自然《じねん》」が創る秩序は宇宙の秩序が見事に投影されて安定するのです。その秩序は多層的であり多面的であり、しかも決して固定的ではなく、常に大きく変化し続けます。

そしてその変化の中に宇宙の生命活動が障害なく展開されて行きます。

そこでは個と個は決して同じものを求めるのではなく、同じものを与えようとするのでもなく、自分の真に望むものを求め、お互いの個性を尊重し、相手の真に望むものを与えようとするなかで愛を育み、誠実さを発揮するなかで、個と個は調和し秩序は障りなく流動し生命活動が円滑に進展するのです。

個と個は現代のように表面意識の自由を求めて奪い合う戦いの構図を作るのではなく、主体命に係わるそれぞれの立場を確立し、「自然《じねん》」の中で与えられた環境の中で幸福を実感できるのです。

「表面意識の自由」で奪い取った幸福は簡単に逃げて行こうとします。強引に作り上げた「平等の条件」もすぐに崩れます。もしもそうして得た幸福を逃げないように、平等が崩れないように、自己の立場を維持しようとすれば、それは秩序を固定化しようとすることになり、そこでは生命活動がとどこおり、様々の矛盾が発生し、それを支えるためにはより大きな強制力が必要となってしまいます。

一方、「自然《じねん》」に与えられた幸福は逃げないように支えていなくても決して逃げては行かないのです。むしろどんどん秩序が変化する中で環境条件は変化して行きます。その変化の中に宇宙の意志を見い出し、そこに超越人格の導きを発見し、運命の流れの本質を見抜いてその変化に運命を委ねることができれば、幸福の内容はさらに充実し、より深く広い幸福へと膨《ふく》れ上がって行くのです。

現代こそ「個の論理」に導かれる「自由と平等」を追求するのではなく、秩序をある勢力の都合で固定化することなく、宇宙と整合した「自然《じねん》」を人間の理想として求めるべきです。そして「自然」は宇宙の真理ですから、自他の個性を尊重し、他人と同じものを欲しがらず、高度な理念に帰一し、強引さと力みを捨てて肩の力を抜けば柔軟な秩序がしぜんにできあがり、人間関係は円滑に動き出すのです。

「自然《じねん》」を理想として追求すれば、その心境は今すぐにでも少しずつ目の前に現れてきて、あなたの周囲は調和し、宇宙の秩序は一気に投影されてくるのです。いや実はもう既に、「降りる道」は超越人格の愛の導きとして、あなたの前に示されているのです。ただそれにあなたがまだ気づいていないだけなのです。ですから以下に示される「降りる道」を通ってあなたの前に示されている幸福にいっ時も早く気づいて、それを素直に頂く「登る道」を歩むことを体得すれば良いだけなのです。

そして「自然《じねん》」の道の究極には、宇宙と完全調和した人類の理想の世界が展開することになります。実はその道こそ、私が最終的に示そうとしている「道」なのです。そこで後に示すように、あなたが統一人格を求める道を歩み、人生の目標を祈りの中にこめて生きて行けば、後は目の前の事を誠実に処理していくだけで良く、余計な策略や作為的な発想は一切必要ないのです。このように統一人格と成ることとは表面意識の負担が極端に減り、とても楽な生き方と成るのです。

この書を読んで、あなたが「これまで自分は真の自分の意志から離れ、真の自分の意志に反して生きてきてしまった」と気づけば、あなたの人生観はひっくり返るのが本当です。このことが本当に分かれば、あなたは必ず『あなたの人間やりなおし』を強く決意するはずです。

第三章　超越人格の導き

1節　超越人格の救いの手

○六七　超越人格は愛である

さて、超越人格は超越的人格を持っておられても、人間のレベルに合わせて私達人間に接して下さるのです。それはちょうど、母親の我が子に対する姿勢に例えることができます。そしてそれは母親が我が子に話しかける時に、身をかがめ子供の視線まで降りて、しかも子供の言葉で話しかけ、子供の気持になって、子供の価値観に立って、子供の気持を受け取りながら育て上げていく姿に例えることができます。

これが超越人格の人間に対する姿勢なのです。それをもう一度明確に言えば……、

超越人格の私達人間に対する姿勢、それは「愛」であります。
超越人格に対する理解はこれだけで必要にして十分です。

さて私達人間は超越意識からやってきて、今生命活動の最前線の表面意識にいるのでした。表面意識からは超越意識はなかなか見えませんが、超越意識から見れば表面意識の人間はまる見えなのですから、最前線に超越人格からの導きやエネルギー補給がないわけがないことを信じましょう。

実は私達人間には超越人格からのエネルギー補給が来ているどころではない、周囲は補給隊だらけなのです。実は私達は補給隊の中で生きているようなものです。

一方的に補給もされっぱなしにされているのです。補給ルートは完全に確保されているのです。

ただ表面意識がそれに気づくか気づかないかだけの違いなのです。

それは超越人格の導きとして、いつも人間を見守っていて指導して下さっているのです。

しかしあなたがそれを望まない限り、エネルギー補給には限度があるのです。

なぜならば超越人格は、例えばお金を与えれば人間を堕落させる方向にそれを使われてしまうのでは、人間がいくらお金を必要としていても、超越人格がお金を与えるはずはありません。超越人格にとっては目先の幸不幸よりも、統一人格に導くことが大切なのです。つまり統一人格に導くために地位もお金もない方が良ければ、それを与えないのです。そして必要が有れば地位も名誉も与えるのです。ですから統一人格に成れば、あなたの願いはより根本的なところで全てかなうのです。

超越人格があなたを導く場合のルールは、統一人格を完成させる方向でしか補給はしないことと、もう一つ重要なルールは『思い通りに成る法則』に反しないように導くということです。

つまり望まないことを与えるのは、『思い通りに成る法則』に反することを知るべきです。しかしあなたに祈りが有れば、それを与えることはその法則に反しないのです。

ところで問題は、人間側が超越人格の導きに気づかなければ、せっかく与えられた良い運命も環境も、本人にはなかなか良いとは思えないで、受け入れることを拒否してしまうことです。

せっかく超越人格によって与えられた運命や環境を人間側が勝手に拒否してし

まうことで、なかなかその人間の運命が開けないという例は多いのです。自分の判断でしか動けない人や、周囲の人の話や忠告を受け入れない人はどうしても、超越人格の運命修正の導きやエネルギー補給を受け入れることが難しいのです。

さて、超越人格は多層構造をなす全意識空間を通して私達人間の意識体に対して働きかけて下さいます。無限の能力、無限の力、無限の働きをもって……。

《超越人格》の理念は不完全ながら私達の文化の中に投影されています。ですからその文化を高めることで生命活動は進捗《しんちょく》するのです。そしてさらに超越人格は宗教の中ではなく、文化の中で私達を導くのです。文化とはそれほど大切なものであり、宗教はむしろ文化の一部分に位置づけられます。

文化とは宗教をはるかに越えたものであり、人類の究極の理想世界には宗教は存在しませんが、文化は厳然として存在するのです。その文化には独自の祈りも儀式もありどこか宗教的に見えますが、それは既に宗教ではなく、文化そのものが「統一ベクトル領域」を投影していて、その文化独自の統一ベクトルの表現と確認のために祈りとか儀式が存在するのです。そしてそれが進歩と調和に満ちた秩序を創り、それを支え、人々を「自然《じねん》」に統一人格に導く力を持っているのです。

ですから祈りとか瞑想《めいそう》とか帰依《きえ》とか感謝とか、そういう一見宗教的な言葉は、本来は文化にこそ不可欠な言葉なのです。そこでこの書では以後これらの「祈り」とか「瞑想」とか「感謝」という一見宗教的言葉を宗教的言葉としてではなく、文化を構成し統一ベクトルに係わる大切な言葉として用います。

○六八　超越人格は分離ベクトルを幸福のきっかけに使う

あなたはこれ以上分離ベクトルを作らないようにすることと、後に示す祈りによって積極的に統一ベクトルを創り出すことです。ところで分離ベクトルといえど、それは元を正せばあなたが望んだものであることを忘れてはいけません。そこで超越人格は一たんその分離ベクトルをあなたの運命として小出しに現して見せて、あなたが過去に何を望んだかをあなたに体験的に確認させるのです。その時あなたがそのことに「苦しみの自覚」があるならば、あなたはその運命を再び望んではいないことになり、その分離ベクトルを否定しているという意味になりますから、超越人格は残りの大部分の分離ベクトルを消滅させたり、あるいは分離ベクトルを統一ベクトルに組み入れたりするのです。しかしもしあなたがそこに「苦しみの自覚」がないとするならば、いまだその分離ベクトルを肯定し、その運命を再び望んでしまうことになるのです。

そしてそこにはただ『思い通りに成る法則』が法則通りに現れたというだけのことで、大部分の分離ベクトルはそのまま残され、再び時期を見て現れてくることになります。

このように分離ベクトルは完全に超越人格の支配下にあり、あなたの運命の中で「苦しみの自覚」を持つことで、それを機会に幸福に導いて頂く運命の材料として、あなたの統一人格を作るきっかけとして、あなたの救われへの道をつけるきっかけとして使われるのです。

そのことを知れば、現れてくる全ての運命や環境を、超越人格の愛の「手」を通して頂いたものとして受け入れることができるはずです。未来の運命を超越人格に委ねて、現実には誠実さを貫きながら生きることに躊躇《ちゅうちょ》はないはずです。

〇六九　分離ベクトルさえ超越人格の手の中にある

本来人間は超越意識、潜在意識、表面意識が統一されていて、超越意識にある自分の「主体」の理念に沿って生命活動を成就《じょうじゅ》する存在です。

しかし次第に表面意識が「主体」への帰一を失い、人間に与えられた「自由」という創造の力を、生命活動を成就するためではなく生命活動以外のことに使ってしまったために、表面意識の様々な思考と行動が「主体」の理念に反する様々の分離ベクトルを産み出し、それを潜在意識にためこんでしまったのです。

それは主体命を成就するために何度か生まれ変わっている間にためこんだものもありますし、前世でお世話になった人へのご恩返しやお手伝いとしてわざわざ預かった荷物ということもありますし、もちろん現在産み出したばかりのものも有るのです。

しかし超越人格から見れば、分離ベクトルの発生も超越人格が人間に与えた「自由」の範囲の出来事であり、超越人格はあらゆる「ベクトル」を、人類の作り出した遺産として無駄なく活かして人間の運命を組み立て、分離ベクトルを超越意識に統一し、人間を統一人格に導き、さらに超越意識に統一された真の文化を構築することで人類を恒久平和に導くのです。

さて超越意識によらずとも、潜在意識に「ベクトル」として蓄積された思考と行動は、やがて人類の全体体験として昇華され、文化を作り運命と環境を作りますが、この潜在意識の文化で生きるだけでは、人間はただのかしこい動物に過ぎません。人間は超越意識を本住の地とする生命体であり、超越意識に統一されて初めて人間は動物と差別され、本来の「人」と成るのです。

〇七〇　運命は全て超越人格の愛の「手」の中にある

主体命を成就することが人間が生きることであり、人間はその道に沿って生きる時が個性を輝かせる時であり、真の安心と幸福感を感じるように創られているのです。

超越人格は人間の潜在意識にどのような意味を持った、どれだけのベクトルが有るかを全て御存知です。超越人格はそれらのベクトルを運命の材料として、ベクトルを全て有効に活かしながら人間の運命を組み立て、一生の計画を立てるのです。

ところでベクトルとは運命を創るエネルギーであり、必ずしも分離ベクトルと統一ベクトルの違いが明確なものばかりではありません。例えば頭が良く切れて感性の鋭いベクトルは、それがへ理屈を考え出し、自己正当化のために使われればたちまち分離ベクトルとなりますが、愛の表現のために使われたり、自分の嘘を見破るために使われれば、それは統一ベクトルと成るのです。また感謝のベクトルはそのまま既に統一ベクトルであり、不満のベクトルはそのまま既に分離ベクトルです。さらに分離ベクトルに見えても修行の過程として必要があって与えられたものも当然有るのです。

人間とは生まれ出る時に、既に多くの分離ベクトルと統一ベクトルといまだどちらとも定まらないベクトルを持って生まれて来ています。超越人格はあなたが強い人であれば人生の初めのうちに大きな分離ベクトルは処理して、残りのベクトルを統一ベクトルに変換しながら後半を安定した人生とするでしょう。あるいは分離ベクトルの一時の放出に耐えられそうになければ、分離ベクトルを一生かかって小出しにすることもあるでしょう。それは、あなたのことをあなた以上に良く分かっておられる超越人格にお任せしておけば一番良いようにして下さるのです。

○七一　第三者を通しての超越人格の働きかけは不都合に思える

あなたが目先の利害に翻弄《ほんろう》されているような時は、もう超越人格からの働きかけをあなたはほとんど受けつけない状態にあるのです。そのような時、超越人格は利害の絡《から》まない第三者の「意識体」に働きかけ、その人間を通して語らせるのです。

その時の、その第三者は当然普通の人間ですから、正確には超越人格の御心《みこころ》を伝え切れてはいませんが、その言わんとする結果だけは常に正しいものです。

従って「利害の絡まない第三者の忠告」というものは、たとえ理屈に納得できないところがあっても、そこには超越人格の働きかけが有る場合が多く、その言葉や論理よりも、結論は的確であることが多いものなのです。

その場合の特徴は、あなたの希望や意志に反した忠告であることが特徴なのです。

そして「主体」から分離したあなたのフリをした人格（分離ベクトル）は、あなたの意志に沿った都合良い方向に誘惑するものなのです。また、あなたがこれからしようとしていることに関して、周囲の強い反対があるような場合も、そこに超越人格の導きが隠されている場合があります。

この場合、今あなたが為《な》そうとしている事の善し悪しとは別に、潜在意識の中にいまだこの行動のための条件が十分整っていない、ということを示していることが多いものです。

つまり未来に良い条件が整っていない運命は苦労が多く益少ないのであり、超越人格としてはなるべくそのような運命は避けさせたいのです。

〇七二　無作為の動機と誠実な動機が良い運命を選択する

ここでは第三者を通しての超越人格の「愛」の導きについて話しましたが、一般に超越人格の愛の導きは、その人間の意識体とその人を取り巻く環境とに同時に働きかけるものです。

例えば、結婚とか、就職とか、大きな運命の選択の時には当然大きな超越人格の働きかけがあるものです。このような時には超越人格の導きを正しく得るために、周囲の人の忠告にも十分耳を傾けるべきなのです。

ましてやあなたのことを良く知る人の忠告は無視してはいけません。そして自分の気持を決して固執しないゆとりと、超越人格に祈り、その判断を常に超越人格に委ねておく心の姿勢が必要です。それ故に「行動の動機」は非常に大切です。「行動の動機」には人格が正直に現れるのです。だからこそ行動の「動機」は無作為でなければならないし、純粋でなければならないし、愛と勇気と誠実さに裏づけられていなければならないのです。

そしてその「動機」によって選択された結果とその方向が運命なのです。

即ち運命は「動機」によってどんどん選択され変わって行くのです。

潜在意識は統一ベクトルと分離ベクトルの玉石混交で、「動機」がそのどれを選択するかで、運命にはかなりの幅があることになるのです。

そしてそのどれを選択するかは、その人間の自由であると言うことができます。

従って誠実な行動の「動機」や無作為の「動機」には、最もすばらしい運命へ登るための超越人格の愛の導きが秘められているのです。

○七三　動機が不純であれば分離ベクトルに誘惑された運命を選択する

反対に打算や虚栄の気持からくる「動機」で選択した運命は、分離ベクトルが作る運命を選択することになります。

ところで先に示したような周囲の反対がある場合であっても、あなたの行動の「動機」が自己中心ではなく、誠実さに裏づけられているのであるなら、あなたは当然周囲の反対を振り切ってでも誠実さの方を選択すべきです。

現実には分離ベクトルの誘惑も、超越人格に導かれた統一ベクトルと同じように、あなたの意識空間を通して直接くるものと、周囲の人や環境を通してくるものとがあります。

生きるということは、これらの分離ベクトルの誘惑に打ち勝って行かなければならないことを意味するのです。

誰しも、現れる運命が超越人格の導きなのか、それとも分離ベクトルの誘惑なのか、それを知りたいと思うのは当然でしょう。

そこにある違いは、あなたにとって都合が良いか悪いかではないのです。善か悪か、でもないのです。正しいか間違いか、でもおそらくないのです。現象だけ見てはそれは区別がつかないのです。

そこにある違いはただ一つ、あなたの「行動の動機」が、利害や打算や虚栄からくる自己中心的発想か、それとも祈りの中からくる無作為の行為と、誠実さからくる愛と勇気の発想か、ただそれだけの違いなのです。

○七四　運命の選択は「誠実さを貫く」だけで十分である

しかしこの違いがあるだけで十分ではないでしょうか。

私はこれで十分過ぎるほど十分だと思います。何と宇宙の仕組みはうまくできているのだろうかと驚くばかりです。

あなたが誠実さを選択することは、現実には損をすることかも知れません。しかし損をしたって一向にかまわないのです。それが損なら損をすればいいだけのことです。

損をしたからいったいどうだと言うのでしょうか。あなたは誠実さを貫くためにならいくら損をしたって良いのです。ここに大きな運命の分岐点があることに気づいて下さい。

運命の選択は決して技術ではない、ということが理解して戴けたのではないでしょうか。

どんな占いよりも霊能力よりも、誠実さに優るものはないのです。

誠実ささえ有れば、霊能力や占いに頼っていつもお伺いを立てながら生きるような窮屈な生き方をする必要はないのです。

あなたが誠実さを貫いて生きて行くと、運命の流れというものを肯定して自然に受け入れることができるようになります。

未来を詮索したり、過去をいじり回したりしないで生きて行けるようになるのです。

あなたの誠実な動機と無作為の言動行為によって超越思考は生み出されます。

無自覚にでも、誠実な動機と無作為の中で選択した運命は、自分にとって最もすばらしい運命を選択してしまっているのです。それこそがまさに超越思考の心髄というものです。

2節　文化の中で導かれる

○七五　宗教ではなく文化を求める

苦しみとは詰まるところ、心の問題であると同じ意味で、幸福ということも詰まるところ心の問題に帰着するのです。

私はテレビのサスペンス・ドラマを良く見ますが、それには「○○殺人紀行」「箱根殺人○○ツアー」などと物騒なタイトルがついています。そこには御殿みたいな立派な別荘や豪華なクルーザーが登場してきて、そこが殺人事件の舞台となったりします。

たとえあなたがドラマに出てくるような立派な別荘や豪華なクルーザーを所有していたとしても、そこがドラマのように殺人事件の舞台となるようでは、到底幸福とは言えないでしょう。

立派な別荘やクルーザーがすばらしい人間関係を育む場所であり、そこが超越人格の愛を実践できる場所であれば、その立派な別荘も豪華なクルーザーも十分意味があるでしょうが、そこで展開される人間の営みが不調和なギスギスしたものであり、ただ分離ベクトルの温床となっているだけならば、立派な別荘も豪華なクルーザーも何の値打ちもないということになります。

その意味で文化（思考環境・価値体系・秩序体系）と文明（建物・技術・形式）は違うのです。

そのことからも分かるように、私達が求めているのは別荘でもクルーザーでもなく、すばらしい人間関係という統一ベクトルなのです。

それを一般的に言えば、私達が求めている究極は文明という便利さでは決してなく、そして真理を説く宗教でもなく、実は文化（思考環境）という無形の秩序なのです。私達は超越人格の愛が表現された文化という秩序を求め、その表現の手段として文明を必要とするのです。私達はその文化を世代を越えて築きつつあるのです。

そして現実的には、私達は統一人格を育てやすい環境やすばらしい人間関係を育む精神文化を求めているのです。そしてその真の文化を構築するまでは宗教も一時的に存在価値があるのです。

そして超越意識の理念が表現された真の精神文化が構築されれば、もはや宗教は必要なくなります。この認識はとても大切です。そしてこの真の文化をこそ今人類は潜在的に求めていて、それを必死で模索しているのです。そしてあなたも真実は宗教を求めているのではなく、無意識に精神文化とそれに基づく文化と、その表現手段として科学技術や文明を求めているのです。

そして私は普遍の真理から導かれる絶対価値体系に立って、人類の未来を築く真の文化の構築を目指しているのです。どんなに科学が発達しても、どれほどの超能力や霊能力を持っても、それは便利さという技術であり、幸福とは無関係であることは既に理解して戴いたと思います。

そして社会的には科学技術が発達して便利になればなるほど、社会の仕組みが複雑高度になればなるほど、個人的には様々な知識を持てば持つほど、特殊な能力が開発されればされるほど、それらを秩序破壊や犯罪に利用されることがないように、表面意識ではなく「主体」の個性が抑圧されることがないように、秩序の多層構造が失われることのないように、それらを安全に、そして真の幸福につながる形で使いこなすことができる精神文化と、それに基づく思考環境が求められることになるのです。

○七六　真理を体現するために文化の中で「行」を実践する

第二章では《超越人格》の普遍的な姿、宇宙の法則、生命活動ということについて述べましたが、その理解に立ってあなたはいよいよ「普遍の真理」を体得し、それを体現するのです。

そのためには、これまで得た知識を真に自分のものとするためのあなた自身の努力による修行が必要なのです。そして修行道場は基本的には日常生活そのものです。

あなたはその日常生活を修行道場と決めつけて、これから述べる「行」を実践して行くのです。

ここで日常生活とは「民族が育てた文化という思考環境」という意味です。

そして日本人が何千年もかけて育んだ精神文化とは、その言語にまで繊細に投影された「全体」を大切にした縦構造の秩序であり、そして和を大切にする心です。さらに何事も道《どう》にまで深め、そして高め、そこに宇宙を投影し、人生を見い出し、その道《どう》を極めることで「個」の人格を磨き、「白か黒か、勝ちか負けか」という二極対立ではない多面的な価値基準を創り出していることです。

この日本文化の精神性は超越人格からみても十分に宇宙の秩序を表現していて、極めて統一人格を育てやすい思考環境と成っているのです。超越人格はこの優れた思考環境の中であなたを導きます。

残念ながらこの優れた文化は現代はかなり失われつつありますが、日常生活の中でこの文化を大切に、この書で示す「行」を積みながら統一人格を求めて真剣に生きることは、あなたの主体命成就の意味を持つだけではなく、あなたの思考と行動を思考環境の中に取りこむことでその優れた文化を復活させることにも成り、あなたの努力の分は真理が文化の中に投影されたことに成ります。

そしてそれはそのままあなたと民族と人類の生命活動の成就を意味するのです。

○七七　超越人格の愛の導きを感謝で受け入れる

超越人格とは人格を超越した存在であり、絶対普遍の神です。

超越人格は人格以上の高度に純化された究極の人格をもって、人間というい
まだ超越人格に成り切れない人格に対して働きかけるのです。

それでは超越人格の働きかけを受け入れる人間側は、それをいかなる姿勢で受け入れるべきなのでしょうか。

それは「感謝」で受け入れるのが一番ふさわしい姿勢なのです。

即ち、超越人格の人間に対する姿勢は愛であり、人間が超越人格の愛を受け入れる姿勢は感謝であり、感謝しかないのです。

超越人格は機械やコンピュータではないということを忘れないで戴きたいのです。

「感謝」こそが超越人格の愛の導きを受け入れるのに最もふさわしい姿勢なのです。

超越人格と人間の立場を正しく位置づけることができれば、超越人格の愛の導きは最もよどみなく人間側に流れこんでくるのです。

超越人格と自分自身の正しい位置づけをして立場の確立をするということは、超越人格に対しどこまでも「感謝」を貫くということと全く同じことなのです。

さてこれから様々な「行」が導入されます。まず初めは真理を学ぶ心がまえ、超越人格とあなたの本来の関係を確立し、超越人格の導きを最大限受け入れる心の姿勢を築くための、帰依の儀式から始まります。

○七八　真理はどこまでも無限定であることを常に心の中心に置く

ここで「行」を始めるにあたり一つ大切な忠告があります。それは私が常に最も大切にしている真理の普遍性に関することです。

真理に対して傲慢にならないために、真理に対して常に謙虚であるために、現実の「行」の中では「普遍の真理」の意味を「真理の無限定」として位置づけて下さい。

真理を求め「行」を続ける中で、あなたがもし「これで分かった」と思えば、そこがあなたの理解の終着点となってしまいます。「これが正しい」とあなたの処世術が固執しているものが有れば、それも手つかずのまま残り、あなたの成長の足を引っ張ることになります。

真理はどこまでも無限定な存在であり、それを「これで分かった」とか、「これが真理だ」と限定してしまえば袋小路に入って前に進めなくなり、しかもそこから引き返す勇気を持てずに、仕方なく強引にその場で自己を肯定してしまうために、必ず独善となってしまうのです。

「分かった」という思いを決してつかまず、あなたの常識での「正しい」とか、宗教の中で言われている「正しい」とかをも決して固執せず、「これが全てだ」とか「これだけが正しい」とか決して限定せず、普遍性のないものを絶対とする独善に十分注意してどこまでも柔軟な気持で行じて下さい。

宗教では「これだけが正しい」とわざわざ極端な独善に追いこむことで信仰の力を強め、「個人の救われ」に一時的に効果を発揮することがありますが、それは真理の普遍性を大きく犠牲にした方便であり、いずれ運命的にそのことを《超越人格》に詫びなければならない時がくるのです。そして当然その結果生じる様々な矛盾と弊害と混乱の全てを、運命的に自らの責任で処理しなければならないのです。

3節　超越人格への帰依

○七九　超越人格と人間の位置づけ

さて、いよいよ「行」の実践です。

「行」は知識を単に知識としてだけに終わらせないために、どうしても必要なものです。

「行」によって知識は体得され、そして体現という真理の最も直接的表現をこれから求めることになります。

初めは超越人格と人間の関係、即ち超越人格とあなた自身の関係を、《唯一の実在》から個性と働きを与えられて「主体」と分かれた時に遡《さかのぼ》って明確に位置づけることを、「帰依の儀式」として行います。

超越人格は宇宙という人間の生きる環境の全てを用意し、運命も用意しその生命活動を成就するための全てを用意して下さっています。

超越人格は愛そのものでありました。

超越人格は愛として私達人類に働きかけて下さいます。

私達の身の回りに現れる運命と環境は、例外なしに全て超越人格の「手」を通して現されたものです。超越人格は私達が生まれる以前から、それは私達が「主体」として《唯一の実在》の中から一筋の光として分かれた時以来共に在り、ずっと私達を導き護《まも》って下さっていたのです。

〇八〇　帰依の儀式

それではここでさっそく超越人格に帰依を誓う儀式をとり行ないましょう。

以下を声を出してゆっくり読み上げることで、あなたの帰依の儀式は完了します。私は媒酌人です。

私からの儀式の宣言
『本日これよりこの者のための超越人格への帰依の儀式をここにとり行います』

『私は今日の良き日に、この者を護り導いて下さっている、この者の魂の親に帰依を誓うことができることを、心から祝福します』

あなたから超越人格へ

『私は、私の魂の親であるあなた様へ帰依します』

私から超越人格へ

『この人間は今日これより、あなた様へ帰依したことを私が確認致しました』

超越人格からあなたへ

『既に汝《なんじ》はわが子なり、これより汝の運命の全ては一つの例外もなく、我が「手」を通して汝へ与えるなり』

『汝は我が元へ還ることを許されたるなり』

帰依の儀式終了

〇八一　一切の運命は超越人格から頂いたもの

……というわけで緊張の一瞬は済みました。しばらくは私が手ほどきしてあげますから、私の話をよく聴いて戴きたいと思います。さあたった今、あなたが帰依した瞬間から、もう既にあなたは今までとは全く違った世界に住んでいるのです。目に見える世界は今までと同じに見えるかも知れませが、中身は今までとは全く違う世界なのです。何が違うかと言って、今は全ては超越人格の「手」を通して与えられる運命であるということです。これほどのすばらしい事がいったい他にあるでしょうか。良く考えてみて戴きたいのです。今いる立場も、今見える世界も、今聞こえる音も、友人も、夫も妻も、親も子供も、上司も部下も、『全ては超越人格の愛の導き』として、あなたの最も良いように超越人格の「手」を通して与えられたものです。あなたはもう何も迷うことはないのです。

現れてくる運命を、もうそのまま全てを超越人格から頂いたものとして、感謝で受け取りさえすれば良いのです。全てを肯定して感謝で受け入れさえすれば良いのです。

帰依の儀式は何回しても良いのですが、本当は一回で良いのです。いや最も本質を言えば、帰依の儀式をしようとしまいと、既にあなたは初めから超越人格に帰依しているのです。

ですから帰依ができたかどうかを心配する必要は全くありません。帰依の儀式によってあなたは超越人格との本来の関係を思い出し、それを確認したことになります。もちろん悪いことをしたからといって帰依が取り消されることもありません。このことはあなたの今の心境とは全く関係がないことです。心配だったら超越人格に感謝してしまえば良いのです。

4節　全ては超越人格の愛の導きである

○八二　宇宙の法則と超越人格の愛

宇宙の秩序を創っている『思い通りに成る法則』は、いかにも物理法則のような、無人格の冷たい法則のように思われがちですが、決してそうではありません。『思い通りに成る法則』はその人格的意味で作用するのであって、決してコンピュータのように機械的に作用するのではないのです。宇宙は人格的意味を持って存在しており、宇宙はその物理的意味ではなく、人格的意味によって秩序が創られ、その中で生命活動が営まれているのです。

例えば、霊現象や超常現象は常に背後に神や霊やある種の意志、つまり人格が介在しているように見えますが、それを宇宙の法則が作用しているとか、宇宙のエネルギーが作用していると解釈し、理解しても決して間違いではないのです。それは宇宙の法則も宇宙のエネルギーも意志を持ち、人格を持っているということです。そして当然、人間が産み出す統一ベクトルも分離ベクトルも、それぞれ統一人格、分離人格として、意志と力と人格を持つ宇宙のエネルギーとして、宇宙に存在しているのです。

宇宙に存在する様々な人格には、高級な人格から低級な人格まで様々な段階があり、それらがそれぞれ人間に働きかけ、良くも悪くも人間の運命に作用してくるのです。

そこで私は、宇宙を創造し、宇宙の秩序を創り、宇宙の運行を司《つかさど》り、そして全ての宇宙のエネルギーをも支配している最も高級な人格、即ち絶対性と普遍性を兼ね備えた、宇宙の根元的存在である《超越人格》から人間への働きかけをここに説いているのです。

《超越人格》は超越意識にその本住の地を置き、絶対普遍の真理として存在し、その立場から宇宙の法則として、宇宙のエネルギーとして、そして超越人格の愛として、つまり超越的な人格的意味を持って、超越人格に成り切れていない私達人間に働きかけて下さるのです。その超越人格の愛とは、宇宙の法則と決して別物ではなく、究極的には超越人格の愛と宇宙の法則とは同じものです。しかし超越人格に至らない人間からみれば、『思い通りに成る法則』は厳しく否定的に見え、そして超越人格の愛は優しく肯定的に、厳しい宇宙の法則から私達を護って下さるように見えるものです。

つまり人間が『思い通りに成る法則』によって、自分自身で作り上げた運命は厳しく、その苦しい運命から護って下さる超越人格の愛は優しく思えるのです。

従って、ここで述べる『全ては超越人格の愛の導き』という原理は、究極的には宇宙の法則をも当然含みますが、「個人の救われ」の段階では『思い通りに成る法則』によって、自ら作り上げてしまった苦しい運命からあなたを護り導いて下さるという、超越人格の優しさの働きの面を強調しています。

従ってあなたにとっての超越人格とは、普通はあなたの守護神と守護霊と副守護霊と「主体」のことでありますが、重大な場面では常に原点の「宇宙の法則」を含む《超越人格》にまで遡り、『思い通りに成る法則』で創られた全ての運命をも含んだ『全ては《超越人格》の愛の導き』を体得して下さい。

なぜなら『あなたのいかなる厳しい運命も、それは宇宙の法則通りに、あなた自らが望んだ運命がここに現れて、今消えて行ったのであり、そして一切はあなたの守護神、守護霊、副守護霊、「主体」としての超越人格の愛の導きによって、今ここに与えられた運命なのです』から。

〇八三　いかなる運命の変化も真の幸福に向かう変化である

この書を読んだ後は、あなたの表面意識に超越意識の電波を受ける高感度なアンテナが設置されたようなもので、それは超越意識と表面意識が太いパイプで結ばれたことを意味し、以後あなたの運命はどんどん良い方向に向かって展開して行きます。

あなたは性格もどんどん変わり、基本的には良い環境の変化がどんどん現れてくることになります。それらに対しては私が霊修行の時にそうしたように、あなたも躊躇なく素直に『全ては超越人格の愛の導き』として有り難く受け入れることです。

現れてくる運命はその順番に意味があるのであり、その順番に不服を言ってはいけません。現れる運命を強引に作為によっていじり回してはいけません。未来と過去を詮索せず、人の心をのぞかず、現れる運命の一つ一つに誠実さで対処して行けば良いのです。

　そして現れてくる良い運命と環境の変化には当然心から感謝しましょう。その中で守護神、守護霊を超越人格として、超越人格との一体感を深めて行って下さい。

　しかしその良い運命や環境でさえも仮の運命であり、決して固執してつかんでしまわないようにして下さい。良いことにさえ固執せずに、それをもし欲しいという人がいれば譲って上げるほどのとらわれなさが有れば、あなたの運命はもっともっと展開し、どこまでも上昇して行きます。

　良いことばかり続き、あまりに偶然が自分に都合良くばかり展開したりすると、つい感謝を忘れたり、傲慢になったりしがちです。ですから感謝をいつも心に鳴り響かせておくようにしましょう。

　あなたの人生は以後、基本的にはこのようなすばらしい運命の展開となります。ただしある時には、トンネルをくぐらなければ向こう側の明るい所に出られないことだって有ります。

　しかしもうどう有れ「いかなる運命の変化も全ては真の幸福を得るための変

化」です。

その絶対の確信は、あなたに人生を生きる強い勇気を与えることになります。

上がったり下がったりする小さな運命の浮き沈みには、いちいち気を取られずに生きて行きましょう。目先の都合では悪く思えるような環境の変化であっても、それは「全ては良くなるための変化である」と自分に言い聞かせて、感謝で受け入れ、目の前の困難を誠実さで乗り切って行きましょう。

全ては超越人格の愛の「手」を通して与えられた運命なのでした。……ということは、目の前に現れた困難と見える運命や環境は、その後に用意されているすばらしい運命のために、あなたがどうしても越えなければならない運命なのであり、同時にあなたの努力によって必ず越えることができる運命であることを意味します。

あなたに耐えられない運命は決して超越人格は与えません。今のあなたなら十分力がついたから、それを乗り越えることができます。

これは比喩ですが、十万円の借金は十歳の子供には耐えられない負担であっても、四十歳の社会人になれば、利子がついて五十万円になっていようとも、一回のボーナスで全て返済できる程度の金額なのです。そして超越人格はその解決策（ボーナスの支給と借金の支払方法）も既に用意して下さっているのです。あなたの誠実さがその解決策を見つけ出すことになります。

そしてこの『全ては超越人格の愛の導き』という真理の言葉は、大きな運命の障害を乗り越える時に特に強い力を発揮し、その人を内側から強く支えてくれます。

○八四　超越人格の愛の導きとは自分自身のための感謝の言葉である

ここで特に注意を要することとして、『いかなる運命も環境も超越人格の「手」を通して与えられたものである』というこの理論を、ただ機械的に当てはめてはいけません。真理の言葉も思いやりがないと簡単にその使い方を誤ってしまい、たとえ理論としては間違っていなくても、すぐにあなたのわがままを正当化する道具や他人を傷つける道具になってしまうのです。

つまり『全ては超越人格の愛の導き』という真理の言葉は、「行」としてあなた自身の救われのために用意された言葉ですから、あなた自身の成長のために用いられることが肝要です。

　この真理の言葉は相手に強制する言葉ではなく、自分自身が運命や環境を感謝で受け入れるための言葉でなければならないのです。即ち、思いやりに欠けた言葉や無造作な行為で相手を傷つけておきながら、それを「全ては超越人格の愛の導きなのだから、あなたは私の行為を試練として誠実に感謝で受け入れなさい」と、あなたの自己正当化のために相手に強制するとするなら、これは大変傲慢な発想となり、私がこの真理の言葉を用意した主旨が全く活かされないことになります。そしてあなたは、真理の言葉を使って真理に反してしまい、「罪」を犯したことになります。

　さらにこの真理の言葉は、あなたが自分にだけ都合の良い誠実さ（？）を相手に要求する前に、相手が自分の思い通りには動いてくれないそのことを、『全ては超越人格の愛の導き』と受け入れるという徹底した自分自身のための言葉でなければなりません。

　ところで、この書で言う「罪」とは、宇宙が投影された秩序を乱し場を汚すこと、自他の主体命からくる自由性を縛ること、つまり分離ベクトルを発生させる立場の逸脱や思考や言行を意味します。

〇八五　超越人格は他を犠牲にしてあなたを救うことはない

本来『全ては超越人格の愛の導き』とは与えられる一連の運命そのもののことですが、実際は出来事の一つ一つを確認しながら積み重ねて行くことが必要です。そこで次にいくつかの出来事をとらえて、それを『全ては超越人格の愛の導き』と受け入れる練習をしてみましょう。

そして次第に運命の断片にとらわれずに、一連の運命そのものを『全ては超越人格の愛の導き』と受け入れるように練習していって下さい。

さて、初めの例は……スーパー・マーケットで買い物をしたところ、レジの店員が計算を間違ってあなたは千円多くお釣りを受け取ってしまった。出口の所でそれと気づいたのだが、自分は既に帰依をしたのだし、『全ては超越人格の愛の導き』なのだから、これは有り難く感謝で受け取っておこう、という場合です。

この例はいかにも間違いと分かりそうな例でありますが、チョット状況が変わるとこの類《たぐい》のことで、自分に都合良く解釈したくなることは多々あるものです。

千円ならそれが間違いであると分っても、一千万円では分からなくなる人もいます。

またお釣りなら分かるが、自分の係わる財産なら分からなくなる人もいます。超越人格はこの例のように、人に損をさせたり傷つけたりして、あなたに都合良く導いたりはしません。超越人格は他人の犠牲の上に、あなたに良い運命を与えたり環境を与えるようなことはしません。十分注意をするようにして下さい。

この釣り銭の例は、超越人格によるあなたの誠実さのテストという意味合いが強いのです。

〇八六　相手の言葉にではなく、出会いに導きがある場合

次の例として……以前親しくしていた人から電話があり、ある保険の勧誘を受けた、という場合です。そこであなたが「『全ては超越人格の愛の導き』なのだから、この場合は勧誘されるままにこの保険に入るべきである」と理解した。……これはしばしば素直な人がおちいりやすい間違いの例です。超越人格の愛について、このような狭い解釈をしてはいけないのです。

そこに意味があるのは、勧誘のために現れたその人との出会いであり、そこに超越人格の愛の導きが有るのです。その人の言っていることが正しいなどとは、絶対に私は言っていないのです。保険に入るか入らないかは「あなたが今保険を必要としているかどうか」で決めるべきです。

その知人との出会いを大切に、『あなたはその人の「主体」に感謝し、その人の進歩と調和を祈る』ことができれば、それはその出会いに対しての最大の誠実さの表現となります。祈りについては後に詳しく述べます。

ところで保険に入りたいと思っていたところに、ちょうど友達から保険の勧誘があったのなら、それはそのまま素直に受け入れても良いでしょう。しかし一般には表面的な出来事と超越意識から解釈することとは、一致していないことが多々あります。つまり、保険に入るか入らないかは、誠実さとは別の問題であります。相手を護り導いている超越人格（守護霊）が、あなたを護り導いている超越人格に重大な用があって、それを形の上で表現したのかも知れません。

人との出会いには、そこに超越人格のどんな深い導きが隠されているか知れません。

ですから人との出会いは大切にして、常に祈り心で接することです。

○八七　相手の言葉に超越人格の導きがあるかもしれない場合

さらに次の例として……、あなたに抗議をしたり、忠告をしてくれる人がいたとします。

それはヒョットして、前に述べた第三者を介しての超越人格のあなたに対する忠告かも知れません。

それがあなたに真に必要な忠告であるとするなら、この場合は相手の言葉の意味にも超越人格の愛の導きがあるという例となります。

このような場合は、相手の言葉を祈りの中で聞きながら、一たん受け入れてみましょう。それでスッと納得できれば、それは大いに感謝をして受け入れたら良いのです。

無理があるのであれば、あえて受け入れる必要はありません。

分からない時は、祈りの中で相手の言葉を聞いて、超越人格に判断を委ねる姿勢を保ち、その場で受け入れるべきかどうかの結論を急いで出さないでおくことです。

祈りの中で聞いていれば、あなたの表面意識がそれを受け入れようと受け入れまいと、それがもしあなたに必要な言葉であれば、それはあなたの心に刻みこまれ、必要な場面で必ずその言葉が思い出されてきて重要な判断材料となるはずです。

判断を超越人格に委ねることも大切な帰依の姿勢です。

しかし当然受け入れるべきことを、それを理由に曖昧《あいまい》にすることは逃げの姿勢であり、超越人格の御心（超越人格の理念）に極端に反しますから、それも誠実さで判断しましょう。

自分を罵倒《ばとう》する相手の言葉の中にも、真実があることだってあるのです。

○八八　相手の非難中傷を祈りの中で調和させる

前の例に似て非なる例として……、相手は忠告という姿をとりながら、あなたに日頃の不平不満をぶつけてくる場合があります。これも同じように、祈りの中で相手の言い分をじっと聞いてみましょう。

相手は明らかに間違っているのです。相手は被害者意識に落ちこむことで自己を正当化することにのみエネルギーを集中しているのです。あるいは相手の言うように確かに自分にも非があるにせよ、あなたにとっては自分の立場を遂行する上で必要な行為に付随することであり、それは既に自分でも十分自覚していて既に反省をし、「自明行」（後述）によって自分を見極めていることであれば、いまさらそれを指摘されてあなたの判断を変えたり、心を痛める必要はないのです。

この場面では、決して自分を責めてはいけません。相手が自分の非を指摘してきても、既に「自明行」を済ましていることであれば、もう反省する必要もなければ、もう一度「自明行」をする必要もありません。

そのためにこそ前もって以下に示す「自明行」を徹底して積み、日頃から素直な目で自分を見極めておく必要があるのです。そうすれば、いまさら人に何を言われても心が動じることはありません。

人に罵倒されても、それがたとえあなたの欠点を見事に指摘していても、もはやそのことで弱気になったり、あるいは腹が立ったりすることは、不思議なほどないのです。

自明行によって自分を知り尽くしておきさえすれば、わざわざ自分が被害者であろうとしたり、強引な自己正当化によって身を守ろうとする愚を犯す必要もなくなり、指摘された自分の欠点を堂々と認めたまま、自分を否定することもなく、相手にも柔軟に対処できるものです。

このように『全ては超越人格の愛の導き』とは、常に「自明行」と共に行じて十分な効果を発揮します。「自明行」については後に章をあらためて、十分詳しく述べることにします。

相手の言葉を祈りの中で聞いていれば、自分の心は常に冷静に保てますから、相手に言うだけ言わせて、静かに適切な返答を返すことができます。

また自分に非があれば、そしてその必要があればそれを堂々と認めることもできます。

その人に対してはあなたが徹底した誠実さで接することが、超越人格が望まれることです。

その場合誠実さとは、まず第一にあえて善悪を決めることではなく、その場と相手を祈りの中で静かに調和させてしまうことです。あなたの心の中で調和できればその場は既に調和したのです。

あなたの心は宇宙の投影なのですから、そこにあなたは調和を投影したのであり、主体命を成就していることになるのです。やがて現実にその場は調和してくるのです。

相手の非難中傷は、これまでの二人の関係の中に蓄積されているものが今吹き出してきているのです。そして今それが消えたのです。

相手と自分とどちらが善い悪いという次元ではなく、それを決めることでもなく、その不調和な場面をその時と場所と状況を選択して現して下さったところに、超越人格の愛の導きがあるのです。そしてこの機会に相手のことを徹底して祈り、あなたの心の中で調和させてしまうことが、あなたのそして相手の幸福にもつながることであり、誠実さを貫くことと言えるのです。

そして今、あなたの人生の重大な展開を前にして、その人の正直な気持を知り、その人の正体が明確にされたことで、あなたも次の重要な決断がしやすくなったのではないでしょうか。

〇八九　時至れば厳しい誠実さを一気に貫くこともある

次の例は……、あなたが組織の長であったり、人を指導する立場であった場合の出来事です。

あなたが今、指導者の立場にあるならば、誠実さを貫くとは右の例とは大いに異なり、次のような対処の仕方が必要であることも十分あり得ます。

相手が不平をぶつけてきたり、批判してきたりする場合は、こちらも心を引き締めてあたらなければなりません。この際一気に、今与えられたこの絶好の機会をとらえて、まずは祈りの中で相手の言い分をある程度聴いた後に、突如あなたの方は態度をひるがえして相手を説得する姿勢に転じなければなりません。

その場面では今の相手の言葉をとらえて、さらに徹底して相手のこれまでの問題点を分かりやすく整理して並べ立て、それが卑怯な被害者意識や虚栄やメンツから発していることを静かに示し、ある時は声を大きくして相手の胸ぐらをつかんでも、相手のおちいっている被害者意識がいかに間違いであるか、また組織上いかにそのことが障害になっているかを明確に示して諭《さと》すことが必要なのです。

このような場面では、今の絶好の機会をとらえて相手に生まれ変わってもらおうとすることが、今のあなたの立場での誠実さを貫くこととなるのです。

そこでは当然激しい感情が伴うこともありますが、感情が乱れようとも、それは第五・第六番目の既に小さな問題となっているのです。「完成された統一人格」と成ればいかに感情を激しく出しても完全に超越意識のコントロール下にあり、それは活きているのです。しかし未統一者の場合にはそうは行きませんが、だからといってそのことで失敗を恐れてはいけません。

たとえ感情が乱れたとしても、それは既に今の出来事での本質ではないのです。この場合は自分の感情を乱してまでも、自分の心を汚してまでも、他人に悪い評価を得てしまっても、この誠実さを貫くことが未統一者としての精いっぱいの誠実として高く評価されるのです。

静かに祈りの中でその場を調和させるか、それとも一気にこの時とばかりに料理するのか、そのどちらにすべきかの基準は、常にそれをすることが最も効果的であるかどうかです。

今十分な効果を期待できない場合は、その機会がくるのを十年間でも待つ心のゆとりが必要です。そしてそのゆとりが有った上で、その人の被害者意識が組織上の大きな障害となっていれば、決して十年などは待つべきではありません。それは今すぐにでも解決しなければならない問題です。その解決をあなたが強く望むからこそ、そのための千載一遇のチャンスが超越人格の愛の導きにより今の場面として与えられたのです。

感情で左右されていてはその判断はなかなかできませんが、あなたのその時の判断が適切でなかったとしても、超越人格はあなたの選択した方向で応援して下さいますから、恐れずにあなたなりの誠実さを精いっぱい貫くことです。指導者としてのあなたにはそれだけの権限が与えられているのです。そして指導者にはそれだけの責任もあるのです。

この場合に限らず、大事な場面であなたが求められる「誠実さ」とは、決して心や言葉だけの「誠意」で済ますことではなく、実際の行動を伴うことで初めて十分な意味を持つことがあります。

それがお金を出すことであれば少し多いくらいに出し、ある時は批判の矢面《やおもて》に立ってあなた自身も傷つくことを恐れず、物心の多少の負担と犠牲を伴ってこそ本モノの誠実さと言えることもあるのです。

またあなたと相手との問題にさらに第三者が絡んでいる場合は、「言うべきこと」を言わずに黙っていたり、誰かをかばったり、自分を正当化したり、裏切ったりすることが、結果としてその場にはいない第三者を傷つけ、妥協したりすることにになりがちです。これは大きな不誠実となります。

その第三者を悪者にして安易に人望を得ようとすることは、誠実さとは反対の卑怯な態度なのです。この場合は第三者の超越人格（守護霊）もその場にいて、成りゆきを見てあなたの誠実さを期待しておられるのです。あなたはその第三者の超越人格（守護霊）の視線を強く感じているべきです。

そして非難中傷してくる相手の言葉からも、自分に巣喰う分離ベクトルの発見のヒントを得るかも知れません。しかし常日頃から自分を十分見極めていれば、もういまさら何を言われようと反省の必要はなくなり、その場合は「自分のこれまでの行為を他人の目を通し意地悪く解釈すると、その程度である」という実態を知るのも、人間の現実理解としてとても参考になります。

組織活動においては、小さい問題に将来の大問題が象徴されて現れてくるものです。特に秩序に係わる問題は、小さい問題のうちにその問題の本質を見抜いて、十分な処理をしておかなければなりません。

ここで変な温情主義に流されて何ら有効な手を打たなかったばかりに、将来に大きな禍根《かこん》を残さないように注意しなければなりません。小さい問題が本当に小さい問題なのか、それとも実はそこに大きな問題が隠された重大な問題なのかを見抜くことが必要です。つまり将来の大問題を今ここに小さい問題として現して下さったところに「超越人格の愛の導き」があるのであり、その機会を逃さずに組織としての反省と自明行（後述）を実践し、組織改革をするのです。そして実際に起こってしまった組織的危機は組織大改革の絶好のチャンスとして活かすことです。周知の危機ならばかなりの無理も通るのです。

○九○　運命の岐路では常に誠実な動機であたる

このようにいかなる場合でも、現れてくる運命や環境は間違いなく『全ては超越人格の愛の導き』として与えられたものです。その運命の本質は決して因縁でもなければ、悪魔が与えたものでもなければ、悪霊の祟《たた》りでもなければ、罰があたったからでもありません。その現れた運命や環境に対して、あなたがあなたらしい精いっぱいの誠実さを貫くことを超越人格は望んでおられるのです。

それ故に現れた運命と環境に対し、あなたはそれを『全ては超越人格の愛の導き』として正面から受けとめ、決して逃げずにその運命と環境に対して最も誠実な生き方とは何かを求めるべきなのです。

また生涯の中で何度かは、自らを犠牲にしてその環境を離れる運命を選択しなければならないこともあるのです。このような場合は特に今までの環境を自ら離れる決断と、その最も適切な時期の判断は、自分の利害を越えた純粋な、誠実な、そして無作為な動機によらなければなりません。それは例えばあなたが高い地位や恵まれた立場を得ていながらも、「全体」の中の現在と将来の自分の立場を的確に把握し、現在の自分の立場に固執しない謙虚な姿勢で「この仕事は一段落したので、次の新しい仕事は後任に譲りたく、私はこの機会に辞めさせて戴きたいのです」というような場合です。

一方、同じ「辞めます」でも、「……こんな所にもう居たくない」とか「私の言い分を受け入れないのなら辞めてやる」というのは、あまりにも身の程をわきまえない傲慢な態度なのであり、この場合の「辞める」は、全く不誠実さそのものの「開き直り人生」そのものであります。

つまり運命の選択において最も重要なことは、いついかなる場合でも誠実で、作為のない純粋な動機なのです。運命は結果よりも、結果に至る動機と誠実さを積み上げる過程がとても大切です。

○九一　謙虚さを忘れないように誠実を貫く

この誠実さを貫くことで感情を乱し心を汚せば、それはあなたが損をすることです。しかしこの場合はいくら損をしたって良いのです。損をするとかしないということよりも、誠実さを貫くことの方が何万倍も重要だからです。自分の損得を越えて行動することは誠実さの表現なのです。

『全ては超越人格の愛の導き』であるからこそ、それらに誠実さで対処することに意味がでてくるのです。また誠実さと言っても、それは真理に対する理解が深まるに連れてその実際的行動は大いに変わってきます。

今のあなたにとっては、上司に叱られているその人の味方になって弁解し護ってあげることが誠実と思えても、真理に対する理解がより進めば、叱られることに超越人格の愛を見い出し、ここでの形だけの優しさは決して誠実ではなく、組織の調和のためとその人の幸福のためにもこの絶好のチャンスに反省をしてもらうのが良いと判断し、この場は厳しく突き放すことが誠実となるかもしれないのです。

ですからあなたの今の誠実さは、あくまで今のあなたの真理の理解の段階での誠実さであることを忘れないように、身の程をわきまえている謙虚さが必要です。あなたの理解の段階での尺度で、あなたより真理に対する理解の進んでいる人を批判したり、評価したりしないようにする注意が必要です。

謙虚さを失うと良いことをしているようでも、生命活動を妨害し、あなたは傲慢という落とし穴に落ちてしまうのです。

5節　感謝と感謝行

○九二　超越人格への感謝を「行」として実践する

超越人格への感謝というものには理由や理屈は一切要りません。それは自然に心の底から湧き出てくる温かい気持です。その自然な感謝の気持は光のごとくに真っ直ぐに超越人格に届くのです。強いて言うならば、超越人格への感謝とは超越人格によって自己が肯定された喜びの気持の表現であり、超越人格との一体感を得た喜びの表現です。

これまで述べたことで、全ては超越人格の手を通して現される運命と環境を感謝で受け入れる「べき」であることはよく分かったことでしょう。しかし「べき」を分かっただけで自分は感謝ができていると考えるのは早合点か、傲慢か、無知か、身の程知らずなのです。現実の人間というものは、そう簡単に「……すべき」をその通り実行できるほど単純明解ではないからです。

つまり私達はこの感謝の気持を持続することは現実的に不可能なのです。そこで感謝を「行」として取り入れ、感謝の姿勢を事有る度に形で表現するのです。

「行」は形であり、決して本モノの感謝の「心」ではありません。しかし感謝の姿勢を形で示すことは、「私の中の様々有る気持の中で感謝以外の気持は私でなく、感謝したい気持が私の本当の気持です」と事有る度に宣言することを意味することになります。

○九三　超越人格への感謝の気持を祈りにまで高める

このいまだ心の伴わない本モノではない感謝を、どうにか感謝の姿勢を示すことだけで許して頂くわけです。ここで超越人格への感謝の言葉としては……

超越人格さま有り難うございます。

あるいは、

神さま有り難うございます。

……と最も単純な言葉にしましょう。

祈りにまで高まった感謝とは超越人格との光の交流であり、超越人格からの生命エネルギーの供給でもあります。感謝の祈りは超越人格の働く場を整えることであり、超越人格と人間をつなぐ道筋を整えることでもあります。

ここで祈りとは後に述べるように表面意識の自分が、超越意識の自分の「主体」につながることであり、あるいは「主体」の理念を表面意識の自分に伝え、その生命活動を円滑に進捗させることでもあります。従って祈りにはそれを祈る人の主体命が反映されます。

ところで「祈り」も「感謝」と同じように、祈りそのままの心を持続することは現実的に不可能であることから、言葉と体の姿勢を整えて「祈りの行」として形に表現し、それをもって祈りに代わるものとして許して頂こうとするのです。感謝も祈りもそれを形で表現することは、その内容と共鳴しますから、やがて本モノの感謝に至り、本モノの祈りに至ることになります。

○九四　生命を頂いて生かされて生きていることに感謝する

あなたが生きていく中で「これは自分の物だ」などと言い切れる物はただの一つも有りません。

そのことをよくよく考えてみる必要があります。

今あなたがあなた自身と思っているその生命さえ、どうして自分のものと言えましょうか。

あなたの生命さえ自分で創った生命ではないことに気づかなければなりません。そして自分を取り巻く環境も、大地も、空気も、太陽の恵みも、私達が生きていくために必要な一切のものは既に与えられ頂いたものであり、人間とは百パーセント生かされている存在なのです。宇宙から独立した自分などというものは初めから存在しないのです。

あなたとは、本来宇宙を満たしている唯一の生命、即ち《唯一の実在》にその起源を持つのであり、《唯一の実在》である《超越人格》から主体命を預かって分かれてきた「主体」であり、存在であることを何度も確認し、謙虚に自分を位置づけ、感謝の日々を送る必要があります。

自分で生きているつもりの人間はそのことだけで既に傲慢な人間と言えます。そのような傲慢な人間はあたかも、自分で料理の一つをも作ることができないのに、全て超越人格が用意して下さった料理を前にして、その味付けが気に入らないと不平や文句を言っているようなものです。超越人格は健康を考えて塩味を抑えているのかも知れないのです。あなたは肉ばかり食べようとするので、緑黄色野菜でバランスを取ろうとしているのかも知れないのです。

これはあくまで比喩ですが、人間とはこのように駄々をこねる子供以下の所があるのです。「以下」ということは、子供ならまだ両親の存在を無視はしないからです。

○九五　人間は自分を正しく位置づけられないことで不満におちいる

人間とは都合の良いことが起これば それに感謝できます。あなただって自分に利益をもたらしてくれたり、優しくしてくれる人がいれば、当然その人に感謝できるでしょう。

ところがちょっと状況が変わって、自分に都合が悪いことが起これば、同じことにもすぐに不平を言い、今までの感謝の気持はどこかに吹っ飛んでしまうものです。

人間というものは、どうしてこうも感謝を忘れ、不満を持ちやすいものなのでしょうか。それは自らの立場の確立がなされていないことによるのです。

まず第一に、自分が生かされているという立場を正しく位置づけられないことによるのです。

「人間は百パーセント生かされている存在である」ということを正しく自覚できれば、いかに都合悪い環境であっても謙虚に成り、心は感謝に満ちてくるのです。

そして第二に、今自分が現実に生きている家庭や組織という秩序の中で、立場の確立がなされていないことによるのです。

自分の現実の秩序とは宇宙の投影であり、それを現実の宇宙として、その中で大切な立場を与えられて生かされている今の自分の立場を謙虚に位置づけられなければ、見るもの聞くものが全て不満に見えてきてしまうのです。そしてさらに、自己中心の傲慢な立場に立ってしまい、傲慢な発想で、出来事を、周囲を、人を、批判し評価し、「周囲の人は私の思い通りに、動いてくれない」と不平を言い、

「私の気持を分かってくれない」と不平を言い、勝手に作った自分に都合の良い立場を「誰も私の立場を理解してくれない」と不平を言い続けるのです。そしてさらに自分の不満を理解してくれない周囲の人に対してさらに不満となり、抜け道を失ってどこまでも傲慢と不平不満と被害者意識に落ちこんで行くのです。人間とはこのように生かされていることを忘れ、立場を逸脱して傲慢になれば、すぐに不満の種を探し出してそれを蓄積してしまうものです。

一方生かされている自分であることに気がつき、宇宙の中での、そして現実の秩序の中での立場の確立ができてくると、今までとはまるで違った世界が見えてきて、以前は不満の材料だったことさえも、批判の対象だったことさえも、全てが感謝の材料となって見えてきて、いつの間にか目の前が感謝の材料に満ちあふれていることを発見するのです。

自分が今赦《ゆる》そうとしているその人にさえも、本当は心から感謝しなければならないことが理解できてくるのです。また今までは当然と思ってやり過ごしてきたことや当たり前として処理していたことが、実は大変なことで、心から感謝しなければならないことだと分かってくるのです。

そして感謝の蓄積に伴い、その人の雰囲気は美しく清らかなものに成って行くのです。

人間とは感謝によって宇宙から生命エネルギーを供給されて生きているのです。従って、人間は「感謝の生き物」とさえ言えるのです。

いつもあなたの心が感謝で満ちているよう、感謝が膨らみ不満が決して蓄積しないよう多くの「感謝行」を積みましょう。ここで感謝とは、特に「有り難うございます」という気持や言葉だけを言うのでは決してなく、感謝の本質は、宇宙を、自分の存在を、自分の思考と行為を、自分を取り巻く環境を、身の回りの出来事を全て肯定できる程に自らの立場を確立した心の状態を言うのです。

そしてその全肯定の心境を求めて、人は道を求め、統一人格を目指すのです。

○九六　祖先の築いた文化に感謝する

超越人格はあなたを文化の中で導きます。超越人格は人間が創った家庭や組織や民族や国家に合わせて導いて下さいます。そして文化の中には不完全ではあっても真理が確かに投影されていて、その不完全さから生じる矛盾から人間を護って下さるということも、超越人格の導きです。そして私達が生きるということも、「主体」の個性と働きによって真理を文化の中に多層的に投影し、宇宙の秩序を自分達の住む世界に投影して築き上げることであると言えます。

さて現在私達が日常生活を生きるとは、民族文化の中で生きることを意味します。そしてその文化の根幹を作っている「民族の精神性」は、私達の祖先の生命活動の努力の結晶であります。

そしてそれが高度な秩序となって日常の中に存在していて、あなたはその文化の中に浸り切って生かされているのであり、そこから生命エネルギーのほとんどを供給されているのです。そのことの重大さは、文化という存在があまりに大きすぎてかえって理解が困難となっているのです。

あなたから文化を抜き去った裸のあなたの実力などというものは実にちっぽけなものです。

それを想像するためには、例えば生まれ落ちると同時に、無人島に一人取り残されたあなたを想像し、一切をあなた独りで生き抜いていくことを考えればすぐに分かります。そこでは生きていくことさえほぼ絶望的であり、たとえ動物に助けられて命を長らえたとしても、言語を発明して物事を考えながら、秩序を作り、そこに人生の意味を見い出し、生きがいを得て、高度な価値観を作り出すなどということは、到底考えられないことであります。このことからも今あなたを取り巻く文化というものがいかに巨大であり、偉大であり、決定的な存在であるかが想像できるはずです。

あなたに高度の精神性を与え、一人の人間として生かし続けている巨大な民族文化というものに、心から感謝しなければならないのは当然のことです。

民族文化とはこのように私達の祖先の一切の思考と行動を、何千年何万年という時間の中で精錬して創り出した巨大な遺産なのです。そしてあなたもまたあなたの貴重な体験を人類の歴史の上に積み重ねて、文化として子孫へ継承して行かなければならないのです。この頂いた文化に感謝をするということは、それは民族文化を築き上げてきたご先祖様に感謝することであり、それは感謝行の中でも重要な「行」となります。そしてその文化の中で生きるあなたを取り巻く人全てに感謝することであります。その人がいかに悪人に見えようと、その人の本質である「主体」を見つめれば、生きているその姿だけで、感謝をすることに十分の理由があるはずです（後述）。そして現実には今あなたが所属している組織でさえ、あなたが作ったものではなく、あなた以外の人達の努力で既に組織は成り立ち、そこには超越人格の援助があるのです。不満を言う前に、そこに所属させて頂くことだけで感謝が有るべきなのです。組織の理念は多くの場合その長の理念に一致しますから、感謝は組織の長にするのがよいと思います。それが文化の投影されたあなたの所属する組織に対する具体的な立場の確立であり、それは同時に超越人格の理念が創った文化に感謝している姿と言えるのです。

【文化と所属に対する感謝の祈り】

（私達を生かしている文化を創って下さった）ご先祖さま有り難うございます。

私に立場を与えて下さっている□□（組織の長の名）さま有り難うございます。

6節　人類愛の祈りと祈りの行

○九七　祈りの行はあなたの未来の運命を創る

あなたの「主体」は超越意識に在って、初めから表面意識のあなたに働きかけ続けているのです。その「主体」の働きかけが、あなたの潜在意識を貫いて表面意識まで満ち満ちているのならば、統一ベクトルの状態にあり、あなたの住む世界はもう既に天国なのです。

一般には潜在意識の分離ベクトルが邪魔をして、「主体」の働きかけが表面意識にストレートには現れてこないのです。

表面意識側の意志で超越意識の「主体」に心を合わせることで潜在意識を清めること、そして「主体」の理念を円滑に運命として表面意識に現そうとすること、それが「祈りの行」です。

祈り言葉を唱えることで、表面意識の心を超越意識の「主体」に共鳴させ、表面意識と超越意識との統一を実現するのが「祈りの行」です。表面意識の言葉の持つ響きと「主体」の理念が共鳴するのです。

祈りによって発した「統一ベクトル」は潜在意識に蓄積され、やがて未来のすばらしい運命として現れてくるのです。

つまり「祈りの行」は未来のあなたの運命を創り、将来のあなたの運命を方向づけることになる重要なものです。

○九八　人類愛の祈りを祈る

そこで私は私の主体命に係わる「祈り言葉」を「人類愛の祈り」として次に示します。

そしてあなたがこの「祈り言葉」を祈ることを、私の「主体」は許します。

【人類愛の祈り】

私達人類の進歩と調和が成就されますように。

全ては超越人格の愛の導きなのです。

超越人格さま有り難うございます。

私達人類の進歩と調和が成就されます。
私達は既に一つなのです。
皆さま有り難うございます。
私達のネットワークは私達に、そして私達人類に、
大きな進歩と調和をもたらすものであります。
※　□□□□の進歩と調和が成就されますように。　※

※　…………………　※　の部分は言葉、形式とも自由とします。例えば次のような自分自身のこととか、家庭や所属している組織の進歩と調和を祈るとか、相手がある時には相手の進歩と調和を祈るとか、既に述べた感謝の祈りを祈ることにしましょう。
株式会社□□□□の進歩と調和が成就されますように。
□□家のご先祖さま有り難うございます。
日本の進歩と調和が成就されますように。
さらにお願いも含めて祈る時には必ず、超越人格の理念に沿った形で、私の願

いをかなえて下さい。と最初につけ加えて下さい。そして例えば以下のような願いを祈りの中で済ますことが良いでしょう。

私が今直面している困難が、超越人格の導きによって無事解決されますように。

私達家族が調和し、それぞれが主体命を成就できますように。

共に歩み、共に主体命を成就するにふさわしい配偶者を私にお与え下さい。

私が主体命を成就するために、ふさわしい仕事をお与え下さい。

また、特定の人のために祈る時は、その人の「主体」を見つめて、例えば次のように祈るのです。

そして特に、多くの人達と共に、その特定の人を円陣の真ん中に置いて祈るのが最もよいことです。

□□さんの「主体」さま有り難うございます。

この試練を乗り越えれば、□□さんには主体命に係わる重大な運命が与えられます。

□□さんが今直面している困難を、無事に乗り越えることができますように。

私達も応援しますから、□□さんはその試練を超越人格の愛の導きとして受け入れ、自明行を成就し、《超越人格》の示して下さったこの「道」を私達と共に真っ直ぐに歩んで下さい。

□□さんの主体命成就、自明成就、統一人格成就。

さて、「人類愛の祈り」の中の、超越人格を《超越人格》として特に祈ることは、普遍性の確立のためには大変良いことです。また超越人格を親しみやすく《神》と置きかえて祈っても良いのです。

「人類愛の祈り」は私達の共通の祈り言葉として、さらに形式化して巻末に示します。

○九九　私達人類とは超越意識、進歩と調和は宇宙の構造を表す

私の提示した祈り言葉の意味を解説しておきましょう。

私達は表面意識や潜在意識ではいまだ調和の状態になく、対立や闘争があるように見えても、既に私達は超越意識では一体なのです。

超越意識の世界では、私達のそれぞれの「主体」は働きという個性を持ちなが

ら、全人類として完全調和の中にあるのです。

「私達人類の……」と超越人格に祈ることは、既に一体になっている超越意識の世界の私達人類を、本来の私達の姿として見て祈ることになるのです。

そしてさらに心の中で「私達……」と相手に向かって祈ることは、「今たとえあなたと私の間に不調和や対立や誤解が発生しているように見えようとも、それは本来のあなたと私の関係ではありませんし、私とあなたは既に超越意識の中では完全に理解し合っていて既に一体なのですよ」という確認の意味を持つのです。

「私達人類」も「私達」も「皆さま」も、当然目に見える私達人類と私達と皆さまの意味をも兼ねていますが、この祈りの本質は超越意識の中で個性を持って主体命を生きる、「主体」としての私達人類であり、私達であり、皆さまでありま す。

初めはその意味を明確にするために、特に超越意識の中での私達人類と私達と皆さまを意識して祈るのがよいと思います。

この祈り言葉を唱えることは、様々な「私達」の現実生活で発生する問題をかかえたまま、私達人類として超越意識の中の全人類の問題に昇華して祈ることになるのです。

気に入らない相手に祈ることが気持の上で無理があるのであれば、相手の「主体」に向かって、あるいは相手を護り導いて下さっている超越人格に向かって祈るのです。

急ぐ時は「□□さんの進歩と調和が成就されますように」でもよいのです。

さて、祈り言葉の中の「進歩」とは、まず一般的な意味として、時間の彼方に向かって向上することを意味し、「調和」とは表面意識の世界が広がる姿勢を示します。

しかし、この言葉にはそれ以上の深い意味が隠されています。時空を超越した目でみれば、宇宙とは「進歩」という縦構造と、「調和」という横構造からなっているのです。ここでは生命活動の時間空間の展開は全て横構造に位置づけられます。そして「登る道」と「降りる道」が縦構造となります。

即ち「進歩と調和」とは宇宙の縦構造と横構造を示していることになります。従ってそれは《唯一の実在》の理念を表し、生命活動の成就を意味することになります。

さらに、「進歩」とは《唯一の実在》の絶対性を示し、「調和」とは真理の普遍性を示します。

そしてさらに、「進歩」と「調和」とは、「宇宙の完全性」と「超越人格の愛」を意味するのです。

またさらに、「成就」とは、《唯一の実在》の理念の「成就」のことであります。

従って祈り言葉全体では「私達の係わる宇宙の生命活動が進捗展開することとの願望と宣言」の意味であり、同時に「私達が宇宙の生命活動と一体になって生きることとの願望と宣言」という意味になります。

そして、「私達のネットワークは……」のネットワークとは、それはこの書の中で次第に明らかに成る事ですが、それは超越思考で結ばれた超越思考ネットワークのことであり、【人類愛の祈り】を祈る皆さんは超越意識で強く結ばれているネットワークです。

そこでは一度も会ったことのない関係でも、超越意識を通して強く結ばれ、《超越人格》の主旨を地に現していく役目の一端を担うことに成るのです。

それは多くの場合、皆さんの今の現実の環境を通して、超越思考ネットワークに導かれることに成ります。
この祈り言葉の深さが理解して戴けたでしょうか。
以後「祈りの行」はこの人類愛の祈りを祈ることが主になります。

一〇〇　まずは徹底して祈ってみる

この書ではこの「人類愛の祈り」を、私の提唱する「祈り言葉」としましょう。急ぐ時は、この祈り言葉の一部だけを唱えても良いことにします。さらに意味が変わらなければ、多少祈りやすい表現に変えても良いことにしましょう。ただし、祈り言葉を変えることが、帰一を失って自己主張になったり、真理に対して傲慢になるのではいけません。もしも、その危惧《きぐ》が多少でもある場合は、一字一句間違いなく祈ろうとすることが祈りの正しい姿勢となります。

言葉からも分かるように、これは帰依したことへの感謝の祈り言葉をも含んでいます。ですから実感を持って祈ることができるはずです。祈りと感謝とはそこに本質的な区別はないので、これを感謝の祈りとして祈れば、「感謝行」と「祈りの行」と同時に二つの「行」を実践できることになります。

統一人格への「道」は、この感謝行と一体になった祈りの行の蓄積から始まります。

ところで以後必要なところ以外は「祈り」と「祈りの行」との違いをいちいち明確には表現しないで、「祈り言葉を唱える」ということを「祈る」あるいは「祈り」と書く場合もあります。

この祈り言葉は声を出しても出さなくても良いのですが、とにかく徹底して祈りこんでみることが必要です。必ずしも目を閉じて祈る必要はありません。感謝行と同じように歩いていても、座っていても、初めは徹底してやってみることです。徹底する時は寝食を忘れるほど徹底してみてはどうでしょうか。

口の中が泡だらけになるほど、そして頭の中が祈りだらけになるほど徹底してみることです。

やがて祈りが潜在意識に蓄積されてくるに従って、感謝の余韻が一日中続くようになり、心から温かいものがにじみ出てくるのを実感するはずです。それがこの道の一番初めの確かな内面の変化です。

一〇一　祈りの姿勢が傲慢にならないように

「私達人類の進歩と調和が成就されますように。……」は、表面意識が超越意識を見上げて祈る心の姿勢がふさわしいと思います。これは生かされている人間側が、生かしている超越人格を見上げて超越人格に感謝をする心の姿勢です。これは「登る道」であることに着目して下さい。

次に、後者の「私達人類の進歩と調和が成就されます。……」は、超越意識から表面意識に向かって「主体」の理念を宣言する心の姿勢となります。そしてこれは「降りる道」であることに着目して下さい。

ここで「降りる道」の立場から理念を宣言するのは、表面意識のあなたではなく、超越意識の「主体」のあなたであり、その位置づけを間違うと極めて傲慢な心の姿勢になる危険がありますから、十分注意して下さい。ここは大変危険な傲慢の落とし穴となります。

そこで初めのうちは前者と同じように、表面意識が超越意識を見上げる「登る道」の姿勢のまま祈り続けることが良いと思います。そしてどこまで行っても表面意識は常に「登る道」の謙虚な姿勢を絶対に崩してはいけないのです。

何度も何度も祈りこんで行くことで、表面意識の謙虚な心の姿勢を崩さずに、生かされている感謝の心の姿勢を崩さずに、しかもあなたの「主体」が、潜在意識と表面意識に向かって理念を宣言する心の姿勢をも同時に持つことができるようになって下さい。

このことと全く同じ意味で、「□□さんの進歩と調和が成就されますように……」と祈る場合も、相手を見下したような心の姿勢でいることは明らかに傲慢であり、してはいけないことです。常に生かされているあなたが相手の「主体」を見上げて祈ることです。

そしてこの場合も何度も何度も祈りこんで行く中で、あなたの心の姿勢を謙虚に保ったまま、あなたの「主体」から相手の「主体」に対して祈る心の姿勢を次第に学んで行くことです。

この心の姿勢の問題は日常生活の中でもぜひ応用して戴きたいことです。

例えば人に親切にする場合でも、相手を見下した傲慢な気持で親切にしても相手は決して喜ばないだけでなく、反感さえ買うことになります。

親切はさせて戴くのです。そしてもちろん祈りも祈らせて戴くのです。

いかなる時も謙虚な心の姿勢を失ってはいけません。

この祈りの中で相手に対する愛を深めて下さい。

この祈りの中で思いやりの心の姿勢を深めて下さい。

そしてこの祈りの中で謙虚さを学んで下さい。

ここで「私達人類」とは、超越意識の中で、《唯一の実在》の下に、既に一体化している全ての「主体」としての私達人類であり、それぞれの個性と働きを持つ「主体」と「主体」の一体化した姿でありました。そして同時に表面意識でこの肉の身を持って生きる地球上の私達人類でありました。


従ってこの人類愛の祈りを祈り続けていると、いつの間にかあなたの人を見る目も優しくなり、相手の分離ベクトルではなく、やがてごく自然に相手の「主体」を見ているようになっていることに気づくはずです。

このように、この祈りは「登る道」と「降りる道」の融合した究極の祈りであることが分かります。

7節　本来の祈りと手段としての祈り

一〇二　本来はあなたに独自の祈りがある

あなたがこの人類愛の祈りを祈りながら今度はやがて統一人格と成るために、あなたはあなた自身の祈り言葉をこれから十分時間をかけて生み出すことになります。

そこにはあなたの理念が表現されます。そしてあなたの理念とはあなたの人格そのものなのです。

ですから理念を表現した祈り言葉にはあなたの主体命そのものが表現されるのです。

しかし祈り言葉は作文ではありません。だから創作であってはなりません。祈りは心の底から湧き出てくる叫びなのです。それは生命の根元からの叫びです。《唯一の実在》のあなたを通しての叫びです。そして祈りは《唯一の実在》

から頂いたあなたの主体命の宣言です。

あなたが統一人格に近づくにつれて、次第にあなた自身の叫びが表面意識のあなたにも聞こえてくるはずです。

祈り言葉は力を持っているし、一つの効果を持っていますから、無闇にいろいろな祈り言葉を祈るべきではありません。祈り言葉はそれを祈らせて戴くのです。そういう謙虚な気持が必要です。

歴史的には多くの祈り言葉がありますが、そういう気持で先人達の祈り言葉を拝借すべきです。

自然に自分自身の生命の叫びが聞こえるようになるまでは、それは確かに作為的ではありますが、先人の祈り言葉を借りて、その目的を持って効果を求めて祈らせて戴けば良いのです。

一〇三　祈りの行では効果を期待して祈り言葉を祈らせて戴く

私が「この祈り言葉を祈ることを許します」と書いたのは、そのことの重大さを意味します。

祈りは生命の叫びであり、本来は無作為でなければならず、目的を持ち効果を期待して祈るのは本来の祈りではありません。

しかしそのことを正しく知った上で、現実には目的を持ち効果を期待して祈っても良いのです。

私がこのことを強調する訳は、巷《ちまた》では祈り言葉の効果だけに頼って、祈りの効果を比べたり、祈りに頼って現実社会での努力を怠り現実から浮き上がってしまった人々を多く見かけるからです。さらに、それらの人々が独善や傲慢や排他につながってしまっているのをしばしば見かけるからです。

私達は、初めは祈り言葉によって心の姿勢を整え、超越意識の周波数に同調をとるのです。その場合『思い通りに成る法則』から、その祈り言葉を祈ろうとする「思い」は、その祈りに裏づけられた「働き」を生ずることと同じことになるのです。

即ち、祈り言葉を実際に唱えることは、その「働き」の「スイッチ」を入れたことの表面意識での確認という意味になるのです。

たとえ祈り言葉を間違って唱えてしまったとしても、その裏づけは崩れないので、それは一向にかまわないのです。

祈り言葉を唱えるだけで、あるいは唱えようとしただけで、統一ベクトルの「スイッチ」は［ON］になり、そこに自動的に統一ベクトルが満たされて《唯一の実在》の生命活動の場となるのです。

一〇四　祈りは帰依の姿勢で始まり、やがて「主体」の叫びとなる

初めのうち祈りの行の心の姿勢は、超越意識の「主体」への帰一の姿勢です。それは既に述べた超越人格に対する「帰依」の姿勢と全く同じです。

祈る人の超越人格に帰依しようとする姿勢に応える形で、「主体」側から統一が成されるのです。そして「主体」側からの統一は一方的に為されるのではなく、帰一に応える形で為されるのです。ここに人間の自由意志があるのです。帰一したくないと思っているうちは統一は成されないのです。帰一したいと思いさえすれば、そこに超越人格が働いて下さって統一へ向かって事態は進行するのです。

何でもできる超越人格が一方的に統一しないのは『思い通りに成る法則』を尊重するからです。

祈りとは超越意識の「主体」に心の周波数を合わせることです。ですから念をこめて祈ってみてもそれで効果が上がるわけではないのです。周波数を合わせるには何も「力」を入れる必要はないのです。祈りには心の姿勢が大切なのです。祈る心の姿勢だけが、超越意識の「主体」の理念に共鳴する「共鳴周波数」を決めるのです。心の姿勢が超越意識に向いていれば、ことさら祈り言葉を用いなくても、それは既に祈りの状態であると言えるのです。

祈り言葉を祈ろうとする時の心の姿勢は超越人格に対する帰依の姿勢ですから、祈り言葉は大声で祈っても、声を出さないで祈っても関係ないのです。祈ろうと思っただけで既に心は超越意識にあるのです。即ちここでも『思い通りに成る法則』が成立しているのです。

そして本当の祈りは、統一された中からの「主体」の叫びなのです。

一〇五　もう既に良くしか変わりようがない運命である

《唯一の実在》の理念の裏づけを持った祈り言葉には、宇宙の生命活動に係わる「ある働き」が暗黙に対応しているのです。そういう気持で先人の祈り言葉を拝借する必要があります。

人類愛の祈りを祈る習慣ができれば、もう運命は良くしか変わりようがないのですから、「いかなる運命の変化も全て良くなるための変化である」と理解することです。

目先の浮き沈みや利害を一切無視して大筋で生きるようにしましょう。

『人間と人間との交流は《唯一の実在》が働きの数に分かれた「主体」と「主体」との交流である』という、最も本質的なとらえ方が自然にできるようになって行きます。（図2参照）

私とあなたは本来一つの存在であり、働きとして仮に分かれている人と人との交流なのです。このことは常に心の中心に置いておきましょう。

祈りには、この超越意識での「主体」と「主体」の一体化を表面意識の世界に象徴的に現す効果があるのです。つまり象徴の世界は全体の一パーセントであり、人と人との交流の内容の本質は超越意識にあるのです。

そして私達現実の人間が一パーセントの祈りを祈る時、超越意識に統一されて既に一体化が実現している九十九パーセントの「統一ベクトル領域」（前著では

「統一思考帯」と表記）の世界が、この現実の世界に現れる効果をも持つことになるのです。それを平たく言えば、感謝と祈りによって天国が地上に現れるということです。即ち、この祈りは超越意識におけるあなたと私の一体感から、全人類としての一体感の確認と、さらにそれを表面意識の世界に導き出す効果があるのです。

一〇六　愛の究極は一体化、祈りの中で得る「愛を意識しない自然な愛」

一体感とは愛の究極の心です。一般に言う「自分と相手が切り離れていて、その自分が相手に愛を為す」のではどこかに無理がかかり、それは愛の行為の中では最も前段階の行為なのです。

超越意識と一体化すれば、既に相手と一体の中にあり、そこでは相手のことは全て自分のことであり相手を本気で嫌いになることは既にありません。

そこでは相手の苦しみは自分の苦しみであり、相手の喜びは自分の喜びです。さらに全ては自分の係わる生命活動全般の中の出来事となるのです。その心に到達すればことさら愛を施すのに特別の説明やルールは要らないのです。それはちょうど母親が我が子に接する姿勢に、外部からのいかなる拘束条件もルールも必要としないことと同じです。

まず初めは人間を見る時に、その背後に常にその人間の「主体」の生命活動の姿を意識することを習慣にすべきです。いつも徹底して相手の「主体」を意識して接することです。

あるいは相手を導く守護霊守護神としての超越人格を意識し、その超越人格に対して祈るようにしましょう。祈りは常に相手の本来の姿を意識して祈るのがよいのです。

このように超越意識の中の一体感を意識して生きていくと、現実の出来事にあまり気持がとらわれなくなり、自然に自他一体感の中に包まれ、周りの人を温かく見ることができるようになってくるのです。

この自他一体感を得れば、既に相手は自分の一部であり、あなたは相手にいかように接しても、それは全て愛の行為と成ってしまっているという心境に至るのです。

その時はことさら愛を意識せずに、そして偽善にならずに愛の行為をどんどん実行してしまうことになるのです。そこでは表面意識に係わらずに、無自覚のうちに既に愛の行為をしてしまっていることさえしばしばあるのです。それはもう既に超越思考と言えます。

超越思考を得たことで為す愛とは、表面意識がこれから努力して愛深く成ることではなく、元々愛深いあなたの「主体」が表面意識に現れて愛を実践することを、表面意識が妨害しないようにするだけなのです。つまり、完全なるあなたの本質がそこに自然に現れることなのです。

あなたは愛深い人に成りたいと願っていたはずです。なかなか心が伴わないことに自分でも不自然さを感じていたはずです。愛を意識する余りに、どこか不自然な、報酬を求めてしまったり、ただ形だけの偽善的な行為になってしまう自分の姿を、あなたは決して見逃してはいなかったはずです。

あなたはこの祈りの行によって、全ての人達を超越意識の「私達」の中に一体化することができるのです。

そして自他一体感を得れば、あなたはことさら愛を意識せずに、決して報酬を求めずに、心のこもった愛深い行為をする「人」に成ってしまっていることに気づくのです。

この自他一体感から生まれる本モノの愛の行為は、自分ではそれと意識しないうちに自然に為されるのであり、常に宇宙と未来を見通した超越思考に導かれているのです。

その愛とは、ある時は誤解を恐れぬ勇気として表現されます。

そしてある時は決してくじけない忍耐力であり、未来を見定めた揺るぎない不動心です。

そしてある時は普遍の真理に反するものに対する峻厳さであり、自己の利害を越えた大胆な行為です。

そしてある時は母親の我が子に対するような優しさであり思いやりです。

8節　行動の原点には必ず祈りがあるように

一〇七　心の中に鳴り響くまで徹底して祈ること

初めは特に祈りの行の徹底した積み重ねが必要です。祈り言葉が自然に心から湧き出してくるようになる所まで、徹底した祈りの行の蓄積が必要です。

いまだ祈りの行の経験のない人は、特に祈りの行を重点的に実践する必要があります。

祈りは決して気休めではありません。また超越人格へのお願いでもないのです。お願いを祈りだと思っている人が結構多いのですが、それは全く違うのです。もちろんお願いはお願いとしてどんなにしても良いのですが、それを祈りとかん違いしてはいけないのです。しかし小さな子供が何かを神さまにお願いしている姿勢は、これは祈りの前段階としてとても美しい姿です。

そして願望や欲望と思えることでも、それが他人を傷つけることでなく、超越人格の御心に反しないことであればその願いはかなうのです。ですからあなたのお願いはお願いとして、人類愛の祈りの「行」の中で何でもお願いすることです。「行」としてやる時は徹底してやりましょう。頭の中にいつも祈り言葉が鳴り続けていて、止まらないというところまで徹底することです。

歩いていても、座っていても、寝ていても、食事をしていても、お話をしていても、テレビを見ていても、トイレに入っていても……、いつも祈りを心に響かせていましょう。

そして少しぐらい日常生活に支障が出ても我慢しましょう。

祈り続けているとあなたの心から温かいものが湧き出てくるものです。

そうなると祈りが楽しくなるのです。あなたもまずそこまでは一気に祈りこんでみて下さい。

祈りの蓄積が進めば、あなたは超越人格との一体感を得るようになります。

そして自他一体感をも得るようになります。この初めの段階の祈りの行の蓄積はとても大切です。

祈りの行の蓄積は、今まで人間が分離ベクトルと一つになって潜在意識に蓄積し続けてきた多くの分離ベクトルの固まりを、一気に祈りの力によって清めて頂くことになるのです。

それは消えかかっている生命の灯を復活させることであり、分離ベクトルを消し去り、統一ベクトルを心に満たすことであります。

しかし忘れてならないことは、この祈りの行だけでは決して全ての分離ベクトルは消え去らないということです。そして祈りだけでは現実を生きていくこともできず、後に話す自明行がどうしても必要となるのです。

その自明行と祈りの行とは一対の両輪のようなものです。

祈りと自明は自動車のアクセルとブレーキのようなものです。

祈りと自明は右手と左手です。

両方がバランスして初めて人間本来の生き方に沿って現実の世界を進むことができるのです。

一〇八　何事も祈りから始めよう

これからは、自分から発するものは判断であれ、言葉であれ、実際の行動であれ、その行動の前に必ず祈りを祈ってから事を始める習慣をつけましょう。それが統一ベクトルの中で行動することになるのです。

実際には私が提示した「人類愛の祈り」を祈ってから行動すれば良いのです。あるいは後に示す『相手の「主体」を見上げる祈り』を祈ってから行動すれば良いのです。

例えばあなたが人に会う前には、必ずその人の「主体」の存在を心の中で確認し、その人との一体感を人類愛の祈りで確認し、その人の「主体」に感謝し、その人の進歩と調和を祈ってから出かけるとかするのです。突然会った人にはもちろん会ってから祈ればいいのです。その時に祈りを忘れた場合は帰ってから祈ったっていいのです。

相手の分離ベクトルではなく相手の「主体」を見つめて生きる習慣をつけることとは、いつの間にかあなたの住む世界を統一ベクトルへと引き上げてくれます。いかなる場合であっても、あなたとその人との関係は常にあなたの「主体」とその人の「主体」との関係として接すれば良いのです。

この祈りは今日の出会いがお互いの生命活動にとって意義あるものであること

を約束する意味になるのです。それがビジネス上の交渉であっても、表面意識では対立する関係であっても一向にかまわないのです。私達の「主体」は既に超越意識では超越人格として一つであり、《唯一の実在》の理念を表現しているのですから。

一〇九　自他の「主体」を徹底して見つめ続けて祈る

誰しも生きて行く中で分離ベクトルに翻弄されてしまい、自分の力ではとてもその袋小路から抜け出せない状況に落ちこんでしまったりすることがあるものです。あるいは既に分離ベクトルに占拠され、背後に「主体」の光がほとんど感じられなくなった状態の人間もしばしば見かけるものです。

そのような状態の人間は自分で祈るだけではなく、周囲の人々に祈りの応援をしてもらうことが大変効果的です。そしてあなた自身も分離ベクトルに翻弄されてどうもがいても袋小路から抜け出られなくなって苦しい時には、周囲の人に以下の方法で祈ってもらうことです。あるいは縁あって分離ベクトルに翻弄され苦しんでいる人を見かけたら、あなたはその人のために祈らせて戴くことです。

あなたの祈りに共鳴して、あなたの「主体」はその人間の「主体」にあなたの祈りの統一ベクトルを提供し、あなたの「主体」経由で統一ベクトルへの道を開いて、生命エネルギーをその相手の「主体」に供給し、大きな力を与え、分離ベクトルを清めることがしばしばあるのです。

あまりそのようなことは知らなくても良いのですが、いつも思いやりと誠実さから、あなたに縁ある人々の「主体」に向かって祈る、感謝行と祈りの行が必要なのです。

あなたの周囲の人に対していつも祈りの心で接する習慣をつけるためにも、相手が今いかに分離ベクトルに翻弄されていても、相手に超越人格である「主体」の存在することを確信して、相手の「主体」を見つめ続け、相手の「主体」への感謝を祈りにまで高めて祈るのです。

ここで大切なことは、あなたは相手の分離ベクトルを見つめて祈るのではなく、必ず相手の「主体」を見上げて祈ることです。もしも分離ベクトルを見つめて祈れば、それはあなた自身が「私があなたを清めてやろう」という傲慢な意味になりがちであり、相手の分離ベクトルを呼びこむ結果になりますから十分注意して下さい。

あなたが相手の「主体」を徹底的に見つめ続けて祈れば、相手の「主体」は次第にあなたの前にその調和した姿を現してくるのです。祈りの相手を選ぶ必要は全く有りません。誰でも彼でも道端ですれ違う人に対しても、「主体」を見上げて次のように祈るのです。


【相手の「主体」を見上げる祈り】

□□さんの「主体」さま有り難うございます。
□□さんの主体命成就、自明成就、統一人格成就。
あるいは□□さんの進歩と調和が成就されますように。

……と祈れば良いのです（自明の意味は以下の章で詳しく示します）。そして相手の「主体」に向かって祈ることは相手の守護神、守護霊、副守護霊としての超越人格に祈ることにもなるのです。

ところで全く同じ意味であなたが自分自身の「主体」を見上げて祈ることは、あなた自身の本質が超越人格であることを確認しながら真の主体性を確立するためにも、とても大切な感謝行と祈りの行となります。心の平安な時も、分離ベクトルに翻弄されている時も、あなたの「主体」と守護の神霊を決して見失うことなくいつも感謝して祈りましょう。それは次のように祈れば良いのです。

【自分の「主体」を見上げる祈り】

私の「主体」さま有り難うございます。
私の主体命成就、自明成就、統一人格成就。

9節　瞑想による統一行

二〇　瞑想の体勢で「主体」に帰一する

自分自身の「主体」に帰一しようとする心の姿勢で瞑想することが「統一行」です。

瞑想により外の世界から離れて、内面からのみ超越意識へ表面意識を統一させるのです。

ここで「統一させる」と書きましたが、統一するのはあなたの「主体」であり超越人格なのです。ですからあなたの意識は「統一しよう」とかまえるのではなく、ただ静かに自分の「主体」に「帰一しよう」とする謙虚な姿勢を保つことです。

従って心の姿勢から言うならば「統一行」は「帰一行」なのです。

この「行」はあなたの表面意識をリラックスさせ、瞑想している間に、超越人格があなたの日常の体験を全て三段階の意識空間の中に正しく取り入れ、位置づけて下さるのです。

統一行は表面意識の活動を休ませることで、潜在意識と超越意識が最も活発に活動する時です。

統一行は普通は一日二十分、一週間に一度三十分ずつ二回程度が適切です。少ないようですが、日常生活の中でこれを欠かさずやることはなかなか大変なことです。

狭くてもよいから、まずあなたのための統一行の場所と時間を原則的に決めましょう。

場所と時間に特別な意味が有るのではないのですが、この行があなたの習慣となるように工夫することが大切です。

二　統一行の処方箋

身体の姿勢は、正座をするか、結跏趺坐《けっかふざ》（座禅の姿勢）をするか、あるいは堅めの椅子に背もたれから背中を離して座り、安定した姿勢を保てるように工夫します。次に背筋を伸ばし、そこで肩の力を一気に抜いてリラックスして瞑想の体勢を作ります。手はあなたの知っている「印」を組んでも良いし、軽く膝に乗せて置くのでもよいと思います。ここでは一応、親指と人差し指をつないで円をつくり、他の指は自然のまま掌《てのひら》を上にして軽くそれぞれ左右の膝に乗せる姿勢を標準の姿勢としましょう。また一方の右手の親指と人差し指で作る円の外側を囲むように、他方の親指と人差し指を添える印形もこの統一行には良く調和します。

統一行は良い導師に導かれてすることで実力以上の高いところに到達できるものです。原則として、その場の統一ベクトルはその導師によって決定されるからです。また導師が居なくても、複数の同志と共に統一行をすることは強い「ベクトル共鳴」を生じ、潜在意識の邪魔が入りにくく、大いに効果が上がり気持も良いものです。あなた独りで統一する時は潜在意識からの妨害を極力避けるために、特に強く超越人格（この場合は守護神）をお呼びし、祈り言葉を唱えながら静かに瞑想に入り、超越人格への感謝の言葉をゆっくり唱えながら瞑想を深めて行きます。

統一中に見えたり聞こえたり妙な感覚になったり、統一の邪魔になるものは一切無視することです。いかに尤《もつと》もらしく出てきても、超越思考を得るまではそこに重要な意味を期待してはいけません。それらは全て超越人格の愛によって分離ベクトルが表面に現れて消えて行った姿として処理しましょう。統一行とは潜在意識で何が起ころうと一気にそこを通り越し、超越意識に到達することです。

二二　統一行によって「主体」に心身を委ね切る姿勢を学ぶ

統一行は超越人格が大きく働き、それによって頑固な分離ベクトルも次第に統一されてきます。ですから統一行は潜在意識を清める効果も大きく、疲れ切ったあなたの精神を蘇《よみがえ》らせてくれます。

統一行は実に気持の良い行であり、まさにあなたの命の充電と言うところでしょう。そして本当に苦しい時は統一行に限ることを、やがてあなたは発見するでしょう。あなたが強烈な分離ベクトルに振り回されて、感情や欲望の想念に占領されてしまっている状況では、強く守護神をお呼びして統一行に徹するのです。上達すれば、心の安定を失ったり、感情が乱れて苦しんだりする状態からすぐに抜け出すことができます。実生活の中でこれらの強い分離ベクトルに巻きこまれた時は、ちょっと時間を作って統一行を実践することで、これらの苦しみから解放されることを知っていることは、生きる上での大きな強みとなります。こうなると統一行は楽しくなり、統一行が待ち遠しくなってきます。

この行で一番大切なことは「主体」に自分の身と心を委ね切ることです。それは「主体」に自分の運命を委ねる姿勢に通じます。この帰一の心の姿勢を徹底して学び、それを日常生活に応用するのです。

統一行が習慣となれば、あなたの生活のリズムの中で統一行が大きな意味を持ってきます。そして超越人格によって全く自分の表面意識が係わらない内に潜在意識と表面意識が清められ、内面の秩序が改造され、意識の統一構造が創られ、超越意識と表面意識の太いパイプが創られて行きます。

ここで統一中に出てくる一切の想念は自然に分離ベクトルとしてみなし、統一状態には必要ないものだということが体験的に理解できてきます。そして統一行のこの体験を、やがて日常生活にも応用して行くことで、分離ベクトルを切り離し「主体」の立場で生きることができるように成ります。

一一三　あなたの求める世界が、あなたの住む世界

統一行とは、あなたが求めている未来の世界に行って、その世界と表面意識とを整合する作業であると言えます。それはあなたの現在の心境が良いとか悪いとかには一切関係なく、あなたの理想として求めている世界があなたの住む世界であり、既にその世界の中であなたは生きているということです。あなたが求める世界にあなたは既に住んでいて、その世界と現実の世界との整合がまだうまくいっていないだけなのです。あなたは統一中に超越人格に導かれ、自分の求める未来の世界に行って、その未来と現在とをつなぐための修行をしていると言っても良いでしょう。

あなたと同質のベクトルは仲間を呼び合い、共鳴することで勢力を拡大し、自分達が理想とする文化を多層構造に創って行きます。そしてその文化の中での立場の確立をしながら、次第に個人も文化自身も成長して行きます。このように統一行はあなたの未来を創っているのです。

やがてそれは表面意識の世界に投影されてきますが、この意味を現実の世界で述べれば……、

たとえいまだあなたの愛が浅く不誠実であろうと、とらわれが有ろうと、執着が有ろうと……、今のあなたの心境には一切関係なく、あなたの理想とする世界に既に住んで生活しているのです。即ち、あなたはあなたの求める文化圏に既に住んでいて、その中で修行をし、その中で真理を学び、その中で生きているのです。言いかえれば、あなたは仕えている人格の世界で生きているのです。あなたは既に「人類愛の祈り」の世界に住んでいて、そこで生きているのです。

反対に、もしあなたに理念がなければ。仕える人格がなければ、祈りがなければ、愛が有ろうと誠実さが有ろうといまだ独り旅を続けていて、住む世界が定まっていないことになるのです。

第四章

自己改造のための自明行

1節　嘘という苦しみの自覚

ここからはあなたに巣喰う分離ベクトルを正面から扱います。

自分に巣喰う分離ベクトルを知ることが嫌でたまらず、何かと理由をつけては反発する人は、まだ時期が至らず自明行は適さない人で、これ以上読み進むことは危険です。その場合はこれから数年間の祈りと感謝の行を蓄積してから、この先を読み進んで下さい。

一四　自明行の心構え

統一人格と成るために、現実にあなたの心の動き一つ一つ、行為の一つ一つ、環境の一つ一つにどのように対処していったら良いかの実行可能な方法論が必要なのです。それがこれから始まる自明行を中心とした「行」なのです。

今、人生に挫折し、自分に絶望している人は幸いです。今、自分が悪いことをしてしまったという後悔の念に討ちひしがれている人は幸いです。その人は今の自分がたまらなく嫌であり、何とかして生まれ変わりたいと強く願っているからです。

決してあなたではない、しかしいかにもあなたのフリをしてあなたの中に巣喰っている分離ベクトルを見破ることが自明行であり、それは見破られまいとする分離ベクトルとの戦いなのです。

分離ベクトルを発見し、そこに苦しみの自覚を持つことが救われの第一歩です。人は苦しみの自覚を持つからこそ救われたいと思うのであり、苦しみの自覚を持てない人は救われたいとは思わないのです。

この書を読み進むにつれて、あなたの中に巣喰っている分離ベクトルが超越人格の愛の光にさらされて、どんどん暴露されて行くことになるでしょう。その時自分に巣喰っていた分離ベクトルを発見できて、それが自分の前に明らかになることが「良かった」と、肯定的にうれしく思える時は、あなたは既に無自覚のうちに「主体」の立場に立って生きているのであって、それは超越人格の器としてすばらしい素質があるということであり、もうすぐ統一人格に成れるということです。

そこであなたはこれから、分離ベクトルの立場を自分から切り離し、「主体」の立場に立つことをも練習しながら、自明行を実践して行きましょう。ここで「主体」の立場に立つと言っても、「主体」の存在の実感を急いでつかもうとすることはかえって焦《あせ》りとなり、横道にそれてしまいます。「主体」は表面意識の感覚でとらえられるものではなく、自分の思考と言行の結果から自然に「主体」の存在が実感されてくるのです。

ここでもし反対にあなたが自分に巣喰う分離ベクトルを知ることが嫌でたまらず、それを指摘されれば、自分が責め裁かれていると感じるならば、あなたは無自覚のうちに分離ベクトルの立場に立っていて、分離ベクトルをかばい、何とか守ろうとしていることになります。

それはあなたはこれまで自分の潜在意識を汚し、「主体」の個性を抑圧しながら生きていたということなのです。それをこれからも続けることは、統一人格には成りたくないということであり、幸福に成りたくないということであり、もっともっと苦しい運命を歩みたいということなのです。

一一五　自分の嘘の発見

さて「苦しみの自覚」を持つための多少の準備をしてから、自明行に入って行きましょう。

嘘《うそ》とは常に真理に唾《つば》する行為です。嘘をつくということは、世界中どこへ行っても悪いこととして扱われます。しかしそれならば人はなぜ嘘をつくのでしょうか。人はそれを嘘と知ってつくのでしょうか、それとも知らずにつくのでしょうか。

結論から言えば、知らずにつく嘘は知ってつく嘘よりも何倍も多く、何倍もその罪は重いのです。

それだけに、次にこの嘘という、自分の中に巣喰っている分離ベクトルに関して、前著（『人間が「人」に成る時』）の一部を引用して研究してみましょう。

実はこの嘘というヤツが、なかなか正体を現さず、かなり変装がうまく、厄介《やっかい》なのです。

白いものを黒いと言った嘘なら、これはあなたを騙《だま》しようがありませんが、嘘はそれと分からないように巧妙にあなたをも騙しながら出てくるのです。分離ベクトルは嘘を嘘とは見えないようにうまく変装して、あなたを分離ベクトルの立場に引きこもうとするのです。

例えば……

打算を隠した親切や思いやりを装って、……不満を隠した正義の顔を装って、……

傲慢を隠した謙虚な言葉を装って、……駆引き・作為を隠した正直さを装って、……

言い訳に筋の通った理屈を装って、……知らないのに知ったフリを装って、……

あるいは知っていても知らないフリを装って、……

これらの装って、は全て自己正当化のための嘘です。

もしあなたがこの種の嘘をついて、自分では「しめしめ、これでうまくいった」と思っていても、実は周囲の人達はあなたの嘘を見抜いています。特に指導者や上司はそれを知っています。しかし証拠がないから追及しないだけで、既にあなたは周囲の人にニガニガしく思われているのです。

あなたの嘘はあなたの悪臭として、あなたの持つ雰囲気としてあなたの周囲に漂っています。それは既にあなたの潜在意識がこの種の「嘘」の分離ベクトルで大きく汚れてしまっているということです。

分離ベクトルは潜在意識の生き物です。ベクトルは人格と意志と運命を作る力を持って人間の幽体に作用します。「嘘」という分離ベクトルは人間をうまく自分の立場に引きこんで、自分の味方に引き入れようとします。もしもあなたが「嘘」に騙され、そこに引きこまれてしまえば、あなたは本来の「主体」の立場を忘れてしまい、今度はその嘘の立場を自分と錯覚し、すっかり嘘の立場になり切って嘘を守ろうとしてしまうのです。まさにそれは分離ベクトルに呪縛《じゅばく》された状態なのです。

それほど分離ベクトルの力は強く、そして人間というものは分離ベクトルに占領されやすく、弱いものなのです。分離ベクトルに占領された人間はついに自らの意志で分離ベクトルの奴隷となって、自分の持てる全ての能力を総動員して、分離ベクトルのために戦わされてしまうのです。

もしあなたが分離ベクトルに支配されてしまえば、すっかり「嘘」の立場になり切って、「私のことはこの私自身が一番良く分かっているのだ」とか、なぜ「私の言うことを信じないのだ」とか開き直ったりもして、最後は自分を被害者に仕立て上げて強引に嘘を貫き通そうとするのです。

ところで形は嘘であっても、内容が嘘でない嘘は存在します。相手を傷つけないために、それを知っていても知らないフリを装うことは、私が指摘している嘘ではありません。

2節　嘘の極限「被害者意識」

一一六　被害者意識が嘘の極限であり、運命を最も狂わせる

集団や組織の中では被害者意識がしばしば大きな問題になります。自分に与えられた仕事の失敗を決して自己の責任とはせず、何か一つでも正当化の理由を見つけては、それを盾に自己の責任を回避し、自分を被害者と位置づけることで正当化しようとする人がいます。

それは明らかに分離ベクトルの誘惑に引きこまれた結果です。

被害者意識とは「あいつのせいでこうなった」「誰々がそうしたから自分は仕方なくそうしたのだ」「私の言うようにしてくれなかったから、失敗したのだ」という論理ですから、「いつも自分は被害者でいよう」「被害者でありたい」という意味になるのです。裁判でも「被害者であろう」とすることで、自己を正当化することが身を護《まも》ることと思われています。

ところで被害者意識は宇宙の法則によって、思い通りに成ろうとします。つまり『思い通りに成る法則』は、被害者意識となっている人間を「被害者でありたい」という願い通りに、実際の被害者となる運命に導いてしまうのです。被害者意識はわざわざ不幸を呼びこむ分離ベクトルなのです。

これは民族的なスケールでも同じことです。被害者であることを強調して、自国の統一をとろうとすることは、民族的被害を呼びこむ結果になります。

遠い過去から現代まで歴史の中にその実例は事欠かないはずです。

一一七　「こう思ってほしい自分」という虚構の砦に閉じこもる

人はなぜすぐに「主体」の立場を忘れ、分離ベクトルの立場に立ってしまって、嘘をつき、被害者であろうとするのでしょうか。一つは自己の利益を守るためでしょうか。

それではなぜ自己の責任追及を免れるために、嘘とは見えない嘘を並べ立てて自分を被害者に仕立て上げて、自己の過失行為を正当化するのでしょうか。

この場合の問題は、自分でも自分の嘘に酔ってしまって、自分自身も完全に騙されてしまうということです。「そうだ、そうだ、私は被害者なのだ……」と。これはまさに自分がわざわざ分離ベクトルを取りこみ、自分自身を騙してしまうという抜き差しならない状況なのです。

二つ目は自分の現実の醜い姿を自分で認めたくないという分離ベクトルのために、虚栄心が作った虚構の砦《とりで》の中に閉じこもることで、自分自身をも人をも騙すことでしょう。つまり、人間には現実の自分とは別に周囲に対して「こう思ってほしい自分」が有るのです。

そしてもちろんこの種の嘘はあなたにもあるのです。あなたの築いた虚像の自画像はあらゆる手段で武装されています。そこではあなたは自分を常に正しい位置に置いています。「こう思ってほしい自分」は「こうありたい自分」でもあります。確かにそれは立派な姿ですが、他人にそう思ってもらうことが目的であり、自分に嘘をついていてそれに気づかず、他人にそう思ってもらえなければ「私は誤解された」と思うことにしているのです。さらにその誤解（？）を解くために、中身はそのままで、またまた「こう思ってほしい自分」を演技し、自分をも騙しながら生きてしまうのです。それであっても、あなたに巣喰っている分離ベクトルは決して自分の醜さを認めようとはしないのです。

二八　まず自己の醜さを認めることから全ては始まる

さて、このようにあなたが分離ベクトルの立場になり切って被害者意識に固執したり、嘘で塗り固めた砦に閉じこもるのは、そのことが自分の苦しみであることに、いまだ気づいていないからなのです。あなたは、そのことがどれだけ自分の運命に悪影響を及ぼしているかが分かっていないのです。

この現実の世界をあなたが生きていく中では、嘘もつかなければならないことだって確かにあるでしょう。それは私も認めます。しかしそれをあなたが苦痛と思うかどうかで、あなたの運命は明確に二つの道に分かれるのです。あなたはそのどちらの道を選びますか。まさか「私は決して嘘をつかない」などとは言いますまい。

分離ベクトルに占領されたあなたが、どんなに上手に嘘を並べ立てても、あなたの「主体」は超越意識にあって、「主体」の立場からあなたが分離ベクトルの立場で嘘をついていることはちゃんと知っているわけです。そして習慣性になった嘘による自己矛盾があなたの潜在意識にどんどんたまってきて、超越意識から表面意識に運命が流れていく時の重大な障害となってくるのです。

その障害を取り除くには、一たんあなたの運命の中でこの嘘を真理の前に徹底してさらけ出さなければなりません。それはあなた自身の前に暴露することでもあります。そしてあなたの嘘が暴露されるにつれて、あなたの「主体」は光輝いてあなたの表面意識に映し出されてくるのです。

従って自分の嘘を知り、そのことに苦しみの自覚を持ち、被害者になろうとする卑怯な分離ベクトルを発見し、嘘で塗り固めた砦を守ろうとする現実の自分の醜さに直面するところから救われは始まります。そしてその道を避けてはあなたの個性は輝くことはなく、決して幸福へは至らないのです。

3節　苦しみの自覚から自明行へ

一一九　善悪の世界で反省を十分学んだ人のために自明行は用意された

善悪を超越した超越意識に到達するために、善悪の世界を越えるための方法論が自明行です。

反省ならやっていると多くの人は言うかもしれませんが、自明行と反省とは大いに違うのです。反省とは善悪の次元でのことですから、最終的に反省だけではなかなか事の本質を突けず、善悪を越えることが難しいのです。また人間とは自分の「悪」を認めたくないために、反省をごまかそうとしてしまうものですが、自明行は完全なる「主体」の立場から、決して自分ではない「嘘」を分離ベクトルと位置づけるのであり、馴《な》れれば決して自分を裁かず、心に無理がかからず、自分を完全肯定したまま、実践できるという最大の長所があります。

そして当然ですが、日常生活の中での常識的な反省ができていなければ自明行は十分に活きてきません。善悪の世界での明らかな「悪」を無視して自明行で逃げようとしたり、「嘘をついても後で自明行をすれば良い」などと思われては、多くの偽善者を作ることになってしまいます。

もしあなたがいまだ善悪二極の世界にどっぷり漬かっている場合は、まず常識と善悪の世界で十分に反省を積んで下さい。そのためには、ある時はあなたの運命の足を引っ張るしぶとい分離ベクトルに対して、一たん意志力ででも自分を叱《しっ》咤《た》し、怒鳴りつける程の激しい反省も必要です。そのようにして反省を積んだ人が、善悪を超越した次元の自明行を成就《じょうじゅ》することに大きな意味があるのです。

一二〇　自分自身の立っている位置を明確に定める

自明行は全て私の霊修行で実験済みのことであり、さらにその効果を十分高めるように改善して体系的に示しました。

ここで「自明」とは自分を明らかにするという意味です。この場合自分を明らかにするとは、まず真の自分の本質である自分の「主体」を明らかにすることであり、もう一つは自分の現実の姿を明らかにすることであります。そしてここで言う自明行とは、自分の現実の姿を明らかにすることの方にあります。そして実は現実の自分を明らかにすることは結果的に、自分の本質を明らかにすることに成って行くのです。

自明行とは自分の現実の立場の確立をも意味します。これはちょうど山登りをする時の、地図上での自分の位置を確認することに相当します。もし地図上で自分の位置を正しく判断できなければ遭難してしまうことは確実です。つまり救われのためには自分自身が常に自分の現実の位置を正しく確認し、それにふさわしい立場を確立しておかなければなりません。それは言いかえれば、自分が自分に隠している現実の醜い自分の姿を正しく自覚することに他なりません。「自分は人生の書や宗教書をたくさん読んでいるから結構できている方だ」などと、高をくくっている人はすぐに落とし穴に落ちて虚構の世界に迷いこみます。

ここであなたは今、決して完全な人格を求められているのではないことに安心して下さい。

あなたが今求められていることは、不完全のままの自分の姿を正しく位置づけるだけなのです。

まずこれさえできれば、あなたは第一段階の救われの十分な実感を得ることができるのです。

二二　自明行の導入であなたは「救われのための回帰点」に立つ

自明行とは、自分に巣喰う分離ベクトルが築いた「虚構の砦」を、「主体」の立場に立って砦の内側から壊すことです。そこではあなたが分離ベクトルを守ろうとする分だけの痛みは伴います。

しかしそれは、自明行がない場合の、現実の運命の中で砦が外側から壊される苦しみに比較すれば、それはもう比較にならないほどの微々たる痛みなのです。ところが宗教者の中には、その微々たる痛みさえ拒否し、自分を変えようとする覚悟が全くない人達をしばしば見かけます。この人達にとっては自己の内面を見ることが恐く、自明行は肌に合わないとか、恐ろしいとか、否定的に映るもののようです。この人達にとって宗教は一種の趣味や娯楽に他ならず、自分の大切な砦を認めてくれる所をひたすら求めて渡り歩くのです。これでは真理の言葉をいくら学んでも、それは他を裁き、自己を正当化するためだけの危険な道具となり、決して自分を変える力にはなり得ないのです。日頃はいかにも真理の言葉を大切にして生きているように振る舞っていても、肝心な時にはその真理の言葉さえねじ曲げて、自分の都合に合わせた強引な解釈を平気でして、かたくなに自分の砦に閉じこもろうとするものです。

この人達は絶対に救われない人々の代表であり、あなたがそうでないことを私は祈っています。

自明行とは自分の中の分離ベクトルをそれぞれのふさわしい立場と場所に位置づけ、内面の秩序を整えることです。そしてこれができた時点で、あなたはさらに深い救われの実感を味わえるのです。その時あなたは「救われのための回帰点」に立ったのです。回帰点に立てば後はゴールを目指し真っ直ぐに帰還の道（私が示す「道」）を歩むことができます。そしてもちろん帰還とは自分の「主体」に帰還することであり、個性を輝かすことであり、幸福に成ることです。

一二三　虚栄が築いた虚像の自画像と砦人間

自明行による多少の痛みに対して、「厳しい」という言葉を遣《つか》うことは、しばしば超越人格の導きを否定する意味を持ってしまいますので、しばらくは「厳しい」という言葉を禁句とします。

さて、現実の人間はみな例外なしに大なり小なり自分で築いた……、いや正確には自分に巣喰う分離ベクトルが築いた砦の中に分離ベクトルを住まわせ、その中で分離ベクトルを正当化し、肯定し、着飾り、居座っているものです。この自分の作る砦とは、決して「主体」の統一ベクトルではない、虚栄心という分離ベクトルが作る「虚像の自画像」です。それは「他人にそう思って欲しい自分」であり、「自分自身でもそう思いたい自分」であり、あるいは「こうありたい自分」であり、それは求めている理想の自分の姿でもあります。もしそれを他人に指摘されたり、批判されたりすれば、この虚像の自画像を何とかして理解してもらおうと、一所懸命その虚像を示し続けようとするものです。

そしてあなたの場合もその例外ではなく、その虚像の中では自分自身は常に正当化されており、背伸びをしながらでもその中にいる限りには、かなり疲れますが住み良さそうではあります。

虚栄心の強い人（虚栄ベクトルに翻弄《ほんろう》されている人）ほどこの傾向は強く、一所懸命に見せかけの自分を演技しながら生きようとするのです。そして演技が習慣性となってしまえば、自分で演技していることも気づかず、もうどれが本当の自分かが分からなくなってしまうものです。

この生き方はいつも自分を他人と比較していなければならず、人からどう思われるかを気にし、それだけが最大の関心事であり、努力目標であります。

多少でもあなたがこのような生き方をしてしまっている場合は直ちに止める決心をすべきです。

この生き方は大変に疲れますし、いつも作為の中にいるために心が落ちつかず、そしてうまく演技したつもりでいるのは自分だけであり、外からはその演技のぎこちなさが丸見えで、誰も自分が期待するようには自分を見てはくれないのです。

このような砦人間となった人にとって、外からの力でその「虚構の砦」を出されることは恐怖であり、自分の存在が否定されるように思えてとても恐いのです。

実はその砦の中の虚像の世界は矛盾だらけなのですが、当の本人にとっては自分を納得させ、安心させ、満足させてくれるように作り上げられていて、他人から批判されてもそれを何とか打ち破るだけの武装はしているつもりなのです。その武装とは宗教的言葉や道徳的言葉で張り巡らされていたり、一応理屈も自分で納得する程度には組み立てたつもりでいるものです。また見栄にしがみつく下らない自信を大切にしていて、いつもそれを他人と比較して自分が優れていることで安心し、あるいは自分が劣っていることで落ちこんだりしているものです。

このような虚栄心で築いた砦を外から破ることは大変なことで、一たん砦に閉じこもれば、めったに降伏はしないものです。ただし、いかに強固な砦でも内側から破ることはたやすいものです。

つまりあなたが自分でそれに気づき、それを内側から破ろうとさえすれば、これは簡単に破れるものなのです。あなたがこの虚像の砦の中にこもっていては、いくら宗教熱心でも、いくら祈っても、熱心に愛を実践しても、自分ではずいぶん知識を学んで成長したつもりでも、それは虚栄が作る虚像の自画像に泥の上塗りをしているだけなのであり、現実の自分とのギャップはますます大きくなるばかりで、無自覚であっても苦しみはどんどん増していくのです。これでは決して救われることはありません。

このあなたの築いた強固な虚構の砦を内側から破るのが、あなたの自明行です。

一二三 虚栄心が作る「虚像の自画像」と「虚構の砦」を発見しよう

虚栄心の強い人（虚栄ベクトルに翻弄されている人）は、現実の自分の醜い実態を見まいとして、「虚構の砦」に閉じこもる虚像の自分を自分と思って、その自画像を人にも自分にも見せようとすることに努力を集中し、一所懸命に演技しながら生きているものです。

心すべきは、これはあの人のことではなく、今この書を読んでいるあなた自身に巣喰っている分離ベクトルのことであります。そしてさらに、真実のあなたは「主体」として決して否定されない完全な存在であり、全肯定されている存在であることをも強く肝に銘じておきましょう。

あなたが統一者と成るためには、いや統一者と成らなくても、ある程度の救われと幸福を得るためには、分離ベクトルが自分の中に築き上げたこの虚構の砦を、自分自身で内側から破壊しなければなりません。そして自分自身の意志で分離べクトルと決別し、この砦から外に出てこなければなりません。それはあなたに巣喰う分離ベクトルにとっては恐ろしいことなのです。

それは虚栄心という分離ベクトルがこれまで築いてきた砦の全てを失うことであるからです。

自明行を成功させるためには、あなたは今、これまでの自分に巣喰う分離ベクトルが造った虚構の砦に直面し、それと内側から対決するのだという決心と覚悟が必要です。それは「私は幸福に成るのだ」という決意と同じことです。

そこであなたは、しばらくの期間心を鎮《しず》め、分離ベクトルが暴れないように特に注意深くしていなければなりません。

真剣に生きるあなたにとって、愛深くあることの大切さは当然のこととして知っています。

道を求め救われを求める人は誰も皆、愛深くあることの大切さを当然のこととして理解しています。

しかしあなたはそれを分かってはいても、愛深く成れない自分に直面して苦しみ悩むのです。

「正しい道」が示されただけでは、あなたは到底その通りできない自分を持て余してしまい、かえって苦しんでしまうものです。あなたが心素直な人であればなおさらのこと、この矛盾と苦しみは耐え難い程の大きな障壁となります。

一方、虚栄心の強い人（虚栄の分離ベクトルに翻弄される人）はこの障壁を障壁とは思わず、簡単に無視しようとして無意識のうちに、「既に自分はその説かれた理想をかなり達成した」と自分を装うものです。あるいは、書物を読んで知識を得ただけで、「だいぶ自分は成長した」と自分を評価したくて、ついいつの間にか、「かくありたい」といういまだ達成されていない自分を「達成された」と錯覚し、「その理想の姿が自分だ」と自分で信じようとし、他人にも「それを自分だと思ってもらおう」と演技してしまうのです。これは習慣的にほとんど無自覚の中で為されるので、自分がそうであることに気づくことはかなり難しいことです。

そしてさらに、もし他人が「かくありたい自分」を現実の自分として評価してくれなければ、「自分は誤解された」と真剣に悩み、一所懸命に「かくありたい自分」の演出に努力することになります。

そのような人達にとってはそれが宗教だと思っているようです。

そしてついに実体のない虚像の世界に入りこんでしまうことになるのです。

さらにその虚像を守り通そうとするために、自分の回りに真理の言葉で武装した砦を築き、決して他人の批判をよせつけないのです。そこはまさに虚栄に満ちた虚構の砦であり、偽善の世界なのです。

一二四　現実の醜い自分の姿を直視し、それを認める

さて、あなたは自分で「私はそのような虚栄心のある人間ではない」と言い切れますか？

当然あなたの「主体」は自分の全てを知っているわけですから、自分の正直な姿を無視すれば、その矛盾は心の深層にどんどんためこまれていってしまうのです。

それは間違いなく自分や自分達の運命に作用し、やがてあなたを内面から苦しめることになって行きます。そしてこれが、あなたをはじめ多くの人間の現実の姿なのです。

自分と人間の現実に対して深い理解を持てば、この実態を無視することはできません。

そしてその嘘で塗り固めた砦の中から外へ出る方法と、愛深い自分に成るための方法を事細かに示してあげなければ、真理の言葉は活きてこないことが分かるのです。

そしてそのためにはまずあなたは自分を見極め、嘘で固めた虚構の砦を発見し、どうしようもなくダメな自分を発見し、それを正面から見据えることが先決です。砦から出て現実の自分に直面することは、醜い自分に直面しそれを認めることを意味するので、それは確かにあなたにとって恐ろしいことであり確かに苦痛でありましょう。しかしそれを恐れずに見極めることが、真の勇気なのです。

そしてこの現実の醜い自分を認めることが「救われのための回帰点」に立つことの真の意味であり、ここからあなたの救われの第一歩が始まるのです。この大切な第一歩を踏み出せるかどうかで、あなたが救われを得ることができるかどうかが決まるのです。そしてそれをするのが自明行なのです。

自明行が進み、自分の中に築かれた砦が崩れて行くに従って、「主体」の統一ベクトルが表面意識に映ってきて、次第に未来に大きな希望が見えてきている自分に気づくはずです。

一二五　分離ベクトルの影響を避けて、「主体」の立場から心を見つめる

表面意識とは心のスクリーンであり、あなたの心のアンテナが潜在意識の分離ベクトルも統一ベクトルも、そしてもちろん「主体」の意識も、守護の神霊の意識も、《超越人格》の意識も、様々な意識体を受信し、それを表面意識にごっちゃに区別なく映し出しているのです。

あなたの中に巣喰う分離ベクトルは、眥の中が一番住み心地がよいので、分離ベクトルは眥に閉じこもったまま、あなたの潜在意識での勢力を維持しようとして、あなたの表面意識での分離ベクトルの立場を必死で守ろうとします。分離ベクトルはまさに潜在意識の中の生き物なのです。

そこでまず自明行の実践のために、潜在意識に徘諧《はいかい》する、この分離ベクトルの影響をできるだけ排除する必要があります。そして分離ベクトルの立場から離れ、

分離ベクトルのいない「主体」の判断に頼って、虚構の砦を白日の下にさらしてしまい、後は超越人格にお願いして、分離ベクトルの妨害がなく、表面意識を超越意識に整合できるまでに清めて頂こうという計画なのです。

そこで一番初めは、「正しいか、間違いか」の判断を一切超越人格に委ね、あなたの表面意識を善悪の問題から一たん解放します。そして表面意識はできるだけ「主体」の立場を維持するように心の姿勢を保ちます。即ち、それは「主体」の立場に立っている前提で自分の心を見つめることです。

次に「主体」の立場に立っている前提で、自分の表面意識を見おろし、その「主体」の立場から表面意識に映ってくることを、正直に見つめ続けることで分離ベクトルを発見するのです。

これは善悪の判断ではないので、あなたが素直な気持で自分を見つめる訓練をすることで、今まであなたのフリをして隠れていた分離ベクトルをも見事に発見できるようになるのです。

4節　嘘発見の自明行

二二六　まず自分の築いた砦の中の嘘を見破ることから始める

さてこれであなたのための自明行の準備は全て整いました。まずは自分の中に知らぬ間に築かれた砦を発見して、その内部を良く見渡し、「嘘をついているか、いないか」だけを見極めることから始めます。自分をも騙す上手な嘘によって、この砦の中に閉じこもろうとしている分離ベクトルを見破ることから自明行を始めましょう。これさえできれば「虚像の自画像」を守り続ける「虚構の砦」は音を立てて崩壊し始めるに違いないのです。そしてその時にあなたは、砦の立場で落ちこんで自己嫌悪におちいるのではなく、必ず「主体」の立場に立ち、「主体」の立場で大いに喜んで下さい。

これから始まる砦の崩壊を、楽しみにして、今からそれを大いに喜ぶ心の準備をしておいて下さい。

あなたの表面意識は、まず「自分が今嘘をついたか、つかなかったか」それだけの判断に徹することから始めます。これがここで言うまず一番初めの自明行なのです。これを「嘘発見の自明行」と呼ぶことにします。これが「正しいか・間違いか」や「善か・悪か」の判断ではないということに特に注意して戴きたいと思います。これはいわゆる反省ではないのです。しかしあなたが明らかに人を傷つけていたり、「悪」として明確な場合は、常識通りに相手に詫び、それを超越人格に詫び、再びその「悪」が出てこないように、反省によって自分にしっかりと言い聞かせて下さい。常識通りの反省が必要なことは、言うまでもないほど当然のことです。

二二七　発見した自分の中の嘘に分離ベクトルのレッテルを貼る

一つ例題をやってみましょう。

日頃あなたは他人に優しい人だと言われていて、自分でも多少はそう思っている。しかし自明行として自分の表面意識の言動と行為を良く見つめてみると、「自分は確かに習慣的に優しい言葉や態度を装ってはいるが、それはどうも心から優しいのではなく、その方が物事がうまくいくからとか、他人に良い評価を受けるからとか、なのであって心の中では相手を批判していたり、裁いていたり、否定していたり、相手に不満を持っていたりして、それに今まで気がつかないでいたようだ」というあなたの実態が見えてきたのです。つまりあなたは今、自分の言動や態度とは裏腹の気持が有るという自分の嘘を発見したのです。これが自明行の基本作業です。

この「良く思われたい」という虚栄心からくる嘘を一つ発見したことで、あなたは確かに一歩成長し、その点に関しては自分の位置づけができたことになります。さあそこで、その虚栄という嘘を発見したことを大いに喜びましょう。自分の成長を喜ぶことも大切な修行です。

この嘘（分離ベクトル）を発見し、それを苦しみと自覚すること、これは第一段階の作業です。

さて次の作業の説明に移ります。あなたは今自明行によって自分の中に虚栄という嘘を発見しました。あなたのフリをして潜んでいた虚栄の分離ベクトルがあなたに見破られ、分離ベクトルは文字通りあなたから分離したのです。これは

『思い通りに成る法則』から理解できるはずです。

ここでもう一つ極めて重要なことは、あなたが「主体」の立場から『おまえは私ではない。分離ベクトルだ』と宣言したことで、あなた自身が嘘の立場を離れ、「主体」の立場に還ったということです。

つまりもう、あなたは虚栄の立場にはいないのです。嘘は既にあなたでなく、あなたも嘘から離れたのです。これを喜ばずにいられましょうか。これは祝杯をあげる程おめでたいことです。

ところで分離ベクトルは目には見えない低い人格の意志を持った潜在意識の生き物だけに、あらゆる手をつかって虚栄心を発見されまいとか、自明行を実践しようとするあなたを、何とか元の虚栄の世界に引き戻そうとするのです。

そこでこの作業を儀式化してしまうことで、その分離ベクトルの誘惑の根を絶ってしまいましょう。

これはあなたが発見した嘘に、『分離ベクトル』というレッテルを貼ってしまう作業なのです。

それは心の中で『分離ベクトル』と書いたレッテルを想像して、それを発見した嘘（分離ベクトル）に『エイッ！』とばかり、貼りつけてしまえば良いのです。

　このようにして分離ベクトルのレッテルを貼られた分離ベクトルは、もうどのようにあがこうとあなたの中には入れないのです。しかし分離ベクトルの中には、『私は分離ベクトルではない。私はあなたの一部だからレッテルをはがしてくれ』などと騒ぐ者もいるでしょう。あなたには「ヒョットしたらそうかもしれない」という疑いとして感じることもあるでしょう。でもその心配は要らないのです。本来の統一ベクトルにいくら『分離ベクトル』と書いたレッテルを貼ってもそれは全く無効なのです。ですから分離ベクトルのレッテルは、いくら多めに貼っても良いということになります。

　間違いを心配することはありません。

『分離ベクトル』とレッテルを貼られた嘘は自ら消え去るか、間違いを改めてあなたの「主体体」につながる統一ベクトルに自ら帰一してその一部に成るかの、二つに一つの道を選ぶことになります。

二二八　発見した嘘に一気に『自明の光！』を照射する

この例で示したように、「あなたのフリをして、あなたに巣喰っている偽者のあなた」を分離ベクトルと呼んでしまうこと。これが自明行の儀式の第二段階です。

第二の作業に馴れてしまえば、ことさらレッテルを貼らなくても分離ベクトルを簡単に確認できるようになります。そこで次の作業は、あなたの心の中で『自明の光！』と宣言して、発見した分離ベクトルに対して『自明の光！』を一気に照射してしまうことです。これが第三段階の作業です。

これは見事に分離ベクトルを消滅する力があります。ぜひ実験してみて下さい。分離ベクトルという「否定的なイメージ」に対して、「光」という「極めて明るいイメージ」を連想する効果もあって、この自明行は暗くならずに、明るい気持で行うことができるのです。

嘘の発見も、レッテルを貼ることも、『自明の光！』を照射することも、分離ベクトルと明確に分かることに対しては、二度と再び出てくるなという気持が伴っているのは当然のことですから、三段階をまとめて『自明の光！』だけで済ましてしまうこともできるのです。

そして次第に『自明の光！』を照射するあなたの心は既に善悪を超越していることに気づくでしょう。

そして『自明の光！』の意味を体得できれば、ことさらイメージを創らなくても、発見した苦しみや嘘に対して、さらに統一行の最中に出てくる雑念や障《さわ》りの想念に対しても、それが自分のものであれ、他からくるものであれ関係なく、善悪にも関係なく、あなたが『自明の光！』と心の中で唱えるだけで、超越人格の愛によって今それが消えて行ったと実感できるようになり、さらに行が深まればただ『自明の光！』を思い出すだけで、一切の自明行を済ますことができるまでになります。

一二九　自分の嘘を発見することがこの上ない喜びでなければならない

自明行の成就にとって最も重要なことは、あなたは「主体」の立場に立って、自分の嘘や苦しみを発見することをこの上ない喜びと感じ、それを超越人格に昇華して頂くことが心から有り難いと感じることです。第一章に「私は守護神に叱られることがとてもうれしかった」と書いたのはそのことです。

そこで第四段階の作業としては、超越人格の愛の導きによって嘘を発見し、苦しみを自覚させて戴いたことを、そのことで自明行の機会を与えて下さったことを、そして分離ベクトルを昇華して下さったことを超越人格に感謝することです。そして分離ベクトルの発見がどうしても喜びとは思えず感謝できない場合は、今度はその「感謝できないこと」を苦しみと自覚し、そのことに再び『自明の光！』を照射してしまえば良いのです。つまり自明行とは、苦しみを自覚し、嘘を発見し、『分離ベクトル』のレッテルを貼り、『自明の光！』を照射し、超越人格に感謝することです。

要は暗くならずに、悲壮的にならずに、明るく行ずることが長続きするコツです。

ここで分離ベクトルを消して下さるのは超越人格ですから、対抗的になって自分で消そうとあなたが「力む」必要はありません。あなたの作業としては、分離ベクトルを発見し、それに対して『自明の光！』の照射装置のスイッチを入れ、そこであなたは高見から悠々と『自明の光！』が照射されたことを確認するだけで良いのです。ところで自明行の意味を、「自明神」という神さまが働いて下さって『自明の光！』を発して下さる、というふうに擬人化して考えても良いのです。

実際そのイメージの方が真実に近いですし、感謝しやすいのであればその方が良いのです。

つまりその時は「自明神」と唱えて、自明の働きの超越人格をお呼びすればよいことになります。

一三〇「嘘発見の自明行」が自明行の最も基本である

ここでもう少し嘘の具体例をあげれば、……

例一、俗に「八方美人」というように、つい相手の気に入るように演技してしまったり、Aさんの前ではBさんの悪口を、Bさんの前ではAさんの悪口を言う人が居るものです。たとえ悪口とはならないように言葉を選んだつもりでも、内心が悪口であればそれはまさしく悪口としての分離ベクトルを発しているのです。ただし、正当で必要な批判を祈り心を持って言うならば決して嘘にはなりません。

例二、出身や服装や持ち物や……、中身よりも体裁にばかり気をつかうのは、泥の上にペンキだけを上塗りして虚勢を張り背伸びをしている嘘の姿です。さらに、相手の言葉や主張にすぐに反論し、否定しようとするのは、実は自信のなさを隠した嘘の姿であり、日頃の不満をぶつける自己主張であったり、相手を否定することでしか自分の存在を表現できない、孤独な哀れむべき嘘の姿なのです。

人の評価をいつも気にして生きていればどうしても背伸びをし、虚勢を張らざるを得ないのであり、誰もこのような虚栄の嘘を知らずについているものです。これを他人事と笑える人はいないのです。

例三、政治経済の問題をマスコミが用意した答通りに評価する姿は、自ら「真理もどき」に隷属しようとする哀れな姿です。宇宙の真理は常に多層構造に表現されるのであり、真理は決してマスコミ的理想主義の中にも、現代を動かす平面構造の欧米の論理の中にもないのです。アメリカは……、日本は……」という世界情勢の批判は、これはテレビの受け売りの自分の主体性のなさを露呈している虚栄という嘘です。自分の判断を越えることに対して、背伸びして狭い正義感を振り回すのは、真理に対する傲慢さであり、ある時は自分の知識をひけらかそうとするだけの偽善です。

例四、「あの人が○○したために私はこんな目にあってしまったのだ」とか「あの人が○○しないから私はできなかった」というのは、論理のすりかえであり、責任転嫁であり、被害者意識（後述）と呼ばれる嘘の中でも最もたちの悪い嘘です。これはあなたの中にも必ず住んでいる嘘です

例五、自分に都合良く選択した事実を並べることで、十分嘘の目的を達することができます。これは嘘の中でも特に巧妙な嘘として十分注意しなければなりません。つまり人間は、案外無自覚のまま、多くの事実の中から自分に都合の良い事実だけを選択して並べることで、自分を正当化して砦を強化し、自分を被害者に仕立てておくことで変に安心しているものです。

さらに人間は、事実を並べかえ、矛盾する二つの価値観を自分の利害と都合によって使い分けるという嘘をついているものです。自分のわがままを押し通

す時には「自由」を、相手と同じものが欲しい時か、相手を引きずり降ろす時には「平等」を主張することは、社会的に蔓延《まんえん》する大きな嘘です。

例六、何も言わずに黙っていることで目的を達する嘘があります。黙っていることだけでもそれが嘘となることは十分あるのです。特に組織や集団の中では重大な事実を黙っていたり、言うべきことを言わなかったりすることは、それだけで組織崩壊につながる重大な嘘となることがあります。

ここで示したいくつかの例のように、嘘は常に尤《もつと》もらしく「装って」出てきます。この見せようとしたり背伸びをしたりして「装って」いる自分の心の姿勢にさえ気づけば、嘘はほとんど発見できるのです。さてこれから、自分の中に知らぬ間に築かれた砦に住み着く嘘の全てを発見し、それに嘘のレッテルを貼って、『自明の光!』を照射してしまうのです。

どうですか、あなたも自分の中に「嘘」を見つけることがだんだん楽しくなってきたでしょう。

一三一　まず初めに、自分の中の一番大きな嘘を発見せよ

自他の善悪を決めたり、裁いたりすることではない、というところが自明行の特徴です。

何度も言うように善悪の次元に落ちこみ、自分を裁き出すと自明行が急に難しくなりますから十分に注意して下さい。ここでは嘘をつくことが善か悪かという問題以前に、嘘をつくことで自分自身がへとへとに疲れてしまうことを問題にしているのです。嘘をつくことは自分自身が一番苦しいのです。だからこそ嘘をつく必要のない世界を求めて自明行を積むのです。

いかなる場合でも自分の中に巣喰っている分離ベクトルは嘘を嘘とちゃんと分かってついていて、しかも常に自己正当化の方向に現れるので、あなたが嘘の味方をしようとせずに、「主体」の立場から素直な気持でさえ見ていれば、正しく発見できるのです。

ここは人間の素直さと、本当の意味のあなたの求める気持の真偽を問われる場面でもあります。

求める気持さえ強ければ、いかなる分離ベクトルの誘惑にも勝てるはずです。

実は数少ない強烈な分離ベクトルがあなたの運命をほとんど支配してしまっているのです。

そしてこの事実こそ、いっ時も早く気づかなければならない一大事であります。これはあなたの中ですっかり習慣性になっているために、一番大きな嘘でありながらかえって自分では発見しにくいものなのです。

この一番大きな嘘さえ発見できれば、それだけであなたは大きく生まれ変わることができます。

五番目六番目の嘘は後でも良いから、とにかくあなたを支配し、あなたを苦しめているこの一番大きな嘘を早く発見することに生命エネルギーを集中しましょう。

一三二　大きな嘘にエネルギーを供給してはいけない

このあまりに大きすぎて、あまりに習慣性になっているために自分自身ではなかなか発見できない嘘、この嘘を早く発見して自分から切り放してしまうことです。早く発見してこの嘘に『自明の光！』を照射してしまうことです。そして嘘を発見させて下さった超越人格に感謝をするのです。

さて、なかには自明の意味の上っ面だけをとらえて、「自分は虚栄心の強い人間なのだ」などとそれが裸の心と思って、開き直ってさえいて、自分でこの嘘を分かっているつもりの人が居たり、特に頭が切れて、嘘に上手にへ理屈をつけて逃げ回る特殊能力を持っている人が居ます。これは結果的に嘘を肯定し、元気づけ、嘘にエネルギーを供給し、自分の首を絞めてしまうことになるのです。

もしもあなたにこの種の嘘が多くある場合は、まず善悪の世界での反省を積んで、「申し訳ありません」という気持を十分に学ぶ必要があります。そしてこの善悪の反省を十分積んでから、次に善悪を越える自明行を重点的に積むようにするのが良いでしょう。

自分の一番大きな嘘が自分の運命にどれだけの悪影響を及ぼしているか、周囲の人間にいったいどれだけ不快な思いを与えているか、相手にどれだけ忍耐と辛抱と苦痛を強要しているかについては、当の本人にはほとんど認識がないものです。それは大変に恐ろしいことではないでしょうか。このあなたの一番大きな嘘を発見することを、ここしばらくのあなたの最も重要な作業としましょう。この一番大きな嘘がこれまで犯し続けたことによる罪の重大さを知り、そのことにお詫びの気持があるならば、これは意外に簡単に成功することです。そしてこの一番大きな嘘を発見した時には同志を集めて祝宴をもよおし、大きく生まれ変われたことをみんなに大いに祝福してもらいましょう。

一三三　あなたの周囲の人は皆あなたの嘘を知っている

この最大の嘘はあまりに大きすぎるために、自分自身ではかえって気がつかないのです。

それはあまりに習慣性になっていて、しかもあなたの処世術とくっついていて自分では良いつもりでさえいるものです。

その意味で、ここでどうしてもあなたの習慣性となっている処世術を発見し、それを十分再検討してみる必要があります。

その嘘は習慣性となっているため自分では発見しにくいのですが、あなたの周囲の人々は毎日毎日その悪臭をいやというほど嗅がされ、味あわされているのです。それを知らないのはあなただけであり、あなた以外の周囲の人達は皆十分に知っていることなのです。それはもう言い訳のしようがない程の醜態なのです。あなたがその自分の実態を知れば心から「本当に申し訳ありません」と言い続けていなければならないことです。「穴が有ったら入りたい」とはこのことです。

あなたがそれを本気で知りたいと思うならば、周囲の人に直接聞いても良いし、周囲の人達のあなたに対する態度の中から自分が読み取っても良いし、何よりも自分に忠告をしてくれる人がいれば、その中に必ず何かを発見できるものです。

『全ては超越人格の愛の導き』として既に述べましたが、この場合は特に利害の絡《から》まない第三者の忠告を大切にしましょう。その人はいつもあなたの近くにいて、あなたのことをよく知っているのです。しかも超越人格はその人を通して、その出来事を通してあなたにその最も大きな嘘を発見させて下さいます。

一三四　小さい問題に大きな内容が隠されている

日常生活の中であなたへの忠告という形で今問題にされた出来事は、あなたから見れば小さいこと、ささいなことと見えるかも知れません。

ところが実際はそれは決してささいなことではなく、あなたの習慣性の嘘や臭みはその出来事の中に見事に象徴的に現れているものです。

忠告する側から言えば、その出来事の中にあなたの嘘や臭みを象徴的に見ているのです。

つまり人間というものは、いかにささいな行為であっても、それは良くも悪くもその人間の全人格で為しているのです。ですから同じことをしても、ある人にとってはそれは良さの表現であり、またある人にとってはそれは臭みの表現となるのです。

そしてあなたが統一人格を完成させれば、そこではもう何をしても、あなたの言動行為の全てが超越人格の愛の表現と成ってしまうのです。

どうですか、統一人格に成るとは本当にすばらしいことでしょう。

ところで、いまだ統一人格とは成っていないあなたが、そのささいなことで忠告されれば、その出来事を重大なこととは思えず、他の原因でたまたまそうなったと思いたくなるのです。そしてそのようにへ理屈はいくらでも成り立ってしまうのです。

小さいことでの忠告を無視したり粗末にしたりしてはいけません。小さいことで自明行ができれば、大きいことでの失敗を未然に防ぐことができるのです。つまり効率百倍の体験ができるということになります。小さいことでの自明行ができたことを、大いに喜びましょう。

一三五　忠告する側の不完全さを問題にしてはいけない

忠告を受け入れたくないために、相手の一方的な言い方や事実の不正確さなどの、忠告の不完全さを指摘することは簡単です。そのことで言い逃れをしようと思えばいくらでもできるものです。

しかしそれは統一人格を求めるあなたのすることでは絶対にありません。相手の忠告の不完全さなどは相手の問題であって、あなたには少しも関係のないことです。あなたは忠告してくれる相手の言葉の中から、たった一つでも自分に役立つ情報を捜し出すことに努力を集中すべきです。

あなたを護り導いている超越人格がその人を通して教えて下さっているのです。あなたは感謝こそすれ、忠告される側が忠告する側の不完全さを指摘したり、不快な態度を示したり、不満を言ったりすることは全くの本末転倒であることを知るべきです。

立派なへ理屈をすぐに思いつく程のあなたの頭の良さを、逃げのためではなく自分の嘘を発見するために使うのでなければ、いったい何のために与えられた頭の良さなのでしょうか。

統一人格に成るためには、決して逃げないで自分の実態を直視する真剣さが必要なのです。そしてそれこそが真の勇気なのです。統一人格を目指す初めの段階で特に大切なことはこのことです。

あなたに忠告をして下さる人がいるということは本当に有り難いことです。その人に対しては特に深い感謝が必要です。なぜならもし感謝がなければ、その人にそれほどお世話になりながら、一方でその場から逃げ出すための批判や口実を知らず知らずのうちにためこんでいて、逃走準備をするという最大の裏切り行為をしてしまうものです。この種の嘘は自明行実践にとって最大の敵です。日頃から、このような卑怯な嘘こそ徹底的に『自明の光！』を照射しておくべきです。

一三六　理不尽なことを言われても決して威張れたものではない

周囲の人からあなたへの忠告が事実に反し、言いがかりや誤解に思えたり、それがあなたからは理不尽に思えたとしても、それであなたが威張れたことでは決してないのです。

あなたならいかにもそのことをやりそうだから相手はそう思っただけです。あるいは実際の心の世界では事実あなたはそうしていて、周囲はそのことで大いに迷惑しているのです。

ですからあなたはそれが誤解か事実かの問題を前面に出す前に、あなたがそう思われる人間であることをまず恥じなければなりません。そしてそう思われるに足る十分な理由があなたの中に分離ベクトルとして巣喰っているという、そのことを問題にすべきです。それは「言った」「言わない」の次元の話ではなく、それを心の問題としてとらえなければなりません。

いつも泥棒をしている人間は、周囲で物がなくなればまた疑われるのです。たまたまその時に限って自分でなかったとしても、決して大きな顔はできません。泥棒をしたと疑われたことで相手を責める前に、そう思われる自分を恥じるべきなのです。

いつも悪口を言う人間は、また言ったと思われるのです。言い訳ばかりする人間は、また言い訳だと思われるのです。いつも人のせいにばかりする人間は、また人のせいにしたと思われるのです。いつも嘘をつく人間は、また嘘をついたと思われるのです。イソップ物語にもそのような話があったではないですか。そして当然あなたもまた……と思われているのです。

それを相手の誤解として、相手の問題としているようでは、到底あなたは幸福には成れないのです。

全ては自分の問題として自明行の糧《かて》としてしまいましょう。

一三七　馴れれば鼻歌混じりで自明行ができる

このようにいかなる問題も自分の中に巣喰う分離ベクトルを発見するチャンスとして積極的に活かすことのできる人間だけが、統一人格を完成することができます。

つまりあなたがそれをしなければ、決して統一者には成れません。つまり幸福には成れません。

あなたが自分の内面を見つめることができなければ、あなたはいつまでも自分の救われに到達できずに、自分だけの窮屈な世界の中をいつまでもぐるぐると迷い続けることになるのです。

この自明行は慣れてしまえばほとんど頭を使わず、一切精神分析をする必要がなく、自己を裁かず、自分の心を痛めず、一瞬にしてできるようになります。鼻歌混じりで、日常の仕事をしながらでも全く自然にできるようになります。何しろ分析判断したり善悪を決める必要がないのだから楽なのです。

初めは、いつの間にか分離ベクトルの立場になり切っていて、善悪の世界に落ちこみ「良かったか、悪かったか」ともがいてしまいますが、しかしやがて、善悪の横の世界の中で綱引きをしている自分を発見し、直ちに祈りによって縦の世界を登って、「主体」の立場から自明行をすることができるようになります。そこでは統一行の訓練が大いに役立ちます。帰一の姿勢の中で「主体」の立場から『自明の光！』を照射することで、もがき苦しむ世界から一気に抜け出ることができるようになります。

もちろん人を騙すことや、人を傷つけることや、自分の利益のみを主張することは、善悪の問題として見て自明行以前のこととして悪いことに決まっています。そんな反省は当然のことです。

まずは、「主体」の立場に立つ練習をしながら、おおらかに大胆に、分離ベクトルを発見することがうれしくなるようにいろいろ工夫してみることが大切です。

一三八　人間は救われるように創られている

宇宙飛行士やパイロットには厳しい資格や適性があって、めったに成れるものではありませんが、統一者には誰でもが成れるのです。学校の成績等全く関係がないのです。社会的地位や資格も全く関係がないのです。これだけは裸での勝負なのです。

救われを求めそのためには自分を変えることを恐れない人であるならば、全ての人が統一人格に成れるのです。そしてたとえ人を殺し、殺されたような過去の体験を持った人であっても、全ての体験は超越意識で統一されて宇宙的に肯定され、生命活動の進歩と調和の中に吸収され、感情も欲望も潜在意識の支配を逃れることで抑圧から解放され、個性は本来の輝きを取り戻すのです。

それだけにいかにして分離ベクトルの錯覚の立場に引きこまれないか、つまり傲慢と虚栄におちいらないかです。そのためにはあなたは自分に隠さずに裸の心を見せることです。自分に嘘をつかないことです。絶対に自分に言い訳をしないことです。

そしてこの裸になること、これが自明行なのです。決して分離ベクトルの立場に立たず、あなたの「主体」の立場に立つ練習をすることで、素直に成れるのです。そしてこれさえ正しくできたなら救われはもう時間の問題です。私は何度も強調します。人間は救われるように創られているのです。

人間は統一者に成るために生まれてきたと言ってもよいのです。ですからあなたは必ず「救われのための回帰点」に到達し、やがて「主体」に帰還できるのです。その絶対の確信と自信を持って下さい。

変なこれまでのしがらみから早く卒業して、いっ時も早く統一者と成る道を真直ぐ歩んで欲しいと、強く願わずにはいられません。さあ勇気を持って自明行を成就しましょう。

5節　損得勘定の自明行

「損得勘定の自明行」も、そしてこれ以後導入されてくる自明行も、全ては「嘘発見の自明行」と言えるものですが、見る角度を変えることでその「嘘」が発見しやすくなることから、自明行をいくつかに分類して示します。しかし常に「嘘発見の自明行」が基本となります。

一三九　心の苦しみを正しく自覚することは難しい

病気も苦しみです。貧困も苦しみです。しかし私がここで強調する苦しみとは心の苦しみのことです。病気の苦しみには自覚があります。貧困の苦しみにも自覚があります。しかし心の苦しみを自覚することはなかなか難しいのです。これは少々説明をしなければなりません。以下最後まで、それがあなたにとって事実かどうかとは無関係に、あなたの思考上の疑似体験として、この書を読んで下さい。

一つの例として、『あいつは全く非常識な人間だ。当然私に頭を下げるべきだろうに、大きな顔をしている。この私を何と思ってるんだ。この前だって……だった。これまで私がしてやっていたのをいったい何だと思ってるんだ。もうあんなヤツの顔も見たくない』『あの時あいつが私に……をしてくれと言うから、あいつのためと思ってそうしてやったんだ。それなのに今は感謝の「か」の字もない。私がこうなったのはあいつの言う通りにしてしまったからだ。腹立たしい限りだが、私も大人なのだから赦《ゆる》してあげようと思う』……これはよくありそうな話ではないでしょうか。

『……のせいで私は……になってしまった』というのだから、今はあなたにとって不都合な状態にあるに違いありません。それを苦しみとするなら、一見苦しみの自覚はありそうです。しかしこれは私の言う「苦しみの自覚」ではありません。これは相手に向かっての「不満」なのです。

この「不満」を持ったことで、相手ではなくあなた自身の心が痛み、もがき、責め、裁き、ゆがみ、乱れ、対立し、戦っていることを、私はここで「苦しみ」として問題にしているのです。言いかえれば、欲望が満たされないことが「苦しい」と言っているのではなくて、欲望に振り回されていることが「苦しい」と言っているのです。そしてその苦しみを自覚することが「苦しみの自覚」です。そして最も重大な問題は、その「苦しみの自覚」があなたに有るかないかなのです。『でも、悪いのはあいつなのだ』とあなたは言うかも知れません。事実その通りなのかも知れませんが、それがどうだと言うのでしょうか。相手が悪かろうと良かろうと、苦しんでいるのは相手ではなく、当のあなた自身なのですよ。あなたにとってこれほどの大損害はないのではないですか。

この種の『あいつのせいでこうなった』という「被害者意識」は、あなたを不幸にする最大にして最悪の運命のしこりとなるのです。

もし相手が居なくなったとしてもそれは何の解決にもなりません。また別の人が出てきてあなたはまた相手が悪くて苦しむのです。ですからそれは相手に関係なく自分の問題なのです。あなた自身が変わること以外に、この苦しみから逃れる解決の道はないのです。

まずはこの「被害者意識」をあなたの最初の自明行として、徹底的に取り組んでみましょう。この種の被害者意識から解放されることで、あなたはかなりの苦しみから解放され、大きく成長できます。

一四〇　徹底して損得勘定で考える苦しみの自覚

ここで私は不満を持つことを悪いことだとはまだ言っていないことに注意して戴きたいのです。

まずあなたが「不満」を持つことは損得勘定で計って、これは「損」だということを分かって欲しいのです。この「主体」の立場からみた損得勘定を良く理解しておいて下さい。

あなたの心が痛み、もがき、責め、裁き、傷つき、ゆがみ、乱れ、対立し、戦っていることが「苦しい」という自覚さえあれば、この「損得勘定」はできます。

そしてこの損得勘定が正しくできさえすれば、既に示した自明行の実践方法によって処理するだけで良いのです。

ここでは事の善悪はともかく、まず正しく損得勘定ができて、そのことで正直に『自分は今苦しんでいる』というあなたの自覚がまず必要であることを述べることにとどめます。

ここでは「苦しみの自覚」についてもう少し述べてみましょう。

『……は非常識な人間だ』というのは、おそらく自分には常識があって「私だったらこんなことはしない」と言いたいのでしょう。この判断も実は大きな苦しみの原因になっているのです。

そんな常識などという自分が勝手に作った、実に狭い正義感がなければ苦しまないで済むところなのに、あなたに変な常識があるおかげでかえって苦しんでいるのです。相手を思いやって苦しんでいるのではないのです。実は相手が自分の期待通り動いてくれないことが気に入らないだけなのです。

しかしここでも損得勘定ができていないのです。そんな不快な感情を腹にためこみ、その結果自分の運命を狂わせてしまうことが、いったいあなたにとってどれ程の「損」かが分かっていないのです。

自分の心を汚し、自分の運命を狂わせてまで、相手の行動を自分の常識に従わせようとすることが、あなたにいったいどれだけの「得」があると言うのでしょうか。損得勘定ができていないのです。

『……私がしてやったのに……』はせっかく何か親切をしたのならそれでいいのに、その親切の見返りを求めてしまうという、これも人間がおちいりやすい落し穴です。『……してやった』は『……された』の被害者意識と裏腹の思いなのです。『……してやった』と思う人間は、一方では必ず『……された』と思うものです。そのような人は、周囲が自分に都合良く動いてくれることをいつも期待し、その通りにならなければ『あの人に裏切られた』と思うものです。

自分の都合の良いことのみを相手に期待し、相手の表面意識だけを見ていれば、世の中は裏切られることばかりなのです。

従ってあなたが「人を信じる」とは、相手の表面意識から出てくる言葉や行為や約束を信じることではなく、自分と相手の「主体」と「主体」の交流を信じることであり、それはとりもなおさず祈りの中で超越人格の愛の導きを信じることなのです。ですからその相手に何をされようと、それを『全ては超越人格の愛の導き』と受け入れることです。相手の出方で一喜一憂し、そのたびに信じたり、信じられなくなったり、喜んだり、裏切られたりすることでは決してないのです。

私は今、正しいか間違いか、善か悪か、という次元に立って話しているのではないことに十分注意して下さい。私は意識的に善悪の問題を今は避けているのです。ここではあくまで「損得勘定」で話してみようと思っています。その理由は、善悪の問題にしてしまうと人間は例外なく　自分が悪の立場に立つことを嫌い、自分の行為に対しての偏見のない判断と素直な自覚ができなくなってしまうからです。つまり善悪の世界に落ちこむと、真理に対する立場の確立が急に難しくなるのです。

一四一　あなたが戦いに勝っても、戦場はあなたの心の中

さて今の例を今度は多層構造の意識空間の中の出来事としてみてみましょう。そしてここでも、この哀れむべき人間をあなたとして、その苦しみの自覚を体験して戴きたいと思います。

あなたが正しく損得勘定ができれば、あなたは既に「主体」の立場に立っていると言えるのです。

それはもう「初期段階の統一人格」が近いということです。

さて、あなたの心の中にはいつも「非常識なあいつ」、「頭を下げないあいつ」、「大きな顔をしているあいつ」が住んでいるのです。そしてあなたはいつもその「あいつ」と自分の潜在意識と表面意識の中で戦っているのです。そしてこの戦いの戦場は、いつも自分の心の中なのであることを良く良く考えてみるべきです。あなたが一晩かかって勝利を得たつもりでも、あなたの心の戦場はズタズタになるのです。

痛み、もがき、責め、裁き、傷つき、ゆがみ、乱れ、対立し、ズタズタになったのは自分の表面意識と潜在意識なのです。「非常識なあいつ」、「頭を下げないあいつ」、「大きな顔をしているあいつ」は相手が勝手にあなたの心の中に入ってきたのではないのです。戦いも相手が勝手に始めたのではないのです。全ては自分が「非常識なあいつ」、「頭を下げないあいつ」、「大きな顔をしているあいつ」を自分の心の中に呼びこみ住まわせているのです。そして戦いも自分が始めたのです。相手がどんなに間違っていようとそんなことには関係なく、一番「損」をしているのは相手ではなく、他ならぬ自分自身であることを、何としてでも自覚しなければなりません。

一四二　損得勘定で戦いの鎖を断ち切らなければならない

相手の心の中にもあなたと同じ要素があればそれは共鳴し合い、増幅してしまいます。そして『思い通りに成る法則』から、潜在意識と表面意識での出来事はやがて現象となって現れてくるのです。つまり戦いが現実のものとなるのです。それこそ不幸の運命ではないでしょうか。

その状態をまた「非常識なあいつ」、「頭を下げないあいつ」、「大きな顔をしているあいつ」と心の中に取り入れることになるのです。

そうして再び心の中で増幅され、戦い、傷つき、苦しみ、また現象として現れることになるのです。これではどこかでこの繰り返しの鎖を断ち切らない限り、人間は決して救われないのは誰にでも分かることです。今はどちらが正しいか、どちらが間違っているかを言っている余裕などないはずです。それこそ損得勘定で、この鎖を断ち切ることにこそ全力投球すべき時なのです。これは組織や国際問題でも同じです。

人間とは、損得勘定で自分の心が苦しんでいることさえ正しく自覚できるならば、そこから逃れようとするものです。それをさせないのは、潜在意識に巣喰っているあなたのフリをした偽者のあなたなのです。つまりそれは分離ベクトルという、たちの悪い潜在意識の生き物なのです。

「苦しみの自覚」が正しくできただけでも、その偽者のあなたはあなたの心の中には住みにくくなり、清められたり消滅したり、あなたから出て行くものもかなりいるのです。

このようにあなたが苦しんでいることへの正しい自覚を持つことで、「救われのための回帰点」に立つことができるのです。これが救われの第一歩なのです。即ち真の幸福への第一歩なのです。

一四三　あなたの心が戦場となって戦う「大損」

例で示したように、あなたが自分の心を戦場にして、潜在意識を表面意識に投影して相手と戦うことがいかに「損」であるかということを、もし直感的に自覚できているならば、あなたはこの「損得勘定の自明行」は既にできていると言えます。

即ち、あなたがその戦いに苦戦の末どうにか勝利したとしても、戦場はあなたの心の中なのです。

　相手を責め、裁き、傷つけ、そして自分が傷つき、痛み、ゆがみ、乱れ、もがき、不安になり、疑心に満ち、悲しみや怒りの感情にもてあそばれ、あるいは嫉《しっ》妬《と》することでズタズタになったのは外ならぬあなたの表面意識と潜在意識であったのです。あなたにとってこれほどの大損はないでしょう。

　このことに今すぐ「苦しみの自覚」が持てるのであれば、その思い（想念）をも全て分離ベクトルとして『自明の光！』を照射し、後は超越人格に任せて消して頂けば良いのです。そしてあなたはそれが消えたかどうかを確認する必要はなく、それで既に消えたのです。そしていっ時も早くそこから立ち去り、祈りと感謝の世界に戻ることです。実際にはまだ胸が痛くて消えないように思えても、それは潜在意識の中から消えたからこそ表面意識に浮きでてきたカスであり、既に消えたこととして超越人格に感謝をしてしまえば良いのです。そして「主体」の立場からそれを大いに喜びましょう。

　この「行」をしばらく重ねて行き、「損得勘定の自明行」が上手にできるようになるにつれて、次第にこの種の感情想念からは解放され、気持が澄み切って、未来が明るく見えてくるのです。

　要するにこの自明行では、今あなたが自覚できる内面の苦しみの全てを『自明の光！』で消して頂くことができるのです。この「行」はまさに安心立命に直結する行なのです。

一四四　自明行のためには正しい「苦しみの自覚」が必要

　自分の心を見つめて、そこに「主体」の立場からの苦しみを発見しさえすれば自明行はできるのです。

　しかし「苦しみの自覚」はあっても、それが分離ベクトルの立場からの「苦しみの自覚」では大変なことになってしまいます。

　例えば苦しみを認めても、苦しみの原因をいつも相手の方にばかり見ていたり、あるいは同志に忠告され分離ベクトルを指摘されることが「苦しい」というのでは、それは明らかに正しい「苦しみの自覚」ができていないのであり、そこに主客転倒の嘘が有ることにまず気づかなければなりません。

　この場合は本当に自分が幸福に成りたいか、それとも不幸になりたいかをもう一度自分に問い直す必要があります。そしてそのための立場の確立が先になります。

「つまり、あなたの「苦しみの自覚」と損得勘定は、「主体」からみての損得勘定と常に一致していなければなりません。ですからある場合には、いかに心が痛んでも傷ついても、それをやり通し、誠実さを貫かなければならないことは有るということです。

その点「主体」の立場からの損得は、常に誠実さで判断することによって適切な答が得られるのです。

あなたが自分の中の嘘を「主体」の立場からの損得で発見できるようになり、正しい「苦しみの自覚」ができるようになれば、既に「救われのための回帰点」に達したということができます。

従って自明行は「苦しみの自覚の行」であると言うこともできます。

自分の心を見つめ、「主体」の立場に立って嘘を発見すれば、それを「シメタ！」と喜ぶことです。

その「苦しみ」を発見すればもう、その点はなくなったも同然であり、解決は時間の問題なのです。

一四五　他人を観察しても、自分の表情を見ても自明行はできる

さらに他人を観察して相手の分離ベクトルを発見し、それを自分の自明行としてしまえば、あるいは自分の小さな苦しみを発見して「苦しみの自覚」を正しく持つことで自明行ができてしまえば、超越人格としてはもうあなたにその種の分離ベクトルは実体験を通して教える必要はないと判断し、潜在意識に蓄積した大きな苦しみの素の残りを全て消滅させて、それを運命として現さないようにしてしまうことができるのです。

このことから自明行は統一者に成るために必要なだけでなく、いまだ統一者に至らなくても、目の前の苦しみから脱却し、個性の抑圧を解放し、幸福な運命を選択するためにも必要です。

自分は決して苦しんでなどいないという人は、実はとても鈍い人なのであって、その人の内心はとても苦しんでいるのです。その内心の苦悩はその人の表情によく現れています。

そういう人は鏡に自分の顔を映してみて下さい。その表情には苦痛の雰囲気が漂っていませんか。自分がいくら否定しても、「主体体」はその苦悩を知っていて、その苦しみを表情ににじみ出しているのです。そして次にそれを自分の運命に表現してくるのです。

つまり運の悪い運命となって現れてきて、苦しみの運命として間接的にその原因を知らされ、それを潜在意識で明確に分かる形で自覚させられるのです。

そのような人に限って、「心の弱い人が神さまや宗教にすがりついて救われようとするものであり、自分は強い人間だから神などには頼らないのだ」などと思っているものです。

一四六　あなたには人を赦す資格も裁く資格もない

先ほどの例で「……私も大人なのだから赦してあげようと思う」とはなかなか善人風に聞こえますが、はたしてそうなのでしょうか。人を裁くことはあなたの心を汚し傷つけズタズタにするのであり、損得勘定でみて大変な「損」であることは今述べた通りです。

ところで「主体」の立場を確立していない未統一者の今のあなたには、人を責め裁く資格など初めから全くないことを知らなければなりません。あなたがたとえ殺されようと、あなたにはその殺人犯を裁く資格も権威も権限もないのです。そしてそのことから当然の帰着として、あなたは自分をさえ責め裁く資格がないのです。さらに、当然のこととしてあなたは自他を裁くことだけではなく、自他を赦す資格さえも初めから持ち合わせてはいないのです。

あなたを傷つけ殺そうとしたその人をあなたが「赦す」と言ったところで、それがいったいどれほどの意味を持つのか考えてもみて下さい。あなたが「その人を赦す」と言ったところで、それは何の意味も持たないだけではなく、傲慢の罪を犯すだけのことです。

そしてそれはあなた自身が罪を犯した時であっても同じことです。あなたは超越人格の立場、あるいは《唯一の実在》の立場に立たない限り、自分を赦すことすらできはしないのです。ですから「自分を赦せない」とは大変立派な言葉ですが、実はそれは真理の前では傲慢な発想となるのです。

「自分を赦す」とは超越人格である「主体」の自分に「赦される」ことであり、

罪を犯した現実の自分を「主体」の立場から正しく位置づけることであり、具体的には「申し訳ありません」とお詫びをし、赦しを乞うことです。お詫びがなければ赦しを求めていないことになり、決して赦されないのです。

一四七　超越人格のみが人を赦し裁くことができる

あなたを赦しそして裁く資格があるのは当然のことながら、宇宙を創りあなたを生かしている《唯一の実在》であり、《超越人格》であり、超越人格だけなのです。

あなたが宇宙を創ったのではなく、あなたがあなた自身を創ったのではないことを知るべきです。創られた人が創られた人を裁いたりすることなど、初めからできない相談なのです。

従って私は人を裁いたことも赦したことも、めったに有りません。

ところで私が統一人格を完成させてからは、確かに人を裁き人を赦すことはあるのですが、それは《唯一の実在》の立場で行動する重大な場合に限られています。

生かされている人間には人間を裁くことも、そして赦すことさえもできはしないという真実は、これは歴史の問題や民族の問題でも全く同じです。

現代人が歴史の中での出来事を裁く資格も、そして赦す資格も初めから存在はしないし、できもしないし、決してそれをしてはならないことなのです。ましてや一方の民族が他方の民族を裁くことなど絶対にできはしないのです。そして《超越人格》以外に、あるいは《超越人格》に一体化した超越人格と、《超越人格》の理念を体現した統一者以外に、歴史を裁き赦すことはできないのです。この真実を知らなければ、また人類の歴史は罪を犯し続けることになります。

国際問題はこの辺の原理を正しく知っていないと、歴史に禍根《かこん》を残すことになりかねません。

私達人類は歴史の中の出来事の裁きも、そして赦しも《超越人格》に委ねる以外にないのです。

この重要な原理を人は、そして人類は正しく認識し、謙虚に受け入れなければなりません。

6節　知らずに犯す罪の恐ろしさ

一四八　思いの中で犯す罪

「私は今法律を犯してはいないし、悪いことなど何もしていない」と思っている人、あるいは反対に法律を犯してしまったことで、「もう、取り返しのつかないことをしてしまった。私の人生はもう終わりだ」などと本気で思っている人は結構いるものです。しかしそのどちらの場合も、極端な無知からくる傲慢なのです。

人間社会の問題は人間社会で処理することとして、実は「人間というものは、人間にとって最も大切な真理の前で、自覚のないまま思考の中で大きな罪を犯しながら生きている存在」と言っても決して過言ではありません。なぜなら人間は、『思い通りに成る法則』によって、「悪いことを思うことで、その悪いことを実現しようと努力している」からなのです。

あなたの思考はそのまま自分や相手や国家や人類の運命を創る作用を持つので

あり、思考の中で罪を犯したことがないと言い切れる人は地球上には一人もいないのです。そして法律よりも、真理の前でどう生きるかの方が、人間にとって何万倍も重要なことなのです。

傲慢にも法律や目に見えることでしか善悪を計れない人は、ここで「自分は真理の前でどれだけ悪いことをしてきたか計り知れない」という後悔の気持になって戴きたいのです。真理の前では、「そんな法則なんて私は知らなかった」という言い訳は何の意味も持ちません。

一四九　「立場の確立」がないと「知らずに犯す罪」を犯し続ける

次にあなたは実際の行動でも、知らずに多くの罪を犯して生きてきたことを知るべきです。

ここであなたが一方通行を知らずに逆に走ってしまったというのは、これは単なるルール違反であり、一方通行に真理があるということではありませんから、私はこの種の知らずに犯す罪をここで語ろうとしているのではないのです。

一般の人間関係で生じる様々の問題では憲法や法律には反しなくても、文化や習慣を無視することで、大きな罪を犯してしまうことは結構多いものです。

例えば、上司に挨拶もしないということや、お世話になった人に感謝の言葉も言えないとか、迷惑をかけてしまった人にお詫びの言葉も言えないのは、憲法違反でも法律違反でもありませんが、これは大きな文化違反なのです。そしてこの種の憲法違反にも法律違反にもならない、大きな文化違反の罪は極めて重いということを覚えておいて下さい。

人は誰でも見えない文化の中で、様々な立場に立たされているものです。あなたも当然、夫と妻として、父と母として、親と子として、上司と部下として、師と弟子として、組織の長と組織の一員として、社会のリーダーと社会の一員として……、という関係の中で生きているのです。

例えば父親という自分に与えられている立場を無視して、家庭や子供達のことをかえりみなければ、これは大きな文化否定の意味を持ってしまいます。

あるいは組織の重要な立場にありながら、その自覚がなく不平ばかり言っていて被害者意識におちいっていると、それは秩序破壊の意味を持ってしまい、その人の存在そのものが罪を作り続けていることになってしまいます。

実は日本民族が歴史的時間をかけて育てた文化という思考環境は強い「統一ベクトル領域」を創っていて、宇宙の多層構造を投影しています。従ってその文化の中の組織もその文化の秩序を投影していることから、組織の中には確かに多層構造の小さな宇宙が存在するのです。

ですから組織の中の秩序や、文化が創る秩序の中には真理がある程度表現されていると言えるのです。

そして組織の中で生きることは実質的に宇宙の中で生きることであり、その小さな「部分」の宇宙で一所懸命誠実に生きることは、「全体」という宇宙の中で一所懸命生きることに通じるのです。

そこで人々は、その文化の理念に照らし合わせることで、出来事の善し悪しを評価することはごく自然の成りゆきなのです。

このように現実には、憲法や法律よりも民族文化が育てた思考環境や思考秩序の中の方に、不完全ながらも真理が投影されているという重大な事実を知るべきです。

そして多くの人達は憲法違反は犯さなくても、この種の文化違反の罪を犯し続けているのです。

それ故にあなたは今後「自分は知らずに罪を犯し続けている」という前提で生きて行く必要があります。知らずに犯す罪とは、この種の民族が育てた文化の中で、与えられているあなたの立場を知らずに無視し続けてしまうことによって生じる罪のことなのです。

つまりこれは文化の中にあなた自身の立場を正しく位置づけられないために、「真理に対する立場の確立」がないことで犯し続ける罪と言いかえることができます。反対に言えば文化の中でのあなた自身の「真理に対する立場の確立」がいかに大切であるかが理解して戴けることと思います。

一五〇　知らずに、文化の中で犯す罪

文化の中で、あなたも例外なくいくつかの立場を持って生きているはずです。それは宇宙の秩序が投影されたあなたの立場です。しかしこの立場を百パーセントこなすことは実際できないことです。それは肉の身を持つ人間である限り、これらの立場を完璧にこなすことは不可能なことです。

そこでこの人間の現実理解に立って、初めに「真理に対する立場の確立」として最も現実的な、そして最も大切なことは、あなたはそれを知ろうが知るまいが既にある立場に立っていて、その立場を確立できないために「知らずに犯す罪」を今も犯し続けているという前提に立つことです。そして真理をそこに正しく表現できていないことを超越人格に、そして迷惑をかけてしまった周囲にお詫びをするということです。そして次に、謙虚な姿勢であなたに与えられた立場を遂行することです。

また指導者や組織の長や上司や親や配偶者に、お世話になっていることに対して感謝の気持がないことが既に大きな罪なのです。自分も働いているのだし、世話しているのだから差引ゼロだというわけには行きません。お世話になったことと、お世話させて戴いていることとは全く別のことです。

そして同僚や友達に感謝することと、指導者や組織の長や上司に感謝することとは、その重要さにおいて決定的な違いがあります。つまり宇宙は縦関係が先にあっての横の関係であり、もしも縦関係を無視した横の関係の強調は、秩序の多層構造を無視することになりがちであり、かえってしばしば秩序破壊の力を持つことになるので、十分な注意が必要です。

特にご先祖様には最も本質的な意味で感謝を忘れているものです。あなたを背後から護って下さり、今住んでいる文化を築いて下さったことに対して感謝を忘れているのです。

一五一　知らずに、当然すべきことをしないでしまった罪

さてここで、あなたが感情や汚い言葉を他人にぶつけて直接相手を傷つけたりした場合は、それが「してはならないことをした罪」として簡単に自覚できるものです。ところがあなたが直接手を下したのではないこと、日常当り前のことで、あるいは良いと思ってしたことで結果的に人を不快にしたり、傷つけたりしてしまうことは、なかなか人を傷つけた自覚が持てないものです。

まず初めに、あなたはこの種の「当然予想されることを無視してしまったことで犯す罪」（未必の故意）、あるいはそれ以上の「無自覚の過失」を数多く犯しているという認識が必要です。

そして「知らずに犯す罪」の中でも、なかなか気がつきにくく、しかも重大な

罪は、以下に示す、「当然あなたがすべきことを、あなたがしないでしまった罪」なのです。

例えばあなたの配偶者や友人や同僚や部下が過ちを犯したり、間違ったことを主張しているにもかかわらず、あなたはそれを知りながら、黙っていたり、忠告してとがめるのではなく、それを見て見ぬフリをしたり、事もあろうに心情的に味方していたり、あるいは人望を得ようという打算から相手の間違いを正当化する言動を示したりすれば、真理の前ではあなたも同時に罪を犯していることになります。そしてあなたがその人に忠告しないことが、結果として相手の罪の行為を積極的に認めていることになり、それはそのことに係わる第三者をも大きく傷つけてしまい、あなたは何もしないままどんどん罪を重ねてしまうのです。

「当然すべきことをしなかった罪」の周囲では、このように無知故に、そして自分や自分達のことばかり考えているために無責任となり、「当然すべきことをしなかった罪」がしばしば発生します。

ます。

一五二　知らずに、してはならないことをしてしまった罪

さて次に、「知らずに犯す罪」の中の、「してはならないことをした罪」を示します。

わがままで自己主張の強い人が何かを喋《しゃべ》れば、その人の汚れた雰囲気がその場を支配してしまい、その場を不調和なものにします。これは話の内容には関係がないのです。自分は楽しく話しているつもりでも、実質はその人に巣喰う分離ベクトルが強制力となって、その場を支配し、極端にその場と周囲の人々の心を汚しているのです。そして往々にして、その場の本来の主旨が、その人のわがままのために失われてしまうという、ゆゆしき事態が生じてしまうものです。

ところで、さらに自己中心の思いが特に強い場合は、それが自己主張の強烈な分離ベクトルとなって周囲を威圧的に支配しているものです。この場合は、その人が何も喋らなくても、ただ無言のままそこに居るだけで、相手をいらだたせ、不快にし、自由を奪い、そしてそれが周囲への無言の強制となり、脅迫とさえなっているのです。

これでは周囲の人々は、常に苦痛と忍従を強いられ続けることになります。し

かし当の本人にとってはそれが結構楽しく、自分の思い通りに周囲が動いてくれるので、「これが自分の生き方だ」などと粋がり、それが既にその人の処世術となってしまっていたりするものです。

この種の人は一見外面は良く、仕事はできるようでも、身近な人を威圧し、強制し、自由を奪い、支配しながらしか生きることができない自己中心の暴力的な人格の人間であり、これは人間の中でも最低の部類の人間であると言えます。

どうですか、あなたに多少でもその種の「知らずに犯す罪」を犯してきた自覚が出てきましたか。

一五三　「知らなかった」は真理の前では通用しない

これほど周囲の人を傷つけていても、人間とは自分がそういう人間だとはなかなか気づかないものです。それは、わざわざ他人を傷つけようと思って傷つける程の大悪人はめったに居ないのであり、自分を主張した結果として相手が傷ついてしまう場合がほとんどであるからです。

さて、人間が決めた法律や規則に関しては、「私は知りませんでした」という言い訳は確かにある時は通用するでしょうし、その理由によっては罪を多少減じられることはあるに違いありません。しかしここで述べた未必の故意や無自覚の罪では、当然「私は知らなかったのだ」とか、「そんなつもりではなかった」とか言いたいでしょうが、そういう言い訳は超越人格の前では全く通用しないのです。

真理に関する事柄については、人間は本来真理に統一されている存在ですから、愛に反する行為をしておいて、「私は愛が大切なことを全く知りませんでした」という言い訳は一切通用しないのです。それは当然人間として知るべきことを知っていなかったということです。

また、文化には真理がある程度投影されていることから、文化に違反することがそのまま真理に違反することである場合は結構多いのですが、反対に文化の底辺には分離ベクトルが強い勢力を持って漂っているので、その文化の不完全さに触れるところでは、「文化の中では肯定されていることであっても、それが真理に反する」ということも当然有り得ます。特に戦後は外来の文化との係わりで、そのような問題が顕著に吹き出してきているのです。そして多くの人がその種の

「良いことのつもりで犯した罪」を犯し続けているのです。そしてあなたはその種の罪を恐れなければならないのです。

言い訳が全く通用しないのが真理の世界です。（文化の問題は前著『呪縛された日本』を参照）

一五四　人間とは他人に迷惑をかけないでは生きていけない存在である

人間というものは自分の都合で大地を削り、海と河川と大気を汚し、動物と植物を殺し、そして人間間でも常に周囲の人々に迷惑をかけ、そして周囲の人々にお世話になって生きている存在です。

「私は人に迷惑をかけたくないし、お世話になりたくないから独りで生きていく」とは大変立派な心がけですが、実はこの言葉は一つ間違うと謙虚さを装った傲慢さの表現となる危険性があります。

あるいはまた「この子を決して人さまに迷惑をかけない人間に育てたい」とか、選挙では「悪いことをしない清潔な人を選びたい」とはよく聴く言葉ですが、これも同じです。

人に迷惑をかけないことや悪いことをしないことは大変良いことではありますが、それ以前に既に人間は周囲の人々を傷つけ、周囲に多くの迷惑をかけ、悪いことをしてしまっている存在であり、人間とは善だけでも清潔だけでも生きていけない存在であります。そして人間は周囲にお世話になり、迷惑をかけてしまっても、互いに助け合い、主体命を成就するために生きて行かなければならない存在であります。

自分が気づいている部分だけではなく、自分の気づかないところで周囲の人々にいったいどれほどの迷惑をかけているか、そしてどれだけ周囲の人達を傷つけているか、それを時々はじっくり考えてみることです。十年前にあなたがついた嘘はあなたにとっては確かに一瞬であり、もう既に忘れてしまったささいなことかもしれませんが、それは相手にとっては重大なことであり、それは一生の問題であり、今だに相手はあなたの嘘で苦しみ続けているかもしれません。このようにあなたが知らずに積み重ねてきた重大な罪を、これ以上無視して通り過ぎることはもはやできないのです。

知って犯す罪にはそこに「苦しみの自覚」が多少なりとも伴っているものです。自明行の効果だって多少は伴っているものです。

ところが自覚なくして犯す罪は自明行的効果が全くないので、際限なくその罪を犯し続けてしまうのです。いつまでも周囲を傷つけ、汚し続けることになるのです。

それは群衆の中に放たれた猛獣のようなもので、大変に危険極まりないのです。知らずに犯し続ける罪は、それは宇宙から分離したままの分離ベクトルがどんどんエネルギーを蓄積して行くことを意味するのです。従って無自覚こそ何にも増して最も大きな罪なのです。あなたはそのことをもっともっと恐れるべきです。そしてあなたは決して「自分にはそのようなことはない」と言ってはいけません。そのあなたが知らずに犯す罪の恐ろしさを知るべきです。

あなたも人間の例外では決してなく、これまで知らずに罪をたくさん犯し続けてきているということです。そしてあなたはいまだにこの種の「無自覚の過失」をたくさん犯し続けているのです。

その「無自覚の過失」に対する現実的対応としては、自明行を積みながら自分の「知らずに犯す罪」を発見する努力をし、そしてそれでも「知らずに犯す罪」を犯し続けていることを前提に常々超越人格にお詫びしながら、周囲の人にも謙虚に接して生きる以外にないのです。そして人間にできるのはそこまでであり、それ以上のことは人間にはできないのです。あなたがそこまでできれば、これからも同じように「知らずに犯す罪」を犯し続けてしまっても、後は超越人格が必要な時に知らせて下さるのです。

「知らずに犯す罪」はいずれあなたの前にハッキリと現れて、知らされる時がくるでしょう。

それは自明行によって自分自身で発見するか、あるいは誰かに指摘されるかするでしょう。そしてもしそれをあなたが避け続ければ、ついには運命の中で否応なく自分の醜態を見せつけられるのです。

時期がきて、超越人格の愛の導きによって、あなたのこれまで犯してきた「知らずに犯してきた罪」を知らされたその時が、実は極めて重大な時なのです。

今までさんざん分離ベクトルを周囲にまき散らして周囲を汚し、迷惑をかけ続けてきていながら、分離ベクトルを指摘された時にそこで落ちこんでしまう人がいますが、いまさらここで落ちこむにはあまりに遅すぎているのです。自分が落ちこむ前に、そのことで周囲にさんざん迷惑をかけてきたことをこそ、最も重大視すべきです。これを比喩で言うならば、車で人をはねておいて、自分が落ちこんでいる暇はないことと同じです。この場合は自分が良いか悪いかさえも後の問題でしょう。まず何よりも始めに、骨折して血を流して倒れているその人のために、できるだけのことをすべきです。この緊急事態で落ちこむ人は、まさに自分のことしか考えられない自己中心の人です。

そこであなたは常日頃から「私は知らずに罪を犯し続けているに違いない」という前提で謙虚に生きることが必要なのです。それは超越人格へのお詫びの心で生きることであり、それは感謝に通じることから、それは感謝行の一部とみなされます。この「お詫びの行」を続けていけば、それは自然にあなたの雰囲気に身の程をわきまえた謙虚さとしてにじみ出てくるのです。それによってあなたの立場は確立され、その不完全な姿のままあなたは宇宙的に肯定されるのです。

そしてその上で、あなたが知らずに犯してきた罪の元凶となっている分離ベクトルを自明行によって発見した時は、素直にそれを認め、「主体」の立場で『自明の光！』を照射することです。

　生かされている不完全な人間側としてできるのはここまでです。

一五五　自明行ができないために犯す罪

　そして実は「知らずに犯す罪」のほとんどは、自明行ができていないために生じるのです。

　そこでもう一度、この「知らずに犯す罪」を例に、自明行という大切な行を上手に心を痛めないでできるようになるために、立場の確立という点から掘り下げてみましょう。

　まず初めに、あなたにはあなた本来の立場としての「主体」の立場があります。

　そして次に生かされているあなたの立場があります。生かされている立場とはそれは霊体と幽体からなる「主体体」の立場であり、それは現実のあなたの心と思ってる大部分です。

　次にあなたが自分と錯覚してはいるが決して自分自身ではない、しかし他ならぬこの自分自身が生み出した分離ベクトルと、生まれる前からのあなたのこの世での仕事として持ってきた分離ベクトルと、縁有ってあなたの幽体にベクトル共鳴して捕らえられた、意志と運命を作る力を持ってあなたに作用する分離ベクトルの立場があります。

このニつと一つの立場を正しく理解し位置づけすれば、あなたは自明行をもっと上手にできます。

人間の表面意識とはテレビのブラウン管や映画のスクリーンのようなもので、超越人格の理念も「主体」の心も、「主体体」の思いも、分離ベクトルの想念も全て同じように区別なく映し出してしまうので、表面意識に映し出された想念の全部を、あなたは自分自身と錯覚してしまうのです。

想念とは作られたものであって、あなた自身では決してありません。

そこで表面意識が「主体」に真っ直ぐ向いていて、「主体」の立場を強く反映してさえいれば、分離ベクトルを発見した時には、あなたは「主体」の立場に立って分離ベクトルを見下し、「決して自分ではない、自分のフリをして自分にしつこく巣喰う嫌なヤツ」として位置づけ、発見のきっかけとなった人や出来事に対しても心から感謝できるものです。このように「主体」の立場さえ確保できれば、人に指摘されようと、自分で発見しようと、その発見を心から喜び、心を全く痛めないで自明行を実践できるのです。

しかしもしもそこで分離ベクトルの立場に立ってしまうと、それを自分自身と錯覚し自己嫌悪におちいって落ちこんでしまうか、開き直って自己正当化に終始するかしてしまうものです。ですからあなたは絶対に分離ベクトルの立場に立ってはいけないのです。

そして分離ベクトルに直面して、開き直ったり、落ちこんだり否定的になることは、あたかも健康診断でせっかくガン細胞を発見しても、自分の体を護る立場に立てず、ガンの立場に立ってそれを認めようとせず、ガン細胞のために言い訳しガンをさらに増殖転移させるために努力しているようなものです。何もわざわざガン細胞の立場に立ってガン細胞に同情して、自己嫌悪に落ちこむ必要はないのです。

ましてや、ガン細胞を発見してくれた医者に向かって怒り出したり文句を言ったりするのは、まさにガン細胞の立場になり切っている末期的症状としか言いようがありません。

どんなことをしてでもガン細胞には死んでもらうか、正常細胞に変わってもらうかしなければならないのです。超越人格から預かったこの肉体の健康管理を十分にしなかったことを、超越人格と自分の体にお詫びすることは自然の心の動きです。そしてガン細胞を発見したこの場合は緊急事態であり、いっ時も早くガン細胞を退治しなければならない場面です。言い訳しても自分自身のためにはならないばかりか、ガン細胞を勇気づけるだけで、やがて取り返しのつかない状況に追いこまれるのは明らかです。

一五六　分離ベクトルを発見した時に最初にすべきこと

分離ベクトルに直面して一番初めにすべきことは、あわてて蓋《ふた》をして、自分の意志力で分離ベクトルを押しこめようとしたりすることではなく、もちろん強引に正当化することでもなく、自己嫌悪に落ちこむことでもなく、その原因を追及して自分を責めることでも、自分を裁くことでもありません。

あなたが初めにすることは、「主体」の立場で、「分離ベクトルを発見できて本当に良かった、私はこれでまた一つ成長することができた」と超越人格に感謝し、大いに喜ぶことです。

そしてあわてずゆうゆうと『自明の光!』を照射し、後の処理を超越人格に委ねてしまうことです。

発見した分離ベクトルが大きければ大きいほど、その分離ベクトルを今まで野放しにしてきて、周囲に迷惑をかけてきたことを謙虚に認め、周囲の人々にそして「主体」と超越人格に生かされる立場からお詫びをするのです。そこで次に、あなたは、例えば次のようにお詫びし感謝し、それを祈りにまで高めるのです。ここがあなたの「救われのための回帰点」であり、新しい人生の出発点となります。


【回帰点の祈り】


私の、これほどの無知と傲慢とそれによる身勝手から、いつも皆さまを傷つけ、周囲を汚し、多大なご迷惑をかけ続けてきたことと、それを知らずにこれまで生きてきたことを大変申し訳なく思います。

どうぞこれまでの私の不徳をお赦し下さい。そしてこのような私でもこれまでずっとお付き合い戴き、ここに置いて戴いたことを、《超越人格》さまにそして皆さまに心から感謝いたします。

私は今、心素直で謙虚な人に生まれ変わりたいと心から願っています。

《超越人格》さま、このような私をよろしくお願いいたします。

突然、自分に巣喰っていた分離ベクトルに直面すると、「はて、自分はどうしたらよいのだろうか」と、オロオロしてしまうものですが、その時はここへ戻ればよいのです。ここを新しい出発点として、以後しばしば確認します。これは一語一語丁寧《ていねい》に声を出してゆっくりと噛みしめて読み上げることで祈りがしみこみ、次第にこの祈りのままの内側の真実の自分の気持が表面意識に引き出されてきます。

ところで、しばしば「お詫びなどしたらメンツがつぶれる」として口が裂けてもお詫びをしようとしない人を見かけますが、そのような人は「お詫びは自己否定につながる」と大変な誤解をしているのです。それではお詫びなどできるはずがなく、この【回帰点の祈り】すら素直に祈れないでしょう。

もし、【回帰点の祈り】さえ実感を持って祈れない場合は、次頁に示す祈りを先に祈ります。

ここでお詫びとは分離ベクトルを持ったままの自分の現実の立場を位置づけることによって自己肯定をすることとです。そして「お赦し下さい」という気持に至るからこそ、初めて超越人格に、即ち真の自分に赦されて自己肯定が完了し、おだやかな安心に包まれた救われの実感を持つことができるのです。

もし「赦して下さい」という気持に至らないならば、それは『思い通りに成る法則』から明らかなように、超越人格による「赦し」はいつまでも完了せず、自分自身にもいつまでも赦されず、従っていつまでも自己肯定できず、いつまでも救われの実感を持てないのです。つまり幸福に成れないのです。

自分自身に赦されていなければ、いつも心がすっきりせず何かが胸につかえていて訳もなく心が暗く重く、未来が不安なものです。そこで不安を振り払おうと強引に自己正当化をして変に自信があるように振る舞ってみても、それで真の自己肯定ができるはずもなく、結局は自分を卑屈に、安っぽく見てしまい、その苦痛が表情ににじみ出てくるものです。

【お詫びによる自己肯定の祈り】（現実の自分の状況に合わせて多少言葉を変えても良い）

私は自分の非を認めるのがいやで、忠告を受け入れず、へ理屈を並べたて、強引な自己正当化に終始して暴れまわり、醜態をさらし続けています。

私のこれ程の無知と傲慢とそれによる身勝手から、私は周囲から浮き上がってしまい、私の係わることがことごとく周囲の調和を乱し、しかも私は虚勢を張って、周囲の人達の思いやりに満ちた忠告に逆らい、人々を傷つけ、場を汚し、周囲の人々の運命を狂わせ続けています。

それにもかかわらず、私はいまだ「申し訳ありません」とお詫びする素直な気持に至らず、「どうぞ私の罪をお赦し下さい」という謙虚な気持に至らず、そして赦しを求めないが故に私は超越人格にも、そして自分自身にもいつまでも赦されず、そのために私はいまだ救われの実感を持てないのです。

私は多少は考えて生きてきたつもりでしたが、それでも周囲をかき回し、私自身も救われていないのは『一切を皆さまに支えられて生きていることに気づかず、一人で生きているような大きな顔をしていて、自分の傲慢さを決して認めていない』からであることがやっと分かりました。このような私が今後罪を重ねず、救われるためには『周囲の人の忠告を逃げずに正面から受け入れ、自分の非を素直に認め、心からお詫びすることで赦しを乞い、自分の立場を謙虚に確立すること』それ以外にありません。

そしてこのような私でも、追い出されずにここに置いて頂き、生きることを許して頂いていることを心から有り難く、そして申し訳なく思います。どうぞこれ程の私の無知と傲慢をお赦し下さい。

私は、心素直な人に生まれ変わり、謙虚に生きることで今度こそ本モノの救われを得たいと願っています。《超越人格》さま、このような私をよろしくお願いいたします。

7節　判断放棄の自明行

一五七　自分の判断そのものに『自明の光！』を照射する

もし、あなたがこれまで築いてきた自分に都合の良い「真理もどき」を大切にしたいのなら、一切の自明行は必要ありません。しかしあなたは、自分の「真理もどき」が決して真理ではないと知っているからこそ、今真理を求めているのです。この基本的立場をここで明確に確認しておきます。

そこであなたは、「自分が正しい」という価値観そのものに『自明の光！』を照射し、自分のこれまで築いた物差しを捨て切るのです。「自分にはまだ何も判断はできない」という立場に徹することです。

それが今のあなたに必要な「真理に対する立場の確立」です。もし「自分で判断できる」と思えば、そこがあなたの成長の最終地点です。ですからどこまでも「自分にはまだ分からない」に徹しなければなりません。自分が正しいと思っていることであっても、判断そのもの、そしてその判断の根底となっている価値観そのものを、帰一によって一たん超越人格にお返しするのです。そして、してしまった自分の判断に『自明の光！』を照射するのです。

この際、「泥棒や人殺しや戦争が善いか悪いかさえ、今の私には分からない」とまで自分の判断を放棄してみることです。それはただ機械的に放棄するのではなく、実質的意味を持ってそこまで徹底して判断を放棄することができれば、大きな自明行の効果が期待できます。自分の判断をつかまないことの必要性は既に何度も述べたことですが、この作業を特に「判断放棄の自明行」として以下に示します。

一五八　自分から湧いてくる一切の判断を放棄する

「判断放棄の自明行」は既にお気づきのように、私の霊修行の第四教程に相当します。

あなたが大きく生まれ変わり、自分の個性を輝かせて真の幸福を得ることができるかどうかは、まさにこれを成就できるかどうかにかかっています。

人間というものは勝手なもので、人を見ても世の中の事象に接しても、その状況の全てを知らないにもかかわらず、「あの人は善い人だ」とか、「あの人はダメな人だ」とか、「○○首相は○○しなかったからダメだ」とか、「あのことはきっと失敗する」とか、「あの時そうしなかったから今がこうなのだ」とか、「あの出来事は当然の報いだ」とか、「戦争になったのは○○が悪いからだ」などと自分が正義の立場に立ったつもりで、自分の勝手な物差しを振り回しているものです。それはもう大した訳もなく日常的に人や物事を批判し、人や物事を裁き続けているものです。自分の中に居るそのようなうるさい感情や批判や裁きの想念を、あなたは見逃さずに正しく見抜いていますか。そして、自分のゆがんだ「真理もどき」の物差しをいつも得意げに振り回していることを見抜いていますか。

このような湧いてくるうるさい勝手な評価や批判や裁きは一切受け入れてはならないのです。それは、「隣に座った知らない人が言っていた」程度の意味しかないのです。この分離ベクトルのささやきは押さえつけようとしてもうまくいきません。無視することです。それを前提に動かないことです。

特に霊的な体質の人や直感で生きる人は「感じる」ことが強烈であり、「あの人の背後に霊が見えた」とか「あの場所に行ったらこんな気配がした」とか「こんな夢を見た」とか「占いでこう出た」とか、そういう潜在思考からくる判断や霊的判断に確信を持ってしまいがちです。そして自分の感じることを、神の言葉でもあるかのように思って行動するために、運命の選択を誤ってしまうのです。

あなたの潜在思考からくる「こう感じた」が、しばしば当たっているとすればなおさらのこと、その直感にあなたは結構自信を持ってしまっているものです。しかしそれはいまだ統一人格とは成り得ていない極めて不完全な未統一者としてのあなたが、超越意識を無視して、潜在意識との係わりで情報を集めて判断している姿なのです。つまりその判断はあなたの人格を越えるものではないのです。従ってそこには何の絶対性もないし、あなたの人格を越えるものに対しては全く通用せず、超越意識からみれば大きな判断ミスを犯し、不幸の運命を選択してしまうのです。

この種のあなたの時々当たる直感は明らかに潜在思考であり、決して今求めている超越思考ではありません。超越思考に至らないまま潜在思考を信じたりすることは、人生の大損となります。

この「カン」はつまらないことに関してはしばしば当たることもあるだけに、そのカンに頼ろうとしてかえって潜在意識に引きこまれてしまい、分離ベクトルに振り回されてしまうのです。

心に湧いてくる「ああ思う」「こう感じた」が絶対に超越意識からくる超越思考と思ってはいけません。つまり統一人格に成る前の直感で感じたり霊的に感じたりするものは、明らかに潜在思考であり、決して超越思考であるはずはないのです。ここを何度も自分に強く言い聞かせるべきです。

これらは全て分離ベクトルとして『自明の光！』で処理してしまいましょう。

つまり判断放棄の修行は、自分の感じることを徹底的に否定していくという点で、超能力開発や霊能力開発とは全く正反対の修行となっていることに注意して下さい。そのことからも、私があなたを導こうとする世界は、霊能力や超能力をはるかに越えた世界であることが分かるはずです。

一五九　分離ベクトルの尤もらしい誘惑に惑わされるな

さて現実の多くの人間は常に、潜在意識を通して去来する分離ベクトルの「ああ思う」「こう感じた」という潜在思考の世界に生きているのであり、それはまさに分離ベクトルの誘惑に振り回されて生きているという、全く始末の悪い状況にあるのです。

分離ベクトルとは潜在意識の意識体、即ち低級な人格の生き物であり、潜在意識を通してあなたを自分の勢力に取りこみ、あなたを分離ベクトルの奴隷状況に引きこもうとしているのです。分離ベクトルの奴隷に引きこまれてしまえば、あなたはそれを自分の意志と錯覚し、それを自分の自由として主張し、「主体」の立場を放棄し、分離ベクトルの立場を守ろうとしてしまうのです。

悲しみの分離ベクトルはあなたの最近の体験の中から、その悲しみを尤もらしく組み立てて、あなたを悲しみの世界に引き入れようとします。

怒りの分離ベクトルはやはりあなたの体験の中から怒りの材料を見つけてきて、怒りを当然と思うようにあなたを誘惑し、あなたを怒らせようとします。

わがままの分離ベクトルはあなたの都合だけを強調し、そのわがままを当然と思うように、様々な理由を見つけ出してきては、それを強引に周囲に押しつけようとします。

不安の分離ベクトルは、その不安の思いを具体化しようとして、わざわざ悪い予想や想像をふくらませて、あなたを不安の中に誘いこもうとします。

そして不満の分離ベクトルは、わざわざ最近の体験の不都合だけを拾い集めて、あなたを被害者に仕立て上げ、不満の黒雲であなたの「主体」の心を覆い隠してしまおうとするのです。

そしてさらにある種の強い分離ベクトルの勢力は、あなたの思いこみや錯覚が作り出す不安や疑心につけこんで、強い脅迫観念となってあなたの弱点を狙い打ちしてきます。この脅迫観念に占領されてしまった時は、統一行によって超越人格に一心に帰一します。この時こそ「善か、悪か、良いか、悪いか」という判断を放棄し、その判断を超越人格に委ねるのです。この徹底した判断放棄の自明行により、強い分離ベクトルの支配から逃れることができます。またベクトルの出所がハッキリしていて、ベクトルがいまだあなたの体験の中から材料を集め切れず、具体的内容を作り上げていない段階ならば、祈り、『自明の光！』を照射し、「消えろ！」と命令すれば消え去ります。

うるさく去来する感覚・評価・批判・裁きや、この種の錯覚や否定的な感情想念が判断放棄によって清められれば、あなたの潜在意識はかなりきれいになったと言えます。しかしこれらの中にはあなたの「主体体」を通して清まろうとして周囲から来るものもかなり有り、現実には皆無にはなりません。

特に統一行では神が見えても蛇が見えても、一切を分離ベクトルとして扱う徹底した判断放棄が必要です。ここでベクトルは善悪で区別するのではなく、善悪を超越して、あなたの今の心境での必要か不必要かの区別なのです。この統一行の真実を現実の修行に応用すれば、「主体」にとっての必要不必要を自分で、あるいは超越人格に判断して頂く姿勢で「必要不必要の自明行」を実践するのです。

つまり、以前は必要であった統一ベクトル（必要ベクトル）でも、今のあなたにはもう不必要となったベクトル（不必要ベクトル）であり、それは分離ベクトルとして扱われるのです。

例えば、プライドや勝ち気は以前のあなたには生きる力となっていて統一ベクトルであったとしても、「自然《じねん》」の生き方を求める今のあなたには既に分離ベクトルとなっているのです。

一六〇　ベクトル共鳴で現れる現象の意味を詮索しないこと

全ての現象は、ベクトル共鳴により人格的意味を持って現象世界に象徴的にあるいは比喩的に現れるのです。そしてそれらの現象の中にはそのベクトルの意味が明確に分かる場合もあります。

それはあたかもあなたの心境を象徴するかのように、これから起こる運命を示唆するかのように、近未来の事故を警告するかのように、あなたに罰を与えるかのように、あなたを祝福するかのように……、ベクトル共鳴はいかにも意味有りげに小さな出来事や夢の中にさえ現象化してきます。

ところで、その夢や出来事の中からベクトルの持つ意味を探ろうとすることは救われには決してつながらず、かえってわき道に入って迷ってしまい大変に危険です。忘れてならないことはベクトルは現象化することで消滅したのであり、消滅した意味をわざわざ詮索《せんさく》して探り出す必要は全くないのです。

さらに手相とか姓名判断とか様々な占いも全てベクトル共鳴による表現形式なのですが、占いで未来を探ろうとしても、それは潜在意識のベクトルが作る未来の運命の「材料」を見ているに過ぎず、それは超越人格の係わる未来ではなく、運命の本筋では決してないことを知らなければなりません。

ただし、統一人格の周辺では超越人格が直接係わって啓示的にあるいは警告的に、ある重要な内容を象徴化して示すベクトル共鳴も確かにありますが、それはあなたが否定しても否定しても、心に深く刻みこまれるものです。そこで、あなたの心を明るくし、勇気づけてくれる内容ならその意味を解釈しても良いことにしましょう。しかしいかなる場合も、独善的解釈や限定した意味の解釈は禁物です。

ですからいかなる意味有りげなベクトル共鳴も、一たんは徹底した判断放棄によってその意味の解釈を放棄し、『自明の光！』を照射し、単純に『全ては超越人格の愛の導き』として受け取ることです。

一六一　判断放棄の後に超越思考が与えられる

判断放棄の自明行によって潜在意識が清められると、潜在思考がかなり抑制され、次第に超越思考が優先的に働くようになってきます。このように超越思考とはいっ時霊能力も超能力も否定して、潜在意識の係わりを一切否定し、潜在意識の判断を通さずに超越意識から直接行動する行動様式なのです。

それ故に超越思考を得るには、判断放棄によって「ああ思う」「こう感じた」を徹底して無視して、誠実さを基本に行動するだけでよいのです。いちいち神さまにお伺いを立てて行動したり、未来を透視したり、霊的判断に頼って生きることとは人間の自由性を著しく損なうことになるのです。このような生き方を続けていると極めて不自然な生き方になり、結果として主体性を失ってしまいます。

超越思考を得れば、感覚も感情も判断もそれなりの超越思考の裏づけを持って、超越思考の補助機能として再び還ってきます。むしろあなたの潜在意識が清まれば、吸い取り紙のように周囲の分離ベクトルを吸収して、あなたの「主体体」を通して清まっていく時にうるさい想念として感じたりすることがあります。それはもう既に、超越人格の指導の下に周囲の人を清める仕事をさせて頂いている姿です。それは無自覚の中で為す立派な愛の行為なのです。

しかし反対に、いまだ潜在意識が清まっていなければ、あなたの持つ分離ベクトルに共鳴して汚い世界から様々な分離ベクトルが「主体体」を通して入って来て、不調和な想念を強めたり、肉体に障りを生じたり、運命に悪影響を与えたりします。ですから悟ったつもりになったり、人を見下したり、清めてやろうなどという傲慢な姿勢は絶対禁物なのです。傲慢はわざわざ分離ベクトルを呼びこむ結果になるので、体質的に感じやすい人は、特に謙虚さが必要なのです。

一六二　嘘発見の自明行の前に必要な判断放棄の自明行

「ああだ、こうだ、好きだ、嫌いだ」と、うるさくつきまとう感覚や感情や判断を自分から一たん切り離すこと、他人の言行にいちいち引っかかるように出てくる自分の想念の一切を信じないこと、これら去来する想念は全て、「超越人格の愛の導きによって分離ベクトルが消えて行った姿」として処理し、見つけ次第『自明の光！』を照射してしまうことが「判断放棄の自明行」です。

これは実は前に導入した、自明行のために表面意識の判断を一切捨てるという作業と同じであり、それを徹底するための行がこの「判断放棄の自明行」です。

自分の常識というものは、常に自分の利害に都合よくできているものです。このような常識に頼っているうちは自明行は成就できません。あなたのこれまで築いてきた「真理もどき」という常識が狂っているからこそ、自明行が必要であることを忘れてはいけません。そうでしたね。

多くの場合、自分が利益になることが正しい常識、自分が不利益になることは間違った常識と決めつけて、人々は安心しているものです。政治問題、経済問題をとらえる目に、この種の混同がみられます。

この自明行も当然「嘘発見の自明行」の範疇《はんちゅう》に入るものですが、強烈な分離ベクトルだけに、これを見破ることが難しく、一たん判断放棄をした方が分離ベクトルを発見しやすくなるので、ここでは「判断放棄の自明行」として書いておきます。そしてここで求められている自明行は自分の利害を越え、常識を捨て、判断を超越人格に委ね切る訓練です。

蛇足ながらつけ加えれば、利害を利害として主張することは自明行に反しません。利害を善悪の問題にすりかえて主張することが、嘘になるのです。

一六三　指導される時と「全体」に係わる時に必要な判断放棄の自明行

この「判断放棄の自明行」が特に必要となるのは、組織の中で人に仕えたり、指導者について指導を受ける時です。組織の長を自分の狂った物差しで評価しているのでは、いつまでも組織の中にあなたの立場は確立しません。組織の長の主体命に組織の主体命を重ねて見つめていなければなりません。まして指導者の主体命を見つめて、それに無条件に従えないのでは、あなたへの指導は初めから成り立たないのです。

さらに「判断放棄の自明行」は、あなたを支配している文化的社会的呪縛を根底から解き放ち、それを一気に越えるためにも特に必要です。「それが正しいと教えられたから正しい」、「みんながそう言うから正しい」、「マスコミがそう言っているから正しい」……では困ります。この種の呪縛を排除するためには徹底した判断放棄の自明行が必要です。

つまり現代の私達は欧米文化に由来する強烈な文化的呪縛を受けているということです。呪縛されたまま歴史や社会の事象を評価はできないのです。呪縛された状況で社会的出来事や歴史的事象を安易に裁いてはいけないのです。

そして何よりも私達は歴史を正しく評価するほど十分な資料を持ち合わせてはいません。作為的に作られた史実や演出された事実をいくら集めても、真の歴史は語れません。歴史は一続きであり、それを分断して一つの事象だけを批判することは無意味なのです。社会的事象や歴史的事象についてはめったに評価・批判・裁きをしてはなりません。たとえ歴史や社会の事象を批判してしまっても、「でも本当の所は私には分からない」と自分に言い聞かせ、自分でも自分の評価を決して信じないことです。

一六四　超越人格の愛を確信して判断放棄の自明行を決意しよう

超越思考を得れば、表面意識で判断しなくても、絶対の認識である超越意識で判断できるのです。

しかしその場合の判断とは演繹《えんえき》的に積み上げて下す判断ではなく、宇宙という「全体」を自己の体で感じて、その中から直感的に下される判断であり、一般には判断と行動は同時であり、あるいは表面意識の判断を経由しない、超越意識からの直接の行動でさえあります。それ故に私は前著で、超越思考を超越行動とも呼びました。

超越思考による判断を得るためには、人知を越える内容の判断は一切、超越人格に委ねておく日頃の姿勢が必要なのです。人間の、つまりあなたの能力を越える一切の判断を超越人格に委ね切ること、それが「判断放棄の自明行」の主旨でもあります。

歴史や政治の問題に関しては今回は取り上げませんが、社会や民族や文化の問題にあなたが係わるためには、この「判断放棄の自明行」を卒業することが絶対条件です。

さらにせっかくの自明行が自己流におちいり、いたずらに想念をかき回し、精神分析になってしまわないためにも「判断放棄の自明行」は必要です。精神分析は決して自明行ではなく、判断放棄とは精神分析をも放棄することです。下手に善悪を決めようとしたり、分離ベクトルの原因を探ろうとすると精神分析になってしまいますから十分注意が必要です。

さてここで、「判断放棄の自明行」に関して書こうとすると、超越人格の厳しい面が強く出てきますので、私の言葉もかなり厳しい調子になります。いいですか、心して以下を読んで下さい。

あなたが常に自信を持って下している評価や批判や裁きという判断が常に正し

いとするならば、あるいはあなたが思うことや感じることを正しいという前提で生きているとするならば、あなたは肉の身を持ったまま既に超越人格と成ったか、それとも傲慢の極地にいるか、そのどちらかです。

そしてあなたが既に超越人格と成っているのであれば、あなたはいまさら自明行を必要とはしないのです。あなたの判断が正しいのならば指導者も必要ないし、この書を読む必要もないのです。今のあなたは絶対に統一人格でも超越人格でもないのです。

そのことを強く肝に銘じて下さい。実はあなたの判断が上司や指導者の判断と食い違った時、あるいは私の判断と違った時、その時こそあなたが自分の枠を大きく越える絶好の機会なのです。

その時こそあなたの限界が露呈した時であり、自分の限界を知らされた時なのです。それ故、超越人格は「その時」を待っておられるのです。

全ての運命と環境は超越人格の「手」を通してあなたに与えられるのでした。そのことを思い出せば、何も相手が、自分が師と仰ぐ人ではなくても、それがたとえ日頃自分を快く思っていない人の意地悪な批判や行為であっても、あるいはその人に自分の行為を裁かれた時であっても、その背後には超越人格の導きがあるのであり、それこそあなたの絶好の「判断放棄の自明行」のチャンスなのです。「判断放棄の自明行」は、これまでの自分を徹底的に捨て切る行であり、あなたが根本的に生まれ変わり、真の人生を歩むためには絶対に必要な「行」なのです。あなたはこの行を通して、自分を捨て切ることによって生まれ変わるのです。「判断放棄の自明行」は、あなたにかなりしつこく食らいついている傲慢という分離ベクトルを、『自明の光！』で清める「行」なのです。

超越人格は「判断放棄の自明行」を実践することで、あなたを謙虚な人間に導いて下さるのです。

一六五　傲慢を捨て謙虚であれ、あなたは人を批判する立場にはない

よくよくあなたの心の姿勢を見つめて下さい。

例えばこの書を読む姿勢にしても、自分は分かっているという傲慢な立場から心のどこかで批判したり評価したりして読んではいませんか。そういう傲慢さこそ自分の立場を見失っている姿であり、真理に対する立場の確立ができていない

姿なのです。納得できることには涙が出るほど感動しても、分からないことや理解できないことにぶつかった時、あなたの高見からの判断と批判がうるさく出てきて、「ああだ、ここだ」「こう感じた」「ああ感じた」とやり始めることはないでしょうか。

この書に理解できない所が有るならば、それは理解できないでいいのです。それはあなたの真理の理解がまだ浅いというだけのことです。必ずいつかはそれを理解できる時がくるのです。

この書の中に不完全さを見い出しているとするなら、それはそれを不完全と見てしまうあなた自身の不完全さが浮き出してきたことなのであり、それは百パーセント純粋にあなた自身の問題なのです。

あなたは間違ってもこの書を批判する立場にはありません。あなたは今は批判される立場にいるのです。それを謙虚に認めることが、今のあなたの真理に対する立場の確立なのです。そのことを決して忘れないように。

どうですか、あなたの真理に対する傲慢さに少しは気がつきましたか。虚構の砦の中は傲慢の方が住み心地がよいので、それを失うのが恐いのではありませんか。

『あなたの人間やりなおし』の強い決心が今揺らいではいませんか。さあここでもう一度気持を引き締めて下さい。

一六六　苦肉の妥協策、「条件つき判断放棄の自明行」とは

本来、「判断放棄の自明行」は私が霊修行でそうしたように、一切の判断を一たん放棄し、超越人格に表面意識と潜在意識をある程度きれいに清めて頂くまで続けなければならないのです。

そして超越意識につながり、超越思考に達すれば、また再びあなたの判断は光輝いて戻ってくるのです。

しかし、現実には判断放棄をしようにも日常の生活も有るわけですし、組織の中に居ればそうも言ってはいられません。

そこで、妥協策として「自分の判断すべきこと」と「自分で判断してはならないこと」を明確に分けることにしましょう。そのために、自分の判断できる分野と自分の判断できない分野をまず見極めるのです。

そして「行」の実践の間は「どうしても判断しなければならないこと」に関してのみ判断をして、それ以外はしばらくの間じっとして、超越意識との統一が回復するまで待つのです。

日常生活の中でどうしても判断すべき分野とは、今すぐ判断しなければ立場上無責任になる事柄に関してです。

判断できる分野とは、そのことについて、あなたが判断に足る十分な情報を持っている場合のことです。

そして、さらにそれがあなたの真理の理解の範疇にある場合のことです。

反対に言えば、判断してはならない分野とは判断できない分野のことであり、それはあなたがそのことについて判断すべき十分な情報を持っていない場合であり、さらにあなたの理解の範疇を越えるものについてです。

世の中には、自分の理解の範疇を越えるものについていたずらに評価したり、批判したり、しかもそれは好き嫌いの物差しでの判断に尤もらしく理屈をつけたものであったり、実に傲慢な判断が蔓延しているものです。

それがいかに潜在意識を汚し、人間関係や社会環境を不調和なものにしているかを知るべきです。

従って、これは確かに「判断放棄の自明行」としては不完全なのですが、このように判断の可否を分けること、あるいはいっ時の間、判断を保留することだけでも十分な効果があるものです。

これは「条件つき判断放棄の自明行」と呼びましょう。

判断してはいけない場合の例を極めて単純化して示せば……、
子供は大人の世界に口を出してはいけないということです。

他人のプライベートに関してとやかく言わないことです。

他文化に干渉してはいけないということです。

社長や上司の判断をあなたが安易に批判したりしてはいけないということです。

自分より真理について理解が進んでいる人に対しては断定的に批判をしたり、対等な意見を言ったりしてはいけないということです。

これらは全て立場の逸脱であり、それは真理に対する傲慢という分離ベクトルを発生し、潜在意識を極端に汚し、それは強烈な秩序破壊の効果を持つのです。

8節　もう一つの妥協策「理不尽の理の自明行」

一六七　多くの人は判断放棄ができない

自分の判断を常に正しいと思いたい人は、自分に都合の良い「真理もどき」を大事にかかえる人であり、その真理に対する傲慢故に結局自明行を成就できないのです。

そして自分の判断に自信を持てない人の方が、真理に対して謙虚であり自明行を成就できるのです。

私がこれまで多くの人々を指導してみて思うことは、この「判断放棄の自明行」が自明行の中でも最も難しいようです。

その理由を考えてみると、この書に出会うまで、多くの人々は自分が常に正しいと思える傲慢が作り出す根拠のない自信にすがりつき、その自分中心の錯覚の世界に住むことで仮そめの安心を得て、それを生きる支えとして生きてきた所があるからです。自分が常に正しいと思えることは、自分が神だと言っていることに等しいのであり、今その神を失うことはとても恐怖なのです。

ですから人がその自分本位の偽物の神を捨てることができる時は、普遍の真理に触れ、超越人格の愛の導きを知り、その超越人格に自分の運命を委ねることが多少でもできるまでに成長した時なのです。

つまり真に超越人格の愛の導きを理解できたその時に、人は初めてその傲慢さと錯覚の自信を自ら捨て去り、「虚構の砦」を自ら出る勇気を持てるのです。

一六八　指導者の理不尽と思える言葉を純粋に自分の側の問題ととらえる

組織の長や指導者の言葉があなたから理不尽と思えるのは、単にあなたの判断基準が間違っているからなのです。もちろん数の中にはそうでない場合もあるでしょうが、自明行を成就するためには、一たん「全ては自分の側の問題である」として受け取ることが必要です。

これは他明行ではなく自明行なのですから、改善すべき問題は常に指導者の側のことではなく、純粋に自分の側だけであると決めつけてしまうのです。そのことを常に自分に言い聞かせなければなりません。その徹底した姿勢が自明行を成功させます。

ですから事が起きてそれが「自分の側の問題である」ととらえることができれば、自明行はできていることになります。

従ってあなたからは組織の長や指導者の言葉や行為がいかに「理不尽」と見えても、それを自分の問題として受け取り、そのことを決して否定せずに、自分自身の真理の理解がまだまだ浅いことを謙虚に認めることです。そして自分の判断を放棄するのです。

組織の長や上司の言葉や指導者をゆがんだ意地悪な目で見ていて、狭い心でその揚げ足ばかり取っていて、指導者の不完全な言葉や行為でも見つけようものなら、鬼の首を取ったように喜ぶ輩《やから》をしばしば見かけるものです。

これはもう問題外のさらに外であり、何をか言わんやです。このような輩は指導される立場を初めから拒否しているということであり、これは極端な立場の逸脱であり、宇宙の中で孤立する道を選択してしまうことになるのです。

一六九　導かれる側が大切にしたい言葉「理不尽の理」

「判断放棄の自明行」は難しいので、もう少し具体的に実行しやすくし、形式化して説明しましょう。それがこの「理不尽の理」の自明行です。

「理不尽の理」とは、未統一者の今のあなたには理不尽と思えることであっても、実はそのことの裏に宇宙の「理」、真実の「理」、超越人格の「理」が隠されているという意味です。

あなたが統一人格を求める人であるならば、組織の長や上司や指導者の言葉や行動がいかにあなたからは「理不尽」に見えようと、その奥に真実の「理」が隠されていることを確信しなければならないのです。

当然その方は統一人格であることが望ましいのですが、もしそうでなくてもそれに準じることとして理解して差し支えありません。真実、運命を創っているのはあなたを導く超越人格とその方を導く超越人格なのですから。

この理不尽と思える場面は、組織の中で生きていれば、そして指導を受けていれば必ず到来するものです。そこで指導の言葉をすぐに否定するようでは、いまだ立場を確立していない姿であり、そしていまだその組織で生きる資格も指導を受ける資格もできていないということです。

いかに不都合なことを指示されても命令されても、それを自分の判断でいじり回さずに一たんは正面から受け入れなければならないのです。逆に言えば、それだけの信頼関係がなければ組織の縦関係も、人生の指導も初めから成り立たないのです。

一七〇 「理不尽の理」で指導者への信頼の実態が自分でも知らされる

例えば上司に「今日中にこの仕事を済ませよ」というような一見物理的に不可能と思えることを求められても、すぐに常識や自分の判断を振り回したりして拒否したり、すぐに「できません」と反論したりしてはいけないのです。

一たんはそれを正面から受け入れて行動を起こすべきです。本当にそれが不可能ならば行動を起こした後に、その結果を持って不可能であることを上司に示すべきです。あるいは上司があなたの前で失敗と思えることをした時に、あなたの心がそのことに引っかかってはいけないのです。もちろん犯罪に係わるようなことは論外であり、その場合は当然常識的に処理すべきです。

この例のような自明行は、あなたの癖となってしまっているところの、すぐに拒否したり反論しようとする心の偏狭さを自覚させて、心のゆとりと好意と多くの可能性をもって物事をとらえるための訓練なのです。同時にそれは、あなたの一生に何度かは訪れるであろう最も大切な、あるいは最も危険な運命の分かれ道の場面で、あなたが上司や指導者の言葉を躊躇なく正面から受け入れなければならない時のための訓練でもあるのです。それは例えば火災避難訓練みたいなものでしょうか。非常事態での上司や指導者の言葉は、あなたには全く矛盾に満ちた言葉に思えるかも知れません。しかしそこで躊躇している余裕はないのです。あなたを導いている超越人格は日頃からしばしば理不尽な課題を与えてみて、その時のあなたの反応を確認し、以後の運命を創るのです。

「理不尽の理」にはこの避難訓練的要素の他に、先に述べた単純に真理の理解が浅いために、指導者の言動行為を正しく理解できず、また心がゆがんでいて相手を悪意にしか解釈できないために、それらがみな理不尽と思える場合があります。初めはこの種の「理不尽の理」の方がずっと多いでしょう。

そしてどのような場合であれ、あなたは上司や指導者の言葉を超越人格の言葉として受け取り、そこに重大な意味を確信して、その言葉や行為を正面から受け入れなければなりません。あなたは日頃は上司や指導者を深く信頼しているつもりであっても、「理不尽」に出会ってみて初めて、あなたの上司や指導者に対する信頼の浅い実態を強く知らされることになります。

そして「上司や指導者の言葉の、納得できる所だけを受け入れよう」という態度では、すぐに「理不尽」に直面し、あなたの成長はそこで停止します。都合の良いところだけ判断放棄するのでは、判断放棄の意味にはならないのです。

また誰が見ても決して理不尽ではないことを、あえて「理不尽の理」としてしまおうとするずるい人もいます。

「理不尽」を徹底して自分自身の側の問題としてとらえて「判断放棄の自明行」を実践することで、これまでより信頼を一歩深めることができるのです。そして反対に自明行ができなければ信頼は損なわれていくことになるのです。

「理不尽の理の自明行」あるいは「判断放棄の自明行」のもう一つの重大な意味は、それができるようになるとあなたの潜在意識の障害がなくなり、超越意識からの直接の指導が円滑にできるようになることにあるのです。つまり表面意識を介さずに指導できるということは、私が超越意識を通して遠方にいるあなたを超越思考によって直接指導できるということです。

これは指導されるあなたにとっては最も楽な導かれ方であります。

一七一 「理不尽」はあなたの殻を破る材料である

あなたからは「理不尽」と見える納得できないことや理解できないことは、例外なく近い未来にあなたの殻を破るための必要な極めて重大な事柄であり、それ故にその「理不尽」と思えることを特に大切に判断を放棄したまま、「未解決の問題」としてあなたの心の中に大切に保管して置きなさい。

「理不尽」と見える言葉や行動の中には、このように実に奥深い宇宙的「理」が隠されているものなのです。それ程のことであることが次第に理解されてくるにつれて、上司や指導者に対する信頼が深まり絆も強くなってくるのです。

「理不尽」は指導者の言葉に限らず、一般の日常生活の中で周囲の人々からあなたに対する批判や注文としても向けられるものですが、それをも超越人格のテストと感じて、一たんは正面から受け入れることが「理不尽の理」による「判断放棄の自明行」の実践なのです。

その場面ではしばしば、それを受け入れようとするあなたの心の姿勢を問われている場合もあります。『全ては超越人格の愛の導き』という真実は、日頃快く思っていない人からの「理不尽」な言葉であっても、それは超越人格からの指導上の言葉であるということです。

そしてさらに単に「理不尽」と見える言葉だけではなく、自分の前に現れる「理不尽」と見える運命そのものをも「理」として正面から受け入れることが、あなたに求められるのです。

特に現代は、社会的な分離ベクトルが蔓延し、人々は皆真理に対する謙虚さを失い、自己の判断を絶対視し、それを振り回しすぎることが多いので、判断放棄がどうしても必要なのです。

第五章　帰還の時

1節　自明行を深めるために

一七二　自明行は想念から心の姿勢へ移ってくる

自明行が上達してくると、感情や想念や出来事に対してというよりは、自分の「心の姿勢」に対して実行できるようになります。そこまで来ると自明行は極めて単純化され、楽にできるようになります。

ここで心の姿勢とは、感情や想念を発する原点のことであり、そして内面の秩序における発想の原点のことであり、それはあなたの立つ立場のことでもあります。そこでこの自明行を「心の姿勢の自明行」あるいは「立場の確立の自明行」と呼びましょう。

あなたの「心の姿勢」は、その立場から良くも悪くも、無自覚の中で、既に重大な行為を為《な》し続けているのです。そこで「心の姿勢の自明行」とは、今さら何をしたかとか、何を言ったかとか、何を思ったかとか、そういう言動や思いの次元のことではなく、問題をその一つ奥の次元でとらえるのです。

つまりその「心の姿勢」で生きているあなたの存在そのものが、あなたがそこに居るだけで、あなたの周囲に対して良くも悪くもあなたの願望のままに働きかけ続けてしまっているという極めて重大な事実があるのです。

そしてそれはあなたを生かし、あなたを支えて下さっている周囲の人々や、あなたとその人々で創っている秩序や、あなたを生み出して下さった宇宙に対して、無言のまま為し続けている重大な行為なのです。

それが超越思考ならば実にすばらしいことですが、一般には潜在思考の比率が高く、あなたがただ黙ってそこに居るだけで、人を縛り、人を傷つけ、人を裁き、人に苦痛を与えているものなのです。

あなたは自分を素直な目で見つめ、立場を逸脱した心の姿勢を分離ベクトルとして発見しそれに対して潔く「立場の確立の自明行」を実践しなさい。あなたなら必ずできます。

例えば、次のような不調和な心の姿勢を、汚い想念や言葉として発せられる以前に発見できれば、それを「主体」の立場から大いに喜んで『自明の光!』を照射し、超越人格に消して頂くのです。

○　良かれと思ってAという立場を与えればBの方が良いと言い、それならばとBの立場を与えれば今度はAだと言う。この人の心の姿勢はいつも目先の都合にあり、できるだけ楽をしようとか、できるだけ責任を逃れようとか、人との比較の損得ばかり気にしていて計算高く、一つのことを最後まで貫いて与えられた立場をまっとうしようとする潔さがないのです。

一方人に対しても、Aを選択した人にはBでなければならないと批判し、もしBを選択していればAでなければならないと批判する。そのような人に限って自己主張だけは人一倍強く、不平を言い、文句が絶えないものです。このような与えられた立場に感謝がなく、人を否定的にしか見ることのできない心の姿勢の人はただ黙ってそこに居るだけで障害となり生命活動は停滞するのです。

○　自己流の狭い正義感を振り回し、そのゆがんだ「物差し」を周囲の人達に当てはめ、いつも愛のない批判がましい目で周囲を見ている。このような心の姿勢の人は無言でその場に居るだけで、既に批判の矢が周囲の人達の胸に突き刺さっていて周囲は窮屈な思いをし傷ついているのです。

さらに、初めから自分の主張を通そう、自分の立場を守ろうとする強引な心の姿勢でいる人は、そういう人がそこに居るだけで、既に相手の意見を拒否し、自分を強引に押しつけて周囲を威圧し、周囲を不快にさせ、秩序をかく乱しているのです。

○

何事も自分の利害からしか発想できないわがままな人は、気に入らないことがあればすぐに不快な表情をあらわにし、いつも自分のわがままを周囲に押しつけ、自分のわがままを受け入れない人を毛嫌いし、いつも周囲を傷つけていて反省がなく、忠告でもされようものなら被害者を装って泣いたりわめいたりして暴れ回って、どこまでも自分のわがままを押し通そうとするのです。

その状況をこのわがままな人からみれば、周囲は何でも自分の思い通りに動くので、結構人生を楽しんでいるつもりなのです。このような人は人類のガン細胞と比喩すべき人です。

そのような傲慢な心の姿勢が習慣となっている人は、何もしないでただそこに居るだけで、ハッキリ言えばただ生きているだけで、周囲の人を傷つけ、分離ベクトルをまき散らし、大きな罪を作り続け、その場を汚し続けているのです。そして周囲の人は腫《は》れ物にでも触るようにその人に接していなければならず、いつも周囲は耐え難い忍従を強いられているのです。

もしもあなたの周囲にこのような人が居るならば、その人にはどんな犠牲を払ってでも変わってもらわねばなりません。その人があなたの愛する人であるならば、なおさらです。

その時は「調和」を犠牲にしてでも「進歩」を優先し、時機をみて一気にその人の強固なわがままの砦《とりで》を破壊すべきです。そのためには、二人の関係を形の上で一たん白紙に戻す覚悟と、それを形に現す実際の勇気ある行動が必要です。

真理に対する立場の確立がないと、この例のように特に悪意が有るわけではないにもかかわらず、自分では当然のことをしているつもりでも、常に周囲に大きな犠牲を強いることになります。そして立場の確立さえ有れば、当たり前のことを誠実にこなして行くだけで周囲と調和し「自然《じねん》」の生き方に成って行くのです。

ここで立場の確立とは真理に対する心の姿勢のことであり、社会的身分や階級のことを言っているのでは絶対にありません。そしてそれは他人との比較の問題でも決してなく、あくまで宇宙の秩序に対する自分自身の位置づけなのです。

しかしながら現実には、そして自覚が有ろうがなかろうが、あなたは宇宙の秩序がある程度投影された多層化した縦構造の文化が創る秩序の中に既に生きています。その文化の中であなたに与えられている立場は真理に対するあなたの立場の部分的投影であり、本来のあなたの立場に至る過程であり、それは自分が望んだ立場であり、超越人格に与えられた立場です。

従って自分が所属する文化や組織の中で……、それが家庭であれ、会社であれ、国家であれ、自分の立場を謙虚に位置づけようとする心の姿勢がなく、強引に守ろうとしたり、あるいは否定したり、他の立場を無視したりすれば、それは立場の逸脱であり、そこには既に大きな弊害が生じているのです。

一七三　大自明行成就の祈り

あなたが超越意識へ回帰し、「主体」に帰り着く「帰還の時」がやがてやってきます。それは与えられた重要課題を自明行によって見事に越えることで、あなたは「主体」に帰還できるのです。

ヒョットしてこの書にめぐり会った今が、あなたにとっての「帰還の時」かもしれません。

そこでこの重要な自明行を特別に「大自明行」と呼び、統一人格を完成させるための極めて重要な通過点として位置づけておきます。あなたが大きく生まれ変わる「大自明行」が、一度は到来することを前提に、その一世一代の大自明行のために、日頃から備えましょう。

それはあなたの前に、あなたに巣喰っていた分離ベクトルのいっせい放出で始まります。

その時こそ、あなたが一気に生まれ変われる千載一遇のチャンスなのです。「帰還の時」に大自明行を成就できるかどうかが、あなたが統一人格に成れるか成れないかが決まると言っても良いでしょう。

超越人格はあなたの人生の中で最もふさわしい時期を選んで、最も重大な「帰還の時」を準備して下さっています。超越人格があなたの社会的立場や人生体験や、帰還後の人生まで考慮して、最も痛みが少なく、最も効果的な、最もふさわしい時期を準備して下さっています。
あなたの大自明行を成功させるために、次に示す祈りを常に祈り続けましょう。

【大自明行成就の祈り】

私は生まれ変わりたいのです。「帰還の時」が到来すれば必ず大自明行を成就します。
その時のために、素直な心と、自分に打ち勝つ強い勇気を私にお与え下さい。

一七四　今のあなたは全く自分が見えていないという謙虚な気持であれ

ここでただ一つ、私が多くの人々を指導してみて感じることは、しばしば自己中心の解釈から出られず、自明行を最後まで拒否する人と、あるいは善悪の対立構造から出られず、自分を痛めたり、自分を否定してしまったりする人がいるということです。
「自分の生涯をかけて築いた強固な虚構の砦をそのままにして置いては、絶対に幸福に成るはずも、救われるはずもない」と、心の底から強く悟らなければなりません。そしてその砦を壊すには内側から壊すのが最も容易であり、それでも多少の痛みが伴うことを覚悟しなければなりません。しかし外側から壊される痛みに比べたら、それは痛いうちに入らないほど軽い痛みなのです。内側から壊すことを拒否していると、ついには運命として外側から壊されることになります。それこそ最大の苦しみです。

自明行は最も軽い痛みでその砦を内側から壊すことを意味します。しかしいざその砦に直面するとどうしても守りたいという衝動にかられて、言い訳し、追及から逃れようとし、そのような時につい分離ベクトルの誘惑に負けてしまい、ついにはかたくなに分離ベクトルの味方をしてしまい、安易な錯覚の道に逃れ、砦の中に閉じこもろうとしてしまうのです。

そういう現実を私はたくさん見てきているので、現在、自明行のための指導者を養成し、組織化する準備をしています。しかし私がそれを独りで成就したように、求める気持が強く心素直でさえあれば、指導者がいなくても原理的には独りでできるはずです。そこであなたは決して自分を特別とか例外とは思わず、「自分がまるで見えていないのが自分の今の姿なのだ」という謙虚な姿勢を失わず、自分に巣喰っている分離ベクトルを自分で正しく知りたいという素直な気持で内観することです。

一七五　他人にある分離ベクトルは必ず自分にもある

人間の現実というものは、他人のことなら分離ベクトルが良く見えても、自分のこととなるとその同じ分離ベクトルがまるで見えなくなるものです。ですから自明行を徹底するには、「およそ他人にあるものは全て自分にもある」という大前提で生きることです。

そこであなたが他人の分離ベクトルに気づいたら、それと同じ分離ベクトルが自分にも必ず有ると決めてかかり、その分離ベクトルが自分の中ではどんな形に姿を変えて巣喰っているかを見極めようとする真剣な姿勢が必要です。そして知らずに犯す罪を恐れるならば、周囲の人々を観察することで、それが自分にもあることに気づかずにはいないでしょう。

この際徹底して、相手に感謝し、あなたの反面教師となってもらうことです。

そして自分に巣喰う分離ベクトルの発見のきっかけを作ってくれたその人に感謝を忘れないようにしましょう。

『あなたの人間やりなおし』の道には危険な落とし穴がたくさん有り、その中でも大きな落とし穴は、自分を変えずに相手を変えようとすることです。自分のことには気づかず、他人に巣喰う分離ベクトルにばかり気づいてそれを問題にしたり、謙虚に話を聞く立場に立てず、教える立場にしか立てず、頼まれもしないのに思いやりではない自分を見せたい傲慢な心で、他人の自明行を手伝ってあげることです。

ここであなたに求められているのは「自明行」であり、決して「他明行」ではないのです。

そしてたまたま、周囲に求められてあなたが教える立場に立たなければならない時があるならば、それは決して相手のためだけではなく、あなた自身のために、あなた自身に必要なことをあなた自身の口を通して教えて頂いていることを確認しながら、謙虚に話をさせて戴くことです。

一七六「自分はできている」という点が実はあなたの臭み

周囲の人に優しいと言われる人はほぼ例外なく、優しさという点に問題があるのです。礼儀が正しいと言われる人は、その礼儀に嘘があるのです。意志の強い人はその強さの裏返しに弱さがあるのです。恵まれた環境に育った人には、それ故の無知と未熟さがあるのです。

多くの人は自分の長所と思っている点に関して「まんざらでもない」と思っているだけに、その点に関しての自明行が完全に欠落してしまう、という思わぬ落とし穴に落ちているものです。

あなたは他人より何が優れていると思っていますか。あなたは周囲の人にどのように誉められますか。良いことと思って安心しているその点を、よくよく見つめてみましょう。

自明行がなければ、あなたの良さと言われるその点が裏目に出てしまって、あなた特有の臭みを作り、それがいつの間にかあなた独特の処世術を生み、あなたの汚い雰囲気を作っているものです。その分離ベクトルこそ、あなたの雰囲気を汚している「悪臭」の素であることを発見しなさい。分離ベクトルを見抜くあなたの厳しい目が、決してあなたの偽善を見逃すことのないように自明行を積むべきです。他人に誉められるその点は、確かにあなたの良さには違いないとしても、それはまだ不完全な良さであり、未来のあなたの良さと思うことです。

そのあなたの良さを変に自分で意識すれば、作為的になったり偽善的になったりして、その良さは裏返しとなって悪臭を発してしまうのです。そして自分で良いことと思っている分だけ、現実の未熟さとのギャップが生じ、そこに分離ベクトルが発生してしまうのです。

あなたの長所を本モノの長所とするためにも、自分の盲点を見事に発見しなさい。

一七七　自分自身のことになると急に分からなくなる自明行の難しさ

人間というもの、相手の分離ベクトルを指摘し、いろいろと忠告してあげることはできても、いざ自分が忠告される番になると、なかなか分離ベクトルを自覚できなかったり、自覚できてもそれをどう処理したらいいのか急に分からなくなってしまうものです。そこで惨《みじ》めな自分に直面し、オロオロしたり、お世話になった人をも裏切り、全部を否定して逃げ出したくなったりするものです。自分自身のことになると、どうしてこうも急に皆目見えなくなってしまうのでしょうか。

それは、分離ベクトルは潜在意識の生き物であり、住処《すみか》としているあなたの幽体に食らいついて、そこから離れたくないからなのです。そのためにどこまでも自己正当化して分離ベクトルであることを認めず、最後まであなたを誘惑し、あなた自身を装って逃げ切ろうとするからなのです。

逆に言えば「分離ベクトルを必ず発見してやろう」とさえ思えば意外に簡単に発見できるものです。

そして分離ベクトルを知りたくない人は、分離ベクトルと仲良くなり自明行は成就できないのです。

分離ベクトルに直面して、どうして良いか分からなくなった時は、【一五六】に帰るのでした。

そして立場を入れかえて、以前に今のあなたと同じ立場の人に何と忠告してあげたかをよく思い出し、その「以前の自分の言葉」を大切に、今自分が直面している分離ベクトルを処理しなさい。

ここは誰でも通る関門ですから、じっくりと取り組みなさい。あなたが分離ベクトルに直面して、自己正当化の誘惑にいっ時はたじろいだとしても、自明行を済ませ、やがて周囲へのお詫びの気持と超越人格への感謝の気持が湧き出てきた時、あなたの雰囲気からは既に分離ベクトルの悪臭は消え去り、美しい統一ベクトルが芳香を発しているのです。

一七八　現代日本の社会環境は自明行にとって極めて良くない

自分が見えてくると自明行は実に簡単になり、楽しくさえなってきます。ですから決して自分に諦《あきら》めないで、地道に内観を続けてほしいと思います。初めは自分の中に分離ベクトルが百も二百もたくさん有るように思えてうんざりするものですが、次第にそれが一つの「心の姿勢」から出ていることに気づいてくるものです。その根に気づけば、自明行は一つか二つに狙いを定めることができます。

「立場の確立の自明行」は日常生活の中で実践するのが原則です。民族文化が育てた日常生活という思考環境の中で、様々な人間関係の中に身を置いて、その中で与えられる立場から逃げようとしないで、その中で生きることこそ「立場の確立の自明行」には最もふさわしい環境と言えるのです。

ところで一方、日本の戦後の思考環境というものは、「全体」を故意に無視した「個の論理」によってのみ支配される、極めて異常な状況にあります。それは分離ベクトルにとって極めて都合良くできている環境であり、それ故現代日本は分離ベクトルが大手を振ってまかり通る時代なのです。

そこでは、民主主義も自由も平等も正義も平和もそして愛さえも、全ては分離ベクトルのためにのみ主張される本末転倒した時代です。そこでは、分離ベクトルは自分が優しくされることを当然とし、そして事もあろうに、分離ベクトルを清めようとする超越人格の愛に導かれた統一ベクトルの厳しい目を嫌い、統一ベクトルを否定しようとして受け入れず、分離ベクトルに対する甘やかしが、愛や優しさの美名の下に大安売りされているのです。

この時代は宗教さえも真理の普遍性を見失って独善におちいり、その矛盾が社会問題となり、ひいては人類の恒久平和にとって障害となっています。そして宗教も社会も組織も人も「全体」を見失って、「個の論理」に走り、「全体」の中での自らの立場を見失い、分離ベクトルに共鳴し、結果として分離ベクトルを繁栄させてしまっているのです。さらにそこでは世論を支配するマスコミも統一者の発想を陳腐なものとして捨て去り、分離ベクトルの主張を民主主義の名の下に正義のごとく扱います。

このような「全体」を無視した「個の論理」こそ、分離ベクトルの論拠となっているのです。社会がそれと自覚のないまま正義と思って育てているこの種の分離ベクトルの勢力は、常に超越意識を無視して、潜在意識による支配のために甘えの分離ベクトルを増強しようとするのです。それ故にあなたは、「個の論理」の主張の根底にある、欧米流の近代合理主義からくる社会常識には、一切惑わされないように十分注意して自明行を実践しなさい。

しかしながら、好運にも現代日本にあっては不完全ながら真理がかなり投影された民族文化が残っていて、正常な人間関係が温存されています。そこでは「個」が「全体」のために命がけで働くことは美しいことであり、そして一方「全体」は高度な理念を持って秩序を破壊することなく発展させ、「個」の幸福追求のために持てる力を発揮するのです。そしてそれはまさに真理にかなうことです。

　そこであなたは、控えめに存在する民族文化の育てた「個」と「全体」を調和させる秩序を発見して受け入れ、従うことでその秩序を学び、自明行によって体得し、そこに真理を体現しなさい。

　そして真理を体現するためならば、あなたの個性と時代性を反映させて一部変更し、必要が有れば秩序を破ってもよい場合すら有ります。しかし体得なしに秩序を破れば、たちまち「全体」の秩序を乱し、人間関係を混乱させ、大変に危険です。徹底した祈りと自明行を実践し、文化の中に真理を体現すること、そこにあなたの個性は輝き、主体命は成就されて、あなたも文化も共に成長し発展するのです。

一七九　《超越人格》は日常生活の中にも普遍性を回復させる

　現代に真理の普遍性を回復させる《超越人格》の働きは、私達の日常生活の中にも極めて大切な課題として、そして真の誠実さが問われる場面として横たわっています。

例えば、不誠実故に組織を飛び出したり、辞めさせられたりした人間が、その後自己の不誠実さを棚に上げて、自己正当化のためや被害者意識で以前お世話になった人やその組織の悪口を言っているような場合です。悪口を実際に口に出さなくても、そのような心の姿勢で生きていれば同じです。

このような以前自分に立場を与えて下さった人や組織に対しての不誠実さは、自分で自分の足下をすくう自己否定を意味し、過去の蓄積の上に在る現在の自分を否定してしまうのです。この人間はいつも自分で「自分の運命の積み木崩し」をしていることになるので、絶対に幸福には成れないのです。

さらにその人間は組織を離れたことで組織的制約を受けなくなり、不誠実さを組織内部で吸収してもらえず、今は宇宙的秩序破壊として重大な真理に反する不誠実の罪を作り続けていることになるのです。

《超越人格》はこのような立場の逸脱を特に嫌い、このような人間は《超越人格》によって厳しく追及されます。そこで《超越人格》は宇宙の法則の作用を強め、このような不誠実な人間が元所属した立場に還って心から反省できるように働きかけ、「組織を出ればもう別の世界だ」という、自分に都合の良い思いこみは決して通用しないということを、そして自分が不誠実であったことを明確に知るまで、《超越人格》はこの不誠実な人間のために、反省と自明行の意味の強い運命を創り出すのです。

ところで人は誰も、過去にその種の不誠実な罪を大なり小なり犯してしまっているものです。そこであなたは過去を振り返り、【一五六】に帰って心から詫びることで、自分の過去を確立しなさい。

生命の親である《超越人格》に、自分を生み育ててくれた両親や祖父母に、以前自分に立場を与えて下さった組織や人に対しての裏切りを詫び、そのために実際の行動が必要ならばそれをしなさい。

さて、実はこの場面で《超越人格》がこの種の不誠実さ以上に特別に嫌うことは、ある別の組織がその不誠実な人間の言い訳や被害者意識を喜んで受け入れてしまうことです。これは真理の普遍性に反する極めて重大な組織的犯罪行為として《超越人格》の最も嫌うところとなります。宗教団体にはこの種の問題がはびこっていて、信者は自分の不誠実を棚に上げて他の宗教に鞍替えしたり、その不誠実な人間を喜んで受け入れたり……、が日常化しています。またこれは宗教団体だけではなく、他の組織においてもそうであり、多くの不誠実な人間が自分に立場を与えて下さった人や組織を否定し、自分の都合の良いところを求めて渡り歩き、一方別の組織がそれを喜んで受け入れる……が繰り返されています。

組織に所属する人は他の組織を一切否定してはいけないのです。ましてや組織を飛び出してきた不誠実な人間の言い分を肯定して受け入れることは、その事自体で既に以前の組織に対する重大な不誠実な行為となり、真理に対する挑戦となるのです。

このような間違った思いやりは《超越人格》がこの人間にせっかく与えた反省と自明行の機会をつみとり、不誠実さを助長させ、宇宙の秩序を大きく乱す重大犯罪となるのです。

この場合はもうこの人間の不誠実さよりも、それを受け入れた組織の行為の方がはるかに重大な犯罪であり、それは《超越人格》が一つの使命を与えて生み出した組織を否定し、宇宙の普遍性を否定した罪として厳しく裁かれることになるのです。ましてや普遍の真理を大切にする組織に対する不誠実さの場合はなおさらです。

当然のことながら普遍の真理は独善の「真理もどき」と違って、存在の全てを肯定しているのであり、普遍の真理の外側にはもはや宇宙は存在しないことをよくよく知るべきです。

つまり《超越人格》から逃げて隠れるところは宇宙の中にもはや存在しないのです。

さて一方反対に、そのような不誠実な人間を決してそのまま受け入れず、もしその人間を受け入れる場合はその不誠実さを見抜き、その人間に対しそれがいかに不誠実かを示して反省を迫るならば、そして自己の組織の利害を越えて、他の組織の立場を大切にし、宗教を越えて、文化を越えて、他の組織や宗教や文化を含めて真理の普遍性を貫こうとするならば、その行動原理は真理が唯一であることを大前提としていることになり、それは結果として《超越人格》の理念である真理の絶対性と普遍性を体現していることになります。即ち、あなたが今ある組織に所属し、その立場から他の組織に対して誠実さを貫くことは、真理の普遍性を貫くという意味を持ちます。

このようにあなたが他の組織に対して、他の宗教に対して、他の文化に対して、他の民族に対して、徹底して誠実さを貫こうとするならば、あなたは《超越人格》の理念を体現していることになり、そのことであなたは《超越人格》に特に祝福され、特別に大きな力を与えられるのです。

そのためには、前もって所属とその中での自己の立場を確立していなければなりません。立場の確立のないまま他の組織のために動くと、それは愛に似て愛ではなく、普遍性に似て普遍性に反し、かえって秩序を乱します。まずは自己の立場を確立してから、他に対して真理の普遍性を追究しなさい。

現実的には満点ではなくても、これらのことを同時にしながら、《超越人格》の理念を体現しようとするならば、あなたは必ずや《超越人格》に祝福され、強い運命的力を与えられることになります。

2節　幸福のカギを握る自明行

一八〇　人間である限り誰でも「嘘」をかかえて生きている

私がこれまで示してきた「虚栄」や「傲慢」という「嘘」は、決してあなただけが持っているのではないことを強く確信しなさい。人間である限り誰もが同じようにそれを持って生きているのです。

そして実はあなたも人間である限り、必ず「虚栄」や「傲慢」にまつわる様々な「嘘」をかかえ、それを上手に隠して生きているのです。ですからそこに有る違いは、ただあなたがそれに気づくか、気づかないかだけなのです。そしてあなたが救われるか、救われないかの決定的な分かれ道は常に、あなたにそれが有るかどうかではなくて、あなたがそれを認めるか、認めないかだけなのです。

あなたがそれに気づき、認めさえすれば、後は自明行によって超越人格に消して頂けるのでした。

そして自明行が次第に習慣となって行くにつれ、あなたの中に自明行の思考回路が完璧にできてくるのです。そうなればもう「嘘」はあなたの中で決して成長はしません。

そしてさらに自明行が深まれば、表面意識が嘘をいちいち発見しなくても、「嘘」発生と同時にあなたの潜在意識がたちまちそれを発見し、『自明の光!』を照射してしまうまでになるのです。

それでも出てくる、分離ベクトルらしきものは、それは既にあなたの仕事として、超越人格の下で人類の分離ベクトルを清めさせて戴いていることになります。あなたはただ機械的にその分離ベクトルに『自明の光!』を照射してしまえば良く、そこに心をとどめる必要は一切ないのです。

一八一　誰にでも有る「嘘」を、自分の中に発見できないことは最も大きな恥である

自明行には自分の裸の心をさらけ出す勇気と、自分の心の姿勢を見抜く素直さと、自分の虚栄心に打ち勝つ強さが必要です。

ここで最も困った問題は、この素直さと勇気を持ち合わせていない人達であります。

人間である限り誰にでも必ず有るこれらの「嘘」が自分にも間違いなく有る事実を強引に無視する人達や、本当にそれに気づかない人達があまりにもたくさんいるということです。

しばしば「私にはそのような虚栄や傲慢や自己中心の気持は有りません」と堂々と言える人がいることに驚かされることがあります。

その人は自分の中の「嘘」に気づかない程、無知だということなのであり、それは極めて頭が悪いということなのであり、気づかない分だけその「嘘」はその人の中で大きな分離ベクトルに膨《ふく》れ上がっていて、その人を支配して運命を大きく狂わせ、しかも周囲を汚しているものです。

そのような人はまず何よりも初めに、「私は自分の中の嘘を発見できない程、頭が悪く無知なのだ」と心の底から知らなければなりません。

ですから反対に言えば、誰にでも有る自分の中に巣喰っているこのような「嘘」を発見し、そしてそれを正直に認めることは、決して恥でも何でもなく、超越人格に特に祝福されることであり、本当は心から喜ぶべきことなのです。「賢い人」とか「頭が良い人」という呼び方は、自分の中の嘘を正しく見抜くことができる人にこそ与えるべきです。そして誰にでも有るこの種の「嘘」を自分の中に発見できない人こそ、最も恥ずかしく思うべきなのです。

そこで誰にでも必ず有るこの種の嘘、つまり「虚栄」と「傲慢」と「自己中心」が、あなたの中ではどんな姿をして巣喰っているかを見極め、その「嘘」を発見することにこの上ない喜びを感じ、そしてそれを発見できた時には大いに喜び、そのことを超越人格に心から感謝しましょう。

ところで、それでも自明行を拒否し、自明行から逃げようとする人はどうしたら良いのでしょうか。

まずその人は、自分で自明行のできない独善的人間であることを正しく自覚し、その自明行のできない人間としての立場を確立することです。

つまり「真理に対する立場の確立」とは、自分にできない時でも、そのできないことそのことを正直に認め、それにふさわしい心の姿勢を求めることです。それは即ち「立場の確立の自明行」です。

それは謙虚さと鎮魂《ちんこん》の心の姿勢につながり、立場の確立によって宇宙と調和し、不完全のまま周囲と調和し、そして肯定されるのです。立場の確立とはそういうものです。

しかし多くの場合、そのような人はその立場の確立さえ拒否するでしょうから、その独善と傲慢は実際、手のつけようがないのです。

宗教熱心な人達の多くは、知識だけをもてあそび、「真理もどき」を振り回し、自明行を避け、独善と錯覚の世界に落ちています。その人達は知識を得ることで真理を得たと錯覚し、その「真理もどき」で周囲を批判評価して自分では良いつもりでいるものです。

知識はどれほど得ても、潜在意識は少しも清まらないことを心から知らなければなりません。知識はそれを日々の「自明行」に活かしてこそ初めて活きるのです。

一八二　教えることよりも教えられることの方が何倍も難しい

真理の探究の道は教えることよりも教えられることの方が何倍も難しいのです。

あなたが人を教え導くことは良いことに違いありませんが、あなたが教えようとすることで傲慢にならないように、そして教えることで自分はできているという錯覚におちいらないように、自明行をしながら教えさせて戴くのです。

そして実は他人に教えるという形をとりながら、あなたの教える言葉を通してあなた自身が教えられているのです。あなたがその時その人に言ったすばらしい真理の言葉は、いずれ必ず自分に必要な、そして自分を導く指針の言葉としてかえってきます。

もしあなたが「私はあなたのような嘘を持っていない」というような顔をして人に忠告したり教えたりしていたとするならば、そのこと自体がもう既に重大な「嘘」であり、それに気づいていないあなた自身をこそ最も問題とすべきなのです。

自明の姿勢がなく、自分を特別視する傲慢さや、自分を中心に世界を見ようとする独善を持ったままこの書を読む人がいては、この書に著した数々の真理の言葉はいたずらに空回りして、あなたの虚構の砦をさらに補強するためだけに使われ、人を評価し裁くために使われてしまうのです。

私はこのことを一番恐れているのです。

そして私はあなたがそうではないことを祈っています。

あなたが大自明行を成就するために、日頃からあなたが自分で逃げこむ先がどこなのかをよく自分で観察して、一切の逃げ道を前もって自ら閉ざしておくことが必要です。

一八三　自己肯定欲があなたを超越意識の「主体」に帰還させるのだが……

自明行の難しさはなかなか「主体」の立場に立てず、分離ベクトルの立場に立ってしまって分離ベクトルを肯定したくなることにあるのでしたが、どうして人間というものはこうまでして分離ベクトルを否定されるのを恐れ、何とかへ理屈までつけて正当化しそれによって自己肯定したくなるのでしょうか。

泥棒をしても、人を傷つけても、そしてそれは子供から老人まで例外なしに、へ理屈まで言って何とか自分を正当化する道を探し出そうとするのが人間の常であります。

その理由は、『人間の本質は超越意識の「主体」であり、「主体」は宇宙の中で完全に肯定されている存在である』からです。さらに人間は超越意識から表面意識まで降りてきて主体命を果たし、再び超越意識の「主体」に帰還する必要性から、帰還のための極めて強い本能が与えられているからなのです。

つまり人間には『超越意識の「主体」へ帰還するための帰巣本能として極めて強い自己肯定欲が与えられている』のです。それが故に人間は迷いながらでも、苦しみながらでも、いかなる場合でも自己肯定欲を失うことはなく、自分が否定されることを極力嫌い、何とかして自分を全肯定できる立場を求めて生き続けるのです。そして最後はついに完全肯定された「主体」に帰還する道を発見するのです。

従ってもし人間に自己肯定欲がなければ、人間は永遠に「主体」に帰還できないことになります。自己肯定欲という帰巣本能はそれほど強いものであり、そして絶対に必要なものなのです。決してへ理屈ではなく、決して自己正当化ではなく、「主体」の立場に立つことで分離ベクトルを切り離し、自己の完全肯定へあなたを導く道こそ、私がこの書で説いている統一人格への道なのです。

さて、ここで常に生じるやっかいな問題は、分離ベクトルに引きこまれたまま自己正当化によって自己を肯定しようとする場合です。自明行においても日常生活においても、「主体」の立場に立つことは初めはなかなか難しく、分離ベクトルを自己と錯覚したまま、嘘を並べたり被害者意識になることで無理に自己正当化をして、そのことで自己肯定しようとして様々な問題が引き起こされてしまうのです。

ここで重大な認識として、「自己肯定のためには自己正当化の必要は全くない」ということです。

何もわざわざ自己を正当化しなくても、自己を強引に善の立場に仕立て上げなくても、たとえ悪の立場のままでも、自己肯定の道は用意されているということを確信すべきです。

そのためには、分離ベクトルの立場を守り肯定しようとする錯覚から抜け出るための自明行というトンネルを通り抜けなければなりません。そこであなたの本来の立場である「主体」の立場を回復させるために、分離ベクトルの立場に立とうとする錯覚をあなたの想念や心の姿勢から一つ一つ発見して、一度はそれを取り上げて、次にそれを引き離し、『自明の光！』を照射して捨て去るのです。さらに自明行を実践しようとする行為そのものが既に「降りる道」であり、自己肯定を実践していることになるのです。いっ時も早く「主体」の立場を確立し、真の自己肯定を実現しなさい。

自明行は主に心の問題を扱いますが、今あなたの前に生じている問題が具体的な出来事である場合はそれは常識通りに善悪の問題として、この世的に十分な「反省」をしなさい。善悪の明確な出来事の反省が十分できないまま、『自明の光！』を照射する自明行だけで済まそうとすることは卑怯な逃げになります。現実の具体的な問題は善悪の中での十分な反省が必要です。そしてその後にあるいは平行して、そこに伴う心の問題を自明行で処理するのです。

善悪の中での反省は自己正当化の誘惑に打ち勝って、目の前の悪を退治しなければなりません。

一八四　『自明の光！』はあなたを人生の勝利者に導く

『自明の光！』はもともと自明行のために分離ベクトルを清める超越人格の働き

として与えられたものですが、今や『自明の光！』はその働きが拡張され、清めの働きを持った超越人格のエネルギーを発して頂くキーワードとして、祈り言葉と同じ意味を持っています。

即ち『自明の光！』を照射することは、清めの働きを持った超越人格の働きのスイッチを入れることとなります。『自明の光！』を照射することは、あなたの自明行だけではなく、相手の自明行を助け、そしてさらには人類の分離ベクトルに対してもその清めの力を発揮します。

さらに『自明の光！』はあなたの漠然とした不安な思いや、暗い予感が心にトゲのようにひっかかっている時や、嫌な予想や不幸な想像をしてしまった時や、占いで悪い結果の出た時や、縁起の悪い夢が気になって忘れられない時などに、それを分離ベクトルとして『自明の光！』を照射して、後の処理は超越人格に委ねて、その分離ベクトルからいっ時も早く心を切り離しましょう。

つまり、あなたにとって『思い通りに成る法則』で実現されては困る思いや言葉を発してしまった時には、この『自明の光！』を照射することが極めて有効です。例えば嫌なことを思い出してしまった時はすぐに『自明の光！』を照射し、そこから心を切り離し、いつもあなたの心を曇らせることなく、澄み切った状態に保つことができます。最終的には、一切の判断をしないまま、分離ベクトルと統一ベクトルの区別もしないまま、あなたは『自明の光！』のスイッチを入れるだけで良いのです。なぜならあなたが分離ベクトルと思っても、実は統一ベクトルのことだってあるのですから。

『自明の光！』は不安をなくし、周囲を清め、あなたの人生に好運を呼び寄せる大光明です。

3節　あなたを待ちかまえている傲慢の落とし穴

一八五　謙虚さのない人間は他に何ができても人間失格である

この書を読めばもう全てが解ったように思えるかも知れませんが、それは表面的なことであり、あなたの潜在意識はこれまでの蓄積で、まだまだ汚れ切っていることを決して忘れてはいけません。

今のあなたは知識と中身がチグハグでバランスを大きく失った状態なのです。そのような今のあなたを「傲慢の落とし穴」が手ぐすね引いて待ちかまえていることを知らなければなりません。

即ち今のあなたは自分を捨て切り、心を鎮《しず》めていなければならない時期です。今は最も謙虚さが必要な時期です。そこで今しばらくは鎮魂の時期と見定め、傲慢と虚栄と独善に満ちている自分の判断を徹底的に捨てて、捨てて、捨てて、捨て続け、数年はすすんで人さまの下座につき、「帰還の時」に備え、積極的に謙虚さを学んで欲しいのです。謙虚さほど今のあなたに必要なものはないのです。あなたは自分を磨いて統一人格と成るのではなく、自分を捨て切って統一人格と成るのです。

謙虚さのない人間は他に何ができても人間失格であることを心の底から知らなければなりません。

いつも心の姿勢が上がっていて、立場を逸脱し、自分を強引に善の立場に位置づけ、批判的な目で人を見下している人間は、自分を知らない傲慢な人間であり、周囲から浮き上がった低級な人間であることを自ら露呈していると言えます。今のあなたは自分を抑制し、傲慢を捨て去るまで自明行によって潜在意識を清め、どこまでも内面的に謙虚さを求めて生きることを徹底して学ぶべきなのです。

一八六　心の姿勢を相手よりも低く置くことで謙虚さを保つ

いわゆる処世術というヤツは作為と欺まんに満ちており、真理に反することが多々有るものです。

自分の貧弱な人生経験から勝手に正しいと信じて習慣的にやっていること、自分では良いこと、当然のこと、そうすべきこと、そうあるべきこと、と自信を持ってやっていることは自明行も伴わずに心の姿勢がいつも相手より高い位置にあり、それらは皆傲慢につながります。

そして実は、この自分が当然と思ってやっていることに、その人特有の「臭み」があるのです。

目先の有利な条件を自分だけが得ようとしたり、ちょっとしたことでも自分が有利な立場に立とうとすれば、必ず心の姿勢は強引になり、心も言葉も作為的になってしまい謙虚さを失います。そうならないためには、いつも自分の心の位置を相手より低く保ち、その場が進歩と調和の方向に向かうように祈り、相手や周囲の自由を損なわないようにすることが謙虚な心の姿勢なのです。

また、お金を払う側の人間が、お金を受け取る側の人間を見下していれば、それは重大なかん違いであり、それはまさに傲慢です。特に自分が命令する立場の時は、命令を受ける側の人間を見下しがちですが、これも重大な傲慢です。決して命令を出す人間が偉いわけでもなく、命令を受ける人間が低級な人間であるはずはありません。命令はそれぞれの主体命を成就する立場を位置づけるために必要なのです。それだからこそ命令は、常に謙虚な心の姿勢で行わなければならないのです。

そこであなたが立場上命令を下す必要がある時は、当然のこととして、自信を持って自分の立場を相手より高い所に置きます。そこで心の姿勢だけを相手よりも低い位置に置くのです。そしてこの状態で堂々と、そして丁寧に命令し、またある時は厳しく叱ったとしてもこれは理にかなうのです。

一八七　傲慢の落とし穴が救われの最大の障害となっている

「道」を求め、真理を求め、幸福を求め、救われを求める過程において、最大の障害は虚栄心が作る「虚構の砦」と「傲慢の落とし穴」の、この二つです。

そしてこの代表的な二大分離ベクトルに振り回されて、あなたは苦しんでいるのです。

ところで「虚構の砦」に関しては既に詳しく述べましたので、ここでは謙虚さを学ぶために「傲慢の落とし穴」について多少説明を加えておきましょう。

あなたが、いかに謙虚な態度や思いやりの態度や真理の言葉を装っても、その心の姿勢が断定的で独善的であれば、分かったふうに高見から人や物事を批判してしまい、それがたとえ当たっていたとしても、これは真理に対する傲慢の罪となり、大変危険なのです。

また、人を見る目が意地悪であったり、わざわざ相手の欠点ばかりをほじくっていたり、自分が学ぼうではなく、人に教えようとばかりしていたり……、このような真理に対する立場の確立ができていない姿は、全て傲慢の落とし穴に落ちている姿と言えるでしょう。

人間、人の上に立つことは一般に出世と言われ、確かにそれは本人の努力によって得た大変恵まれた立場です。そしてその人の築いた物心ともに恵まれた環境で育つ人も、確かに好運な人であると言えましょう。しかしたとえそれがいかに恵まれた環境であっても、自分を普通の人とは違った特別の人間と錯覚し、そう振る舞うことが身につき、そのように自分を見てくれることを暗黙のうちに周囲に求めてしまっていたり……、そしてまたある時はその恵まれた環境を当然と思って感謝を忘れ、人とは違ったその恵まれた特殊事情に不満さえ見い出し、その結果として傲慢な立場を築き上げてしまいます。

一八八　冗談であっても否定的言葉を吐いてはいけない

あなたがこの「傲慢の落とし穴」に落ちれば、それは当然のごとく統一人格とは正反対の方向に落ちこんで行くのです。

日常生活の中にはこの「傲慢の落とし穴」があちこちに点在し、あなたが落ちてきて分離ベクトルの餌食となるのを待ちかまえているのです。

ところであなたが統一人格を求めての修行の初めで、特に謙虚さを必要とする鎮魂の時期には、最も注意深くなければならないことがあります。それは、「言葉の持つ力を恐れるべきである」ということです。

あなたの言葉はあなたの思い（想念）と共鳴して、あなたの運命を創る大きな力を持っています。

あなたの無造作な言葉や汚い言葉、冗談のつもりの悪口、安易に秩序を否定したりする言葉、特にあなたの処世術として習慣性となっているギスギスした言葉での物事の否定的評価や批判は、それは潜在意識の分離ベクトルと強く共鳴し、強大な力を発揮して顕在化し、自他の運命を創ることになります。

思いと言葉には運命を創る力があることを知って、十分に慎重でありましょう。

その結果として、他人を大きく傷つけてしまい、それをあなたが「私はそんなつもりで言ったのではなかったのに……」と言っても、それは言い訳にもならないのです。

そこでは、あなたの冗談は決して冗談とはなっていなかったことを深く知るべきです。

ですからあなたの潜在意識が汚れている初めの時期には、たとえ冗談であっても決して傲慢な言葉や否定的言葉を吐いてはいけないことを肝に銘じましょう。

このように、言葉はその内容を実現する力を持っていますから、統一人格と成って潜在意識が清まった人であっても、めったに否定的言葉は吐かないものなのです。

ましてやあなたはいまだ未統一者なのです。

あなたの知らずに犯す罪がこのようなところで、自己の潜在意識を汚し、人を傷つけていることはないでしょうか。よくよく自明行を深めなさい。

従ってあなたの言葉が周囲を汚さないように、言葉があなたの潜在意識の分離ベクトルを喜ばせてベクトル共鳴を起こさないように、常々自分の心の動きを十分監視している必要があります。

そしてあなたの語る言葉は常に立場をわきまえた言葉であり、周囲をいきいきさせる言葉であるように、感謝の表現であるように、そして謙虚な身の程をわきまえた言葉であるように、特に注意深くあるべきです。

そしてそのために「……させて戴いて有り難うございます」とか、「……して戴いて有り難うございます」という気持が言葉を伴って自然に湧き出てくるまでに、感謝の心と謙虚さを求めるべきです。

今あなたは謙虚さを学んでいるのです。今まではあまりにも傲慢であったからです。

超越人格はあなたのために開発した独自のプログラムに沿って、現実のあなたの傲慢な姿に気づかせ、「救われのための回帰点」まで導き、そして「主体」に心を向けさせ、「初期段階の統一人格」に導くことで個性を輝かせ、主体命を成就させながら「完成された統一人格」へと導いて下さいます。

一八九　お詫びをし、下座につくことが「帰還のための回帰点」となる

あなたはこの世に生まれてきた時に、既になんらかの「借り」を持って生まれてきていることを知らなければなりません。既に述べたようにあなたの潜在意識には前回までの生命活動での「思考」と「行動」が蓄積しており、それを運命の「素」となる「ベクトル」として持っているのです。

その「ベクトル」は玉石混交ですが、「借り」つまり、分離ベクトルを必ず持って生まれてくるものです。またこの世的にも一人の人間が社会に出て生きていくには、社会からそして両親から一方的にどれだけ世話になっているか、どれだけ多くの人の援助によって今のあなたが在るか、周囲にどれだけ迷惑をかけ、どれだけの人を踏み台にしてきたか、そしてその人達のために自分はいったい何をしたのか……。自明行が進み、自分の実態が多少でも見えてくれば、無自覚の中であなたはこれまでの人生で周囲にどれほど多くの迷惑をかけ、どれほどの人を傷つけてきたか想像がつくはずです。

その事の重大さにあなた自身で気づいた時から、自ら下座につき、「お詫びの

行」を一年間徹底して実践しなさい。それによってあなたは「救われのための回帰点」、即ち「帰還のための回帰点」をしっかりと確立するのです。そして誰もこの回帰点を避けては、決して救われることはないのです。

そこであなたはまず自分の生涯を振り返り、【一五六】の祈りで「お詫びの行」を積みなさい。

それでも思い出せることはほんの一部であり、それは象徴的な出来事に過ぎません。つまりほとんどは知らずに犯した罪なのです。その知らずに犯してしまった罪に対しては超越人格にお詫びしなさい。

もしも「私は人に迷惑などかけなかった」とか「私は罪など犯してはいない」という人が居るとするならば、それは最も危険な最も罪深い「知らずに犯す罪」を今も犯し続けている明確な証拠です。

一九〇　人生成功のカギはまず罪滅ぼしとご恩返しを済ますこと

社会人として世の中に出た時には順序としてまず下座につき、「罪滅ぼし」と「ご恩返し」をすべきなのです。当然それは初めに済ますべきですが、まだ「罪滅ぼし」と「ご恩返し」を済ませていない場合は、今からでもしなければならないのです。人生に成功するかどうかはまず始めに、この「罪滅ぼし」と「ご恩返し」を正しく済ますことができるかどうかにかかっているのです。あなたが何をやってもうまくいかないとするなら、あなたは「罪滅ぼし」と「ご恩返し」がまだできていないのです。

それは原則としてあなたに与えられた立場で為せば良いのです。社会から受けた恩恵はあなたの今の立場で返せば良いのです。以前に人に迷惑をかけたのなら、今のあなたの周囲の人々に罪滅ぼしをすることです。

具体的には【一五六】と【一八九】に示した「お詫びの行」と「下座行」を実践しながら徹底して謙虚な心の姿勢を追究し、周囲の人のために祈り、周囲の人のために体を動かすのです。そして職場では周囲に頭を低くし、自分の係わる人全てに気を配ることです。

それを「仕方がなく……」という姿勢ではなく、明るい積極的な姿勢で貫くことです。そしてどうせ同じことをするなら、「……してやる」という傲慢な発想を捨て、「……させて戴く」という謙虚な心の姿勢で実践すれば、あなたの回帰点の確立を明確に位置づけることになり、以後のあなたの運命は大きく開け、成長が極めて早くなります。

そして超越人格はあなたが十分なご恩返しができるようにと、その機会を何度も与えて下さっています。その機会を活かして謙虚な心の姿勢を確立できる人こそ、人生の成功者と成るのです。

4節　勝者の論理、敗者の論理

一九一　人生の勝利を前提として生きるのが「勝者の論理」

人生における勝利者とはいかなることが起きようとも、決して自分を被害者に仕立て上げない姿勢を貫いてきた人であり、その日々一瞬一瞬の積み重ねが人生の勝利を招いたのです。

ここで多少注意を要することは、実際に被害にあい「被害者になること」と、「被害者意識におちいること」とは全く別のことだということです。

ですから人生の勝利者はたとえ実際に被害にあった時であっても、自分は被害者であると知って、それでも被害者意識には決しておちいらないものです。

そして誠実さを貫く論理を求め、それを守って生きてきた人です。特にお世話になっている人や組織の長や上司のような、自分に立場を与えて下さっている人には、決して感謝を忘れない人です。

つまり自らの立場を謙虚に位置づけ、自然に真理に対する立場の確立ができる人なのです。人生の勝利者は初めから自分の人生の勝利を大前提として生きてきた人です。いかに不利なことでも、全てを自分の人生の目的達成の試練として受け取った人なのです。自分の体験すること一切を肯定して、自分の人生に活かそうとした人なのです。いかなる運命に遭遇しても、他人からはいかに恵まれない境遇に見えても、それを逆手にとって自分の人生に活かそうとした人です。

そのことを私の言葉で言えば、『全ては超越人格の愛の導き』として、いかなる運命も環境も正面から感謝で受け入れる生き方こそ、「勝者の論理」であるということになるのです。

ここで、人生の勝利者は「救われを前提として生きる」と言いかえることができます。

救われの道は苦しみの自覚に始まるのでした。即ち、自分の心の苦しみに気づいたら「しめた！」と思える人が救われる人なのです。苦しみに気づきさえすれば後は自明行があるのですから、もう救われたも同じです。

あとは悠然と自明行を済ませ、その自明行の機会を与えて下さったことに対して、超越人格への感謝があるだけです。

私はこの書を通して、徹底した「勝者の論理」を皆さんに示しているのです。自明行は徹底して「勝者の論理」に反するあなたの中に巣喰っている嘘や、被害者意識や、傲慢や、虚栄や、不満の分離ベクトルをあなたの中から追い出すことであります。

そして統一行も、感謝行も、祈りの行も、あなたの人生の勝利のために統一ベクトルを蓄積する「行」なのです。

あなたに立場を与えて下さった人に決して感謝を絶やさず、現れる運命や環境を超越人格の愛の導きとして受け入れ、徹底して誠実さを貫き、無作為に生きることが勝者への道であり、それこそがまさに超越思考そのことなのです。その生き方を蓄積して行けば、気がついた時、あなたは既に人生の勝利者の道を歩んでいることになるのです。

さあ、今日からあなたは自明行に徹することで生まれ変わり、徹底して「勝者の論理」で生きることを決断するのです。そう決心してしまえばできることです。頑張りましょう。

一九二　人生の敗北を前提として生きるのが「敗者の論理」

さて、誠実さのないそして卑怯な人（不誠実ベクトルと卑怯ベクトルに翻弄《ほんろう》される人）ほど自分が被害者と思われることを喜び、それを望むものです。被害者意識の人間というものは「……のせいで私は不幸になった」とか、「……のせいでできなかった」とか、「……のせいで失敗した」というセリフが大好きです。そのような人はたとえ他人から、特別に恵まれた境遇にいるように見えても、それに感謝がなく、その恵まれた環境にさえ不満を見つけ出し、そこに被害者意識を作り出すのです。それではせっかくの恵まれた環境を個性を輝かすために活用できず、幸福を築くために活かすこともできないのです。

分離ベクトルは今の恵まれた環境と与えられた立場にさえ不満を持ち、周囲の人の欠点をほじくり出して不平を言い、周囲の人の言葉に意地悪な解釈をし、忠告されたことさえも被害者意識で見ているというような、本末転倒なことをしているのです。

今の環境に不満を言う前に、いったい自分がどれほど立派なことをしてきたのか、考えてみるべきです。その現実の自分の実態を正しく知れば、今の自分の環境がいかに恵まれ過ぎた環境であるかが分かるはずです。さてあなたは「私はそのような人間ではない」と自信を持って言えますか。

　このような卑怯な人達は自分をうまく被害者に仕立て上げることで、同情を乞い、うまくいったつもりでいるのです。そのことによって自己の責任を免れようとしたり、自分の有利な立場を得て、自分の主張を通そうという魂胆なのです。多くの場合このような人達は多くの人々の好意に甘えているのであり、実際には相手に感謝しなければならない立場であり、実際にはその恵まれた環境に感謝しなければならないのであり、あるいは実際にはお詫びしなければならない加害者であったりするものであり、それ故その行為は天に唾《つば》する行為を積み重ねていることになります。

　現代にはこのようなわざわざ被害者になろうとする社会的分離ベクトルが蔓延《まんえん》していて、被害者であることの方が一見有利に自己を主張できるゆがんだ思考環境が作られているのです。

　このような生き方を続けていれば、宇宙を支配する『思い通りに成る法則』により、運命は下降する以外にないのです。それは即ち、「自分は被害者でありたい」と思うことは「被害者になりたい」という意味を持った分離ベクトルが潜在意識に積み重ねられ、それはやがて実際の被害者になるべき運命の「ベクトル共鳴」を伴って、現実の環境に現れます。まさにその人の願ってしまった通りに「実際の被害者となる運命」が自己実現するのです。

被害者意識の人間はこのように被害を自ら呼びこんでおいても反省はなく、さらに性懲《しょうこ》りもなく、被害者同士お互いをかばい合い、助け合い、思いやり（?）と愛（?）を温め合い、自分をそして自分達をかわいそうな人間として見てもらおうといつも同情を乞うのです。やがてこの被害者同盟は実際の被害の集団的自己実現へ向けて運命を駆け下って行くのです。

このように被害者意識とはまさに「敗者の論理」であり、人生の敗北を大前提とした生き方です。

「敗者の論理」とはこのように自分は常に被害者であることを喜び望んでしまう、人生の敗北を大前提とした生き方なのです。そこでは「うまくいった」と思って選択した運命は結果としてことごとく不幸を招き、それでも自分の醜さに気づかず、またまた懲りずに被害者であろうとして「言い訳人生」を送るのです。このように人生の敗北者は決してある時たまたま人生に失敗して敗北するのではなく、常日頃から自分を人生の敗北者として位置づけ、そう仕立て上げて生きてきたのです。

一九三　あなたを取り巻く特殊事情を感謝で受け入れ、人生に活かすこと

人はそれぞれ皆独自の人生を与えられ、良くも悪くも特殊事情をかかえて生きているのです。そしてあなたも例外なく、様々な特殊事情の中で生きているのです。決してあなただけが苦しんでいるのではありません。あなたを取り巻く社会事情も特殊なら、周りの人達も特殊であり、またあなたが育った環境も特殊であり、あなたの今の親子関係も兄弟姉妹関係も、夫婦関係も特殊です。

このあなたを取り巻く様々な特殊事情は、「敗者の論理」で生きる人間にかかれば、たちまちその全てが被害者的発想の材料となり、自分をかわいそうな人間に仕立て上げてしまうでしょう。

そして「勝者の論理」で生きる今のあなたならば、自分を取り巻くそれら特殊

事情の全てを『全ては超越人格の愛の導き』として、感謝で受け入れることができるはずです。

今まさにあなたの前に大きく立ちはだかる運命こそ、その特殊事情から生じた運命です。つまりそのことこそ、今のあなたにとって感謝で受け入れることが必要なのです。

そしてもちろんその運命は、『思い通りに成る法則』という宇宙の法則によってあなたが潜在意識に蓄積した運命であり、しかもそれはその蓄積のほんの一部分にしか過ぎないのです。

即ち、超越人格はあなたが蓄積した運命の材料の中からほんの一部分だけを取り上げ、そこに同種の運命の全てを代表させて象徴的にあなたの運命として現実に現し、それをあなたが正面から感謝で受け入れて自明行を完璧にこなしさえすれば、残りの分離ベクトルの大部分を清めて下さり、さらに未来のすばらしい運命へとあなたを導いて下さるのです。ですからいかなる運命も『全ては超越人格の愛の導き』として感謝で受け入れ、自明行を済ませることが人生の勝利者の道なのです。

一九四　「勝者の論理」で生きるには感謝以外の思いを心に入れないこと

従う姿勢がなく、感謝もなく、自分の利益のみを主張し、反発することが正義でもあるかのように、組織の長や上司を批判するとすれば、それは恩知らずの極みであり傲慢の極みです。

もしもあなたがこのような「敗者の論理」で生きるとすれば、どうあがいても幸福に成れるはずがないことは既に十分明らかでしょう。

一方あなたが感謝を忘れていても、あなたの「主体」はあなたに代わって、もったいない程恵まれている今の立場に感謝し、その立場を与えて下さった上司と組織の長に感謝して下さっています。

あなたの「主体」は常にあなたに、その上司のために誠実に生き、ご恩返しをし、今の環境を大切にするように伝えています。今こそあなたは「主体」の心に従うべきです。

人生に成功するには、自明行によって自分の中から徹底して被害者意識という嘘を追い出さなければならないのです。そのためには自分の中の被害者意識を発見次第、徹底的に『自明の光！』を照射すること以外にないのです。苦しい時はあれほど必死で祈り、救われたことに感謝があったはずなのに、ちょっと調子が良くなってくると、すぐ祈りを忘れ、感謝を忘れ、謙虚さを失って傲慢になり、立場を逸脱し、分かったような気になって不平の気持が芽生え、お世話になった人に対しても批判が出てくるのが人間のどうしようもない実態なのです。

あなたがそのような自分を嫌だと思ったら、感謝以外の思いを絶対に住まわせないように、自明行によって自分を見つめ、一日中感謝の祈りを祈り続け、感謝の響きを心に絶やさないようにしておくことです。感謝の人生が勝利者の人生です。

5節　仕上げは無作為の自明行

一九五　作為を徹底的に排除する

あなたに巣喰っていた分離ベクトルが白日の下にさらされ、その醜い姿が暴露されてしまえば、あなたはいまさら「人に良く思われよう」とか、「自分で自分を良く思おう」とする分離ベクトルから解放され、一切の偽善的な行為がなくなり、従って自分の醜さをとりつくろう作為がなくなり、つじつまを合わせようとしたり、自己正当化による自己主張や、善を装ったりする作為はもう必要でなくなり、人に対しても運命に対しても、決して身構えたり力んだりせず、心の姿勢から力みや背伸びが脱落するように抜けて行き、ゆったりとリラックスした精神状態を持続できるようになってくるのです。

そしてあなたは真理の絶対評価だけを相手として、誠実に生きようとする姿勢が次第にできてくるのです。そしてその時あなたは、「これまでの自分がいかに作為に満ちて生きてきたか」を発見し、その知らずに続けてきた作為の余りの多さに大いに驚くことになるでしょう。

しかしながら既に習慣となってしまっている作為的思考と言行はそう簡単に治るものではありません。そこであなたは徹底した「無作為の自明行」を実践し、それを最終の自明行として作為を徹底排除する段階まできたのです。

やがてあなたは無作為の中で、安心と平和な気持に包まれ「自然《じねん》」の中に生きることがそのまま「主体」の意にかなう、すばらしい運命へと導かれて行くのです。

一九六　作為だらけのあなたを発見する

作為と言っても、順序を決めて計画的に物事を進めることは決してここで言う作為ではありません。

しかしその場合でも、計画に固執すると「自然《じねん》」に運命が流れなくなります。計画は人間が作ったものであり、それは進展の中で変更があっても良いのです。

ここで私が初めに問題にする作為とは、それを自分では作為と気づかずに、心が「自然《じねん》」に流れずに、いちいち相手の裏を読んで言葉をつくろうことが処世術となっていて、「こう思われたくない」とか、「こう思わせたい」とか、もうほとんど無自覚の中で自分の言葉や行為を演技してしまうことです。

相手の腹を探りながら、「相手がこう言ってきたら、私はああ言おう」といちいち考えているのは、まさに作為の固まりです。しかし現実の世界を生きるにはそれも必要な時は確かにありますが、ただそのことにいつも「苦しみの自覚」を持って生きることが大切です。

作為が習慣となってしまうと、作為のない思考が全くできなくなってしまうのです。つまり作為があっては絶対に超越思考には至らないということです。

この作為だらけの自分を発見することはかなり難しいので、自明行の中でも「無作為の自明行」を徹底して実践するのは最後となります。ですからこれは回帰点を過ぎ、「初期段階の統一人格」を終え、超越思考を深め、統一人格を完成させる仕上げの自明行となります。つまり、「無作為の自明行」は、「主体」の立場から自分が良く見えるようになり、自分の作為がだんだん見えてきて、それが嫌でたまらなくなってきて、無作為こそ自分の求める生き方だと思えた時に、徹底して実践すれば良いと思います。これだけは「無作為に生きなさい」と言ってもそう簡単にできることではないからです。

一九七　究極は自明行すら作為である

作為のない状態とは、あなたが宇宙と一体となって、自分の心がいちいち引っかからずに、とどこおりなく流れている状態です。そしてその無作為の状態が「自然《じねん》」であり、人間の理想の姿です。

そしてこの無作為が深まるにつれて超越思考が体得されて行くのです。ところで、自明行とは分離ベクトルを発見し、一たんそれにとらわれ、そこに心がとどまり、それに『自明の光！』を照射し、後の処理は超越人格に委ねて、いっ時も早く本来の統一状態に戻ることです。

ですから自明行において、分離ベクトルを自分で消そうとしたり、自力で処理しようとする力みは作為であり、徹底して超越人格に処理して頂く心の姿勢を崩してはいけないのです。

さらに自明行とは分離ベクトルに一たん心が引っかかることでありますから、

そのこと自体が既に作為であり、とらわれと言えばとらわれです。そして厳密には自明行に限らず、様々な「行」は明らかに作為であり、やがて「行」そのものが作為として必要なくなる時がくるのです。

そして最終的には、この仕上げのための「無作為の自明行」によって、救われようとか、統一人格に成ろうとする気負いや力みさえも、そして祈りの行も感謝行も、そして自明行さえも必要なくなります。

その時は修行という言葉も忘れて、宇宙と一体、超越人格と一体、「主体」と一体となり、「自然」の中に生き、生きることそのことが超越思考を深め、統一人格を深めていくことになるのです。

それは、あなたの潜在意識が十分清まり、表面意識が関与しなくても潜在意識が「主体」の立場を確立し、「主体」と一体となって、表面意識に代わって分離ベクトルを発見し、それを捕らえ、『自明の光!』を照射し、全ての自明行を実践してくれる時なのです。

一九八　自明行の一たん中止

さて、あなたが自明行の必要性を強く感じ、特に熱心に自明行を実践する人ならば、日常生活さえ犠牲にして、いつも自分の心を内観し、分離ベクトルを一つも逃さず発見しようと、どこまでも分離ベクトルを徹底的に追及するでしょう。そのような自明行に対するあなたの熱心さは、必ず超越人格に認められるところとなりますが、その熱心さの結果として、自明行で発見した分離ベクトルを自分の意志力で消そうと力んだり、力んでもなかなか消えた実感がないことにいらいらしたり、精神分析的になってきたりして、意識の集中のあまり頭が混乱したりしてしまう時があるものです。

そのような時あなたは「無作為の自明行」の立場から自明行を根本から見直してみる工夫が必要です。そこで自明行から作為をなくす実践を兼ねて、自明行の中止期間を設けてみましょう。

例えば、三日間は完全に自明行を中止し、その後四日間を徹底実践というように、自明行の中止と実践の期間を交互にとってしばらく繰り返してみましょう。

実はあなたがそれまで熱心に自明行を実践してきたかいあって、その時あなたが中止しようとしてもあなたの中には既に自明行のための思考回路ができあがっていて、中止状態のまま自明行を実践してしまっていることに気づいてあなたは大いに驚くはずです。そしてさらに中止状態の方がより自然な自明行であることが分かります。そこでその中止状態の自明行を大切にして、無作為と超越人格へ委ねた心の姿勢を学び、また自明行に戻って新しい発見をして……、また中止して……というように繰り返すことで無理のない自然な自明行が次第に体得されて行きます。

これには個人差があって、中止状態を長くした方が効果がある人と、その反対の人がいますから、自分に合う比率をうまく発見しなさい。そして最終的には、中止状態と実践状態が完全に一致して、最も自然な最も疲れない、理想的な自明行の姿勢ができあがるのです。

自明行は疲れないように、落ちこまないように、「主体」の立場から楽しくやることがコツです。

そして大ざっぱに、悠々と、大胆に、そしておおらかにやることです。物事には時期というものがあります。あなたが自明行を早く成就しようとして、自分の想念や心の姿勢を最大もらさず見ようとしても、実はいまだほんの一部分しか見えてはいないものなのです。祈りの行、感謝行、統一行、そして自明行などの全ての「行」が積み重ねられ、全ての条件が整った時期がこなければ、自分の全体は見えてこないのです。

例えば、家を掃除するのに、一つの部屋だけ念をいれて掃除していて、他の部屋は汚いままであるとするならば、それはとてもバランスに欠けていると言えます。まず初めに一番汚れている部屋を見つけて、そこから掃除をする工夫が必要でしょう。

独りで道を追究すればどうしても自己流の自明行になり、精神分析的になったりする傾向が強く、自己を裁いたり、自分の心の全体を片寄りなく見渡せずに重大な部分を隠したまま一部だけの自明行を強調してしまい、しかもそれでいて全ての自明行ができていると自己評価してしまうものです。

自分の中の一番汚れた部分を自分で見つけることはなかなか困難です。できれば同志と共にお互いに忠告し合いながら自明行を成就することです。そして自分自身を「主体」の立場から導こうとする姿勢をいつも持ち続けることです。そしてそれは結構楽しい行であることにやがてあなたは気づくでしょう。

そして最も良いことは指導者に指摘してもらうことです。自明行の指導者の養成は私の緊急課題です。

6節　分離ベクトルの大放出と損の蓄積

一九九　損を重ねる誠実さが必要

いよいよ「帰還の時」を目の前にして、最後の難関は分離ベクトルの大放出です。それはもちろんあなたが『思い通りに成る法則』で作り上げた分離ベクトルであり、それを超越人格が最も適切な時期を選んで、しかもその大量の分離ベクトルのエキスだけを象徴的にあなたに体験させることで、あなたに大自明行を成就させ、あなたの運命の大きな障害となっていた大量の分離ベクトルを消して下さり、清めて下さるのです。その分離ベクトルの大放出を「損の蓄積」と呼びます。それは「損」と言っても決して損でなく、それを今まで固執していた分離ベクトルの立場からみれば、「損」をすることばかり、という意味です。ところで前に述べた「損得勘定の自明行」は「主体」の立場からの損得であり、「損の蓄積」の損得とは意味が反対であること既に明らかでしょう。

これからしばらくは、あなた本来の統一ベクトルが新しいあなたの環境と周囲との関係を築き上げるまで、内面的にも外面的にも大きな秩序改革を経由することになります。そしてそれはあなたの強い希望であったはずです。

未来にどれだけの幸福を望んでいるかで、その通る関門も違うことになるのです。あなたの願いが根本からの徹底した『あなたの人間やりなおし』を求めるほどの、大きく強いものである場合は、超越人格はあなたの潜在意識の最も奥深い部分から内面の秩序を作りかえることになるのです。

その場合は当然周囲の環境はどんどん変化し、いっ時つらい環境や立場がどんどん現れるという、現象的には「損」と見えることを経なければならない場合があります。

ここで注意すべきは、超越人格はわざわざ新たな困難を作り出してあなたに与えようとするのでは絶対にありません。いずれ必ずあなたに現れる困難な運命を、あなたの統一人格を完成する材料として組み立て直して下さるということです。

それは逆に言えば、「どんな困難も必ず解決され、それを契機に運命の大好転があるという超越人格の保証済みの運命」であることを意味しているのです。

そこでは現象として現れた分の一万倍もの分離ベクトルをも消して頂けると言って過言ではありません。そして象徴的に体験させられる小さな「損」の数々が何万倍にも活きて、あなたの未来の人生を彩ることになります。それはまさに『超越人格の愛の導き』以外の何物でもありません。

そしてそこにいかなる「損」が現れても、もはや何の心配も要らないのです。それは「損の蓄積」の中で大自明行を成就し、誠実さを貫けば、その次にはあなたにとっての最もすばらしい運命の展開が約束された中での「損」の体験なのです。まさにその時が「帰還の時」であり、統一人格を覆っていたベールが一気に切って落とされる、あなたの人生の中での最も祝福されるべき時であります。

ところであなたが今現在、既に運命的に大きな悲しみや苦しみに直面しているとするならば、それが既に分離ベクトルの大放出であり、その悲しみと苦しみにじっと耐え続けることが極めて大きな清めの意味を持つのです。さらにそれを「損の蓄積」と位置づけて、その中で誠実を貫いて、「行」を実践して行けば、必ずやより本質的なところで問題は解決され、「帰還の時」をまっとうできるのです。

二〇〇　損の蓄積と大自明行

あなたの中に巣喰う分離ベクトルの大放出により、虚栄心の築いた「虚構の砦」が、超越人格の光に照らし出され、徹底的に破壊されることが「損の蓄積」です。

そして「大自明行」はその破壊された瓦礫《がれき》の中から、あなたの本質である「主体」の光輝くすばらしい姿を一気に現してくるのです。

そこで次に、あなたの一世一代の大自明行を成功させるために、あなたが落ちこむであろうことが十分予想される状況を、一部前後と重複しますが以下にまとめておきましょう。

○　あなたの醜い実態が既にさらされているにもかかわらず、それを無視しようとし、真理の言葉さえ強引にねじ曲げて自分に都合よく解釈し、それもダメなら「自由だ、平等だ、社会常識だ」と、急に今までは見向きもしなかった別の価値観まで持ち出して自明行を拒否し、分離ベクトルを守ろうとするものです。それは「私は正しいから自明行は必要ない」と言っている醜い姿です。

また中には自分の醜い実態を見せつけられ、それをどうにか認めても、それでも特に驚かない人もいるのです。ですからその人は、その自分の醜さを変えたいとも思わないのです。そしてさらに、自分が人を傷つけていることはさして苦しくないが、自分が人に忠告されることは苦しいという人もいます。これは全く分離ベクトルの論理であり、「主体」の立場での「苦しみの自覚」が全くできない人です。

これには私も大いに困ってしまいます。このような人はその分離ベクトルの蓄積から必然的に到達する厳しい運命に直面し、その中で苦しむ以外にはないでしょう。人間はどんなに自明行から逃げ回っても、最後は実際の苦しい運命の中で否応なく「苦しみの自覚」をさせられるのです。

超越人格はその人に自明行のチャンスを何度も与えはしますが、それを受け取らなければいつまでたっても成長はしないのです。つまり幸福には成れないのです。

自分の非を認めたくないばっかりに、「でも……、だって……、しかし……」と言い訳ばかりし、逃げ道を探し出し、さらには自明行そのものを否定してまで自己正当化をしようとするものです。

それは「私は変わりたくない。私は幸福に成りたくない」と強く言っているのと同じです。

これではせっかく目の前までできている幸福を自ら放棄しているようなものです。人生そのものを放棄しているようなものです。このままでは「何が一番大切なのか」の正しい損得勘定ができるまで、「言い訳人生」、「開き直り人生」をしばらく懲りずに続けることになります。

○

あなたに忠告してくれる相手に、「負けたくない、勝ちたい」というのは自明行拒否の姿勢です。忠告してくれる人の人間性を問題にしたり、忠告の言葉や方法の不完全さを問題にしたりして、自明行を拒否するのは卑怯な態度です。たとえ相手が意地悪で批判してきても、そこに何かを発見し、「そうだったのか……、なるほど……」と受け入れる素直さと積極さが必要です。ましてや思いやりであなたに忠告してくれる人の忠告ならば、そこには感謝以外の何物もないはずです。

○

あなたの中に巣喰う分離ベクトルを指摘されて気分が落ちこみ、その自分に同情したり、かわいそうに思えたり、いじけたりするのは本末転倒です。そこで暴れるだけ、もがくだけ、落ちこむだけ、周囲にはとても見苦しく映るのです。

あなたにとっては今発見した分離ベクトルでも、周囲の人は皆昔から知っていることとです。

ですから正当化しようと暴れたり、もがいたり、落ちこんでいるあなたの姿は周囲からは「今までさんざんやってきて、何をいまさら……」と思われるのです。

自分をこれまで苦しめ、不幸にしてきた最大の分離ベクトルを今発見したのですから、今こそ最も喜ぶべき時です。それを解決すれば幸福に成れるのですから、心から感謝しましょう。

○

「相手の話を聞こう」という気持がなく、いつも「私が教えてやろう」という態度しかとれないのは、「私はもう真理を体得していて自明行の必要がないから、相手の自明行を手伝ってやろう」と言っている、分離ベクトルに翻弄された迷えるあなたの傲慢な姿です。

当然、傲慢や優越感や虚栄からではなく、思いやりとして相手の分離ベクトルを指摘してあげることは必要です。しかしそれを言葉に出して言うのは十回に一回でよく、日頃は相手の分離ベクトルに対しては、あなたが代わって『自明の光！』を照射してあげればよいのです。

○もともと単純な問題だったのに、簡単に自明行を済ませてしまえば良いのに、つまらない意地を張ったり、わざわざ深刻がったり、いろいろへ理屈をこね回しているうちに、めんどうな問題にこじらせてしまってはいけません。

自明行はできるだけいじり回さないで、あっさりしてしまいましょう。

さてあなたが、自明行が本当に嫌だというならば、自分がその程度の人間であることを謙虚に認めれば、それで立場は確立するのです。

そう身の程をわきまえていれば、自明行を成就しようと努力している人を尊敬できるでしょうし、その人を批判したりは決してしないはずです。

二〇一　行を積むことで多層構造の自分が見えてくる

あなたがこの書を読んだことで、初めはその知識を得たことだけでもう全てが分かったような気持になるかもしれません。そしてある時は真理を理解した錯覚におちいってしまって傲慢となり、分かったつもりで人や物事を批判したり、人を見下してしまったりすることがあるかもしれません。

そしてまたある時は現実の醜い自分に直面してがく然とし、人に忠告されれば自分の百パーセントが否定されたような、そして自分の百パーセントがダメなような気がして、自分を卑下して気分が落ちこんでしまうこともあるでしょう。そしてある時はそれに反発し、自己正当化によって自分を肯定しようと、分離ベクトルの立場の自分を強引に正当化しようとして背伸びをしてしまうこともあるでしょう。

それを人に否定されれば、いじけて超越人格に背を向けてしまうことさえあるでしょう。

その時は、この書に出会った十年後の「7節　統一人格と成ったあなた」を何度も読んで、必ず到達する統一人格と成ってからの、宇宙を創造するすばらしい未来の自分自身を思い浮かべたり、あるいは近くの人にあなたの良さを認められることで、勇気を取り戻しなさい。

そこでまた気を取り直し、立ち直って強く前進すれば、またまた自分の百パーセントが肯定されたような気になって、またまた背伸びをし、強がりを言ってしまって傲慢となってしまうでしょう。

そしてまた現実を見せつけられては自分に落胆し、反省しては自明行がまだ下手で自分を裁いてしまって苦しみ、自信を失って落ちこんでしまっては自己嫌悪におちいり……、という過程を何度か繰り返してしまうものです。その時は必ず【二五六】へ帰ることを思い出しなさい。

そして修行も一方向的に前進するのでは決してなく、実際に前にできたことが後にできないこともあり、進んだり後退したり、しばらく休んだり、また忘れた頃に始めたり、と進むことになります。それはあなたの背後では様々な人格が、あなたと共に修行しているからです。しかし、あなたがこのように上がったり下がったりを何度も繰り返しているうちに、一つの人格と思っていた自分という存在が、実はいくつもの人格からなっていることが、次第に体験的に理解できてくるのです。そして光輝くあなたの「主体」の本質と、自分ではない他から動かされている自分や、分離ベクトルに振り回されるどうしようもないほどダメな表面意識の自分が、ハッキリと切り離されて感じられてきます。そして次第にあなたの内面の秩序が、結晶が成長するかのように多層構造に形成されながら成長して行くのです。

さて、私はあなたの内面の秩序を多層構造に作りかえるために、この書で自明行を中心としたいくつかの「行」を用意したのです。これらの「行」は、私が超越人格に指導された経験を整理分類し「行」として整理したものです。日常生活での「行」は、感謝行と祈りの行が中心となります。

その感謝と祈りの中で徹底して想念を見つめ、心の姿勢を見つめ、あるいは何か事有る度に自明行を実践しながら日常生活を誠実に生きるのです。

ここで日常生活の中で誠実さを貫く方法として、「自分の思っていることは全て相手に伝わっている、そして相手の考えていることは全て自分は知っている」という前提で生きることです。それはまさに真実なのです。始めのうちは必ず、毎日時間を決めて統一行を習慣づけなさい。統一行を習慣づけることはあなたを導く超越人格からみて、大変指導しやすく、大きな効果が期待できます。

自明行は統一行の中でも大きな働きをしてくれます。さらに曜日ごとに特別に一つの「行」を強く意識して実践し、一週間で元の「行」に戻るような計画を自分で立てるような工夫も良いと思います。

長続きさせるために、共に同じ「道」を歩む同志をぜひ作りなさい。そして「個の論理」や自己流におちいって、悟ったつもりの臭い人間にならないためにも、共に祈り、苦しい時には共に励まし合い、自明行を助け合いながら、同志と共に真っ直ぐ私の示した「道」を歩みなさい。

この書を何度も読み返し、あなたの日常生活を「道」と切り離さずに「行」を実践していきなさい。日常生活こそ超越人格に与えられたあなたの環境であり、あなたに最も適した修行道場であることを忘れないように。そしてさらに、この書を熟読することはそのまま超越意識に通じ、統一行の意味を持ちますから、百回読むことを最初の目標に、必ず毎日一項目だけでも声を出してゆっくりと熟読することを「行」として取り入れることで、『あなたの人間やりなおし』は軌道に乗るのです。

さて、行を始めて一月《ひとつき》経ち二月《ふたつき》経ちしても、自分がまだ何も変わっていないように思えることがありますが、それは全く違うのです。あなたがこの書につながったことであなたの未来は保証され、そのことで超越人格は安心し、本格的にあなたの内面の秩序の大改造を始めることになります。その当然の結果として、「切りくず」や「削りカス」がたくさん放出されてきます。それが分離ベクトルの大放出の一面です。それを乗り越え、一年経ち二年経ちする中で、あなたは間違いなく大きく成長している自分自身を発見するでしょう。

二〇二　醜い姿が露呈される中で、あなたは大いに清められる

損の蓄積とは、具体的には現実の醜い自分の姿が自分にも、そして周囲にも暴露され、周囲からの批判や中傷を受けるという、つらい場面に直面するということです。

この書では特に自明行によって心を暗くしたり、責め裁かないようにいろいろ工夫がされています。

「反省」という言葉を極力避けているのも、「善か、悪か」「正しいか、間違いか」とあなたが善悪の二極構造の中に落ちこんで苦しんだり、精神分析におちいって自己を裁かないための配慮です。

しかし、自明行で苦しまないように私がどれほど配慮しても、あなたが分離ベクトルの立場に立つ限り、多少の苦しみは避けられません。「多少の……」とは運命そのもので苦しむことに比べたら、それは苦しみには入らないくらい軽いものだからです。

始めのうちは「主体」の立場に立てず、つい分離ベクトルの立場に立ってしまって、分離ベクトルを守ろうとしたり、自己嫌悪におちいり自分を責め裁いてしまうものです。しばらくは立ち直れないことだってあるでしょう。しかし「行」の蓄積が進み、あなたの潜在意識が清まり、あなたの成長と共に、自明行が上手になり、自然に「主体」の立場を維持できるようになれば、自分に巣喰う分離ベクトルを発見することは大いなる喜びとなってくるのです。

しばしば同志の中に、自明行がうまくできずに、どうしても分離ベクトルの立場から離れられず、苦しんでしまう人を見ると、その人を思いやるあなたからは実に歯がゆく見えるでしょうが、しかしそれはそれで十分意味のある苦しみなのです。その人が「道」を歩む中で苦しむことは、それ自体に十分な意味があり、大きな「損の蓄積」と成って、その人は大きく清められるのです。

そしてその人には反面教師となってもらい、「その時」にあなたならばどうするかを十分学んでおくことです。そしてその場面でのあなたと周囲の人の、その人を思いやる温かい好意をよく体験しておくことは、いずれあなたに大いに役立つ時がきます。またこの自明行ができない場合に限らず、「道」の中で苦しむことは、それが怪我であれ、潜在意識を大きく清める作用を持つのです。

さて、いよいよあなたの大自明行の番となりました。周囲の人はあなたを温かく見守っているにもかかわらず、それがあなたからはそうは見えないものです。自分は誰からも認められず、メンツは潰され、愚弄《ぐろう》され、自分の嘘は全て暴露され、恥をかきというように、とても惨めな境遇に見えてしまうものです。初めのうちはそれに対して言い訳をしたり、抵抗したりしてはみるものの、それはますます自分を惨めにするだけであることに気づきます。しかしあなたはそんな惨めな自分を振り切って、周囲の視線をも決して恐れず、決して逃げず、決して不平を言わず、『全ては超越人格の愛の導き』として感謝で、しかも堂々と胸を張ってそれを受け入れることです。

この徹底した「損の蓄積」を実践しながら自明行を深めて行くことで、否応なくあなたは自分の裸の姿、つまり現実の自分の醜い姿を明確に知らされるのです。

しかしながら、この哀れな自分の裸の姿は決して自分だけの姿ではなく、それは全ての人間の現実の哀れな姿であることにも次第に気づいてきます。そして『自明の光！』に照らされてあなたの実態が明らかにされるこの時期は、『あなたの人間やりなおし』にとって極めて大切な時期なのです。

この上がったり下がったりしながら必死で求める時期に、あなたは決して人の目を通しての評価ではなく、超越人格の絶対評価だけを求めて、どこまでも誠実に生きる生き方を体得するのです。

二〇三　自己の現実の醜さを知るにつれ、真の自分のすばらしさが見えてくる

行を実践しながら、常にあなたは人を救う前に自分が救われるべき人間であることを強く自覚しなさい。もしこれができていないのならば、いまだ自分自身の回帰点が確立していないということです。

この回帰点が確立しないまま先へ進んでも、決して救われないのがこの道なの

です。この道を歩み出したのなら事有る度に何度も何度も【一五六】に帰って回帰点を確認し、【一八九】によって回帰点を確立し、いつも自分の位置を謙虚に位置づけながら、このすばらしい統一人格への道を歩みなさい。

そしてここでは、あなたがこれまでの人生で築いた価値観の途中から私の説いた「道」をつなぎ合わせるのではなく、あなたがこれまで築いた価値観を一たん横に置いて、新しく価値を構築する決心でこの書を読むことが必要なのです。そうすればあなたは一気に人類普遍の絶対価値体系を自分のものとすることが可能であり、その後に今まであなたが体験してきた全てのものが、無駄なく再び自分の価値の中に取り込まれ、光輝いてくるのです。

「損の蓄積」を済ませたあなたは、自分の……そして同時に人間の愚かさを、正しく体で知ったことで、人間の本来の姿に目覚めてきたと言えるのです。

今までは虚栄やメンツや見せかけの自信にしがみついて、はったりや背伸びをして自分を飾って生きてきたのですから、それを全て失うことは分離ベクトルの立場を守ろうとする過去のあなたから見たら耐えられないほどつらいことです。

しかし心から『あなたの人間やりなおし』を決意し、本気で真の幸福を願うならば、そして本当に統一人格を目指すのならば、ここは避けては通れないところなのです。

その試練を私は「つらい」と表現しましたが、それは以前の分離ベクトルの立場を固執していたあなたからみれば「つらい」のであって、求める気持ちが強い現在の「主体」の立場が確立しつつあるあなたにとっては、そんなことはもう何でもなく、大いなる喜びであるはずです。

その試練の時期はむしろ強い生きがいを感じる期間であり、運命的困難が目の前に有るように見えても、超越人格の愛の導きに護《まも》られていることが強く実感できる時です。さらに奇跡など不思議でも何でもなくなるくらい、様々なベクトル共鳴による偶然の一致や有り難い導きを体験できる時でもあります。

超越人格は霊視や霊夢という形で未来のあなたの姿を象徴的に見せて、勇気づけて下さることもあります。それは決して現在の心境を示すものではありませんが、未来への希望として有り難く受け入れて良いのです。ただしその具体的内容をつかんでしまっては絶対にいけません。またそこには超越人格のテストが紛れこんでいたり、分かったつもりの「虚栄と傲慢の落し穴」もあるのです。その落とし穴に落ちないためには、第一章で述べた私の霊修行の体験を十分に活かし、あなたの表面意識に自分の思いそのものとして出てくる分離ベクトルの誘惑によって、自分を特別の人間と思わされないように、十分慎重に前進しなさい。

この段階での超越思考は極めて浅いのであり、そこにはいまだ危険な潜在思考が混在して、分離ベクトルの勢力がそれらしく誘惑することはよくあることなのです。

そこではあなたの真理を求める素直さと真剣さと誠実さの積み重ねが、ただ一つの頼りなのです。

そしてこの時は、未来に大きな希望を持てる時でもあります。そういう日々の一日一日は、実に有意義な充実感に満ちている日々と感じるものです。そしていつも超越人格を身近に感じて、強い愛の導きを全身で感じる時でもあります。超越人格に対する強い信頼はこういう時に確立するのです。

二〇四　心の姿勢の謙虚さを最も大切に生きる

損の蓄積の期間は謙虚さを学ぶ時でもあります。大自明行により現実の自分の実態を知れば、真理に対して謙虚に成らざるを得ないし、周囲に対しても謙虚に成らざるを得ないということなのです。

損を蓄積し、潜在意識を清めて頂き、自己の内面の秩序の中に「主体」の立場を確立し、しかも生かされている立場として、自己の運命を超越人格に委ね、全てを神の愛に導かれているというあなたの絶対の自信に裏づけられた姿こそ、最も自然なそして本モノの謙虚さなのです。つまりあなたが自分を正しく位置づけ、真理に対する立場の確立ができれば、それは謙虚であるということです。

そしてあなたがどんなに知識を得ても、人にはできない何か特別のことができても、多くの人々を救っているように見えても、唯一あなたに謙虚さがなければ、あなたの運命の大きな歯車が狂ってしまっていて、「道」を大きく踏み外しているということになるのです。

ここで謙虚さとは、いかなる場合も常に「心の謙虚さ」であることを絶対に忘れないようにしなさい。

謙虚さとは、間違っても丁寧な言葉遣いや物腰の柔らかさのことでは絶対にありません。

人に良く思われたいためだけに、あるいは自分の心の傲慢さを隠すために、無意識に謙虚そうな言葉や態度を装うことは、最もたちの悪い偽善的行為というべきです。

あなたが生かされていること、そしていまだ未熟であることを正しく知ってさえいれば、自然に立場は確立し、感謝の気持があふれてきて、謙虚に成らざるを得ないのが素直な人間の姿です。

真理に素直で、心の謙虚さをいつも保っている人は、この大自明行さえ実感のないまま、知らないうちに通り過ぎていることさえあるでしょう。それは何年か経って振り返ってみてそれと分かるのです。

7節　統一人格と成ったあなた

二〇五　後は運命は駆け上がるしかない

私はこの一冊の本の中に、人類の悲願と祈りをこめて、あなたが統一人格を完成させるために必要な一切の理論と「行」を凝縮して詰めこみました。ですからあなたが真に統一人格を求めるならば、この一冊の本を指導書として、日常生活を修行道場とし、その中で展開する人間関係を「行」として生きることで、超越人格は必ずあなたを統一者に導いて下さいます。

そしてあなたは数年間を一区切りとして、私の示した一本道を横見をしないで誠実に努力すれば、必ず統一人格と成って真の幸福を得ることができます。

ここであなたに安心して戴きたいことは、私が示した全ての「行」を順番に全て百パーセントこなして前に進むことなどは、誰にもできないということです。そこで行をある程度こなしたら、どんどん先へ進んで、そこで行き詰まったらまたこの書を読み返して、以前取り残したままの行を完成させ……という具合に行ったり来たり、上がったり下がったりして進んで行けば良いのです。

　そしてある限られた期間、あなたはここで述べたように、分離ベクトルの立場からの損をし続けなければなりません。そうと覚悟が決まれば、あなたは人間相手に良く思われようなどというけちな気持は一切捨てて、超越人格だけを相手に、超越人格だけを見つめて、人間相手の一切の損を恐れず堂々と生きることができるはずです。

　もしあなたに意地悪する人が居れば、決して卑屈にならずに堂々と意地悪をさせてあげなさい。

　もしあなたの悪口を言う人が居れば、それを他人事のように笑って聴いてあげなさい。

　もしあなたの地位を強引に奪おうとする者が居れば、悠然として奪われるままにしていなさい。

　その立場が超越人格に与えられたものなら、決してなくなりはしないし、なくなったとするならその立場は既に成就したという意味であり、今度はもっとすばらしい別の立場が与えられるまでのことです。

超越人格の愛一元に生き、超越人格に運命を委ね、既に徹底した自明行を実践し、自分を知り尽くしているあなたならば悠々とそれができるはずです。

あなたがこの種の「損」をすればするだけ、あなたの潜在意識は清まり、着実に未来の基盤を作っていくのです。そして「損の蓄積」さえ済めば、後はもう運命は一気に駆け上がるしかないのです。そこではあなたのどんな大きな志もかなうのです。そこにはもう良くなる運命しか現れてはこないのです。この頃、あなたは自分の「主体」の祈りを感じとれるようになっているはずです。

統一人格が近くなればあなたの無作為の中から出てくる誠実な言動や行為が、見事に宇宙に調和していることが実感されてくるはずです。それは安心、誠実、明るさ、いきいき、すがすがしさ……、という統一ベクトルとしてあなたの雰囲気を創ります。そしてこれこそが統一人格の実感であり、幸福の実感です。そしてそれはいかなる霊能力でも超能力でも達し得ない心境なのです。

統一人格とは霊能力の向こう側の世界に達することであり、絶対に霊能力を得ることではないのです。

神を見たような錯覚の霊能力をつかんだり、未来の断片をのぞきながら生きるような相対の世界から解放され、運命をいじり回す作為から完全に解放されて、あなたは統一人格を完成させるのです。

二〇六　自明行を成長の指標として「行」を積む

さて、あなたが統一人格と成ることで、宇宙的に全肯定されるということは、表面意識における「主体」の立場が確立し、あなたの内面の秩序が整い、過去の体験が自明行によって全て正しく位置づけられ、そのことで帰還のための回帰点が確立し、『全ては超越人格の愛の導き』として感謝で肯定され、その結果分離ベクトルがあなたから切り離されたことによって、宇宙的に肯定されたのです。

しかし、自明行ができずにいまだ回帰点に立てず、過去が否定されたまま分離ベクトルの立場に立って言い訳したり逃げだそうとする錯覚が残っているうちは、その分は未統一の要因となります。

ですから自明行ができないために、分離ベクトルの立場に立っていてそれと気づかず、「私は統一人格である。私には分離ベクトルはない。私は全肯定された完全な存在である」と言ったら、いかに宇宙広しと言えど、これに勝る嘘はないことになります。

つまりあなたが「主体」の立場を放棄し、分離ベクトルの立場を固執している間はあなたが分離ベクトルそのものとして忠告され否定されるのです。せっかく善行為をしていながら、その動機となっている分離ベクトルを指摘されるのです。あなたは「主体」ではなく分離ベクトルそのものとして忠告され叱られるのです。実体ではない錯覚のために叱られるほどバカバカしいことはないことに早く気づきなさい。

ですから、損得勘定さえできれば、あなたはいっ時も早く分離ベクトルの立場を捨てて、「主体」の立場に立ちたいと思うはずです。そして堂々と自明行を実践し、回帰点を確立したいと思うはずです。

それ故に、自明行を実践することで、いかに回帰点を確立するか、いかに「主体」の立場に立てるか、そしてどれだけ「主体」の立場に徹し切れるかが、統一人格に成れるか成れないかを決するのです。

それは言いかえれば、【一五六】にどれだけ多く深く帰ったかであり、感謝とお詫びによってどれだけ確実に自己肯定できたかであり、その自己肯定できた分が統一人格を完成した部分であります。

そして『自明行の習慣と感謝と祈りによって心の姿勢を整え、今与えられている現実の環境の中で、いかに自分の立場を謙虚に確立できるように成ったかが、あなたの成長を示す指標となる』のです。

ところで十年経っても、現実の想念の中には醜い分離ベクトルがまだ有るようにみえますが、既に分離ベクトルはあなた自身からは切り離されていることが次第に自覚できてきます。

分離ベクトルがあなたの表面意識から完全に消え去らないのは、既にあなたの責任ではなく、周囲の分離ベクトルとか、生まれる前から仕事として持ってきたものとか、周囲の環境のものを手伝ってあげていることなのです。

それは清められるべき存在として出番を待っているものであり、また清められたカスとして今浮き上がって来たものです。それは超越人格の導きで、「主体」の立場のあなたに『自明の光！』で清めてもらうために映ってくるのであって、それはもう機械的に『自明の光！』を照射すれば良いだけなのです。

それは既にあなたではなく、あなたから文字通り「分離した」分離ベクトルなのです。

ただしそう言えるためには、「嘘発見の自明行」が完璧にできていなければなりません。

そこまで行けば、あなたの表面意識にはあなたの「主体」の立場と、「主体」に生かされる「主体体」の立場が投影されているのであり、もう分離ベクトルの立場に立つことはなくなっています。

つまり、「初期段階の統一人格」に成りつつあるあなたの表面意識に映ってくる様々な分離ベクトルに対して、『自明の光！』を照射することは、あなたの大切な「仕事」なのです。

二〇七　十年後あなたは既に統一人格である

『分離ベクトルが表面意識からなくなることで統一人格と成るのではなく、自明行が完璧にできることで帰還のための回帰点が確立し、「主体」に真っ直ぐに心が向いたことで統一人格と成る』という認識は重要です。つまり、分離ベクトルを自分とする錯覚から解放されて、本来の自分の姿を取り戻し、「主体」に到達したのです。即ち、潜在意識がある程度清まり、「主体」の立場を確保し、自明行によって分離ベクトルを自分から完璧に分離でき、回帰点を確立したことで、統一人格と成るのです。

あなたがさらに統一人格を深め、「主体」の立場を確立できれば「私は統一人格である。私には分離ベクトルはない。私は宇宙的に全肯定された完全な存在である」と宣言しても良いことになります。

そこではあなたは既に宇宙と一体と成っていて、あなたの過去の体験の一切は宇宙的に肯定されていて、宇宙を自分自身として生きているのです。そして当然のこととして、あなたは未統一者の人を見る時も、自分と同じようにその人の中に「主体」の立場を確かに見つめていて、分離ベクトルの立場を一所懸命固執するその人にも、その分離ベクトルを切り離した真実の姿を見ているはずです。

ところで統一人格とはとても奥が深く、そこには無限の段階があって、それに応じて超越思考も限りなく奥深いものとなるのです。つまりあなたは今、明確に自分の回帰点を確認し、やっと「人」としてスタートしたのであり、まだまだ先があるのです。「初期段階の統一人格」と成り、今後の人生を主体命成就のための人生と位置づけ、立場を逸脱せず、独善と傲慢にならず、特に謙虚さを保ちなさい。

今は明らかに統一人格の初期段階であり、「できたてのホヤホヤ」の不安定な段階ですから、ちょっと油断をしている間にこっそりと独善と傲慢の分離ベクトルが入りこんで、またまた偉くなったつもりの分離ベクトルがあなたの中に居座ってしまいます。十分注意をしていなければなりません。

帰還のための回帰点を確立し、「初期段階の統一人格」と成ったあなたは、既に宇宙の中で自分の立場を基本的には確立しているのです。あなたはしばしば独善や傲慢の分離ベクトルに誘惑され、しばしば立場を逸脱してしまうでしょう。それでもあなたは直ちに自明行によってその分離ベクトルを発見し、自分の力で立場の逸脱を修正できるまでになっているのです。このように自明行さえ忘れなければ、既にあなたの思考と行動は超越思考と成っているのです。この「初期段階の統一人格」に達した時点をもって、『あなたの人間やりなおし』は成功したと言えるのです。

これから後のあなたの人生は統一人格をさらに深め、そして超越思考をさらに深めて行く中で、真の意味であなたの主体命成就のための人生が始まるのです。そして今あなたはこれからの生涯にいかなる大きな志を持つのか、それを十分煮つめる時でもあります。

あなたの行動原理はもう既に超越思考であり、基本的には「主体」の意志であり、宇宙からくるものです。しかし超越思考はもっともっと奥が深く、その辺で満足してはいけません。超越思考はどこまでも奥が深く、これからの修行によってどんどん深まって行くのです。

さらにあなたを取り巻く現実の環境との整合という問題は常にあり、それはとても重要です。

真理をいかにあなたの周囲に表現していくかは、あなたの個性に委ねられています。その意味でこれからの人生があなたの個性を輝かせる真の人生なのです。

今「初期段階の統一人格」と成ったあなたは、真理と現実との整合を十分注意深く、慎重に、調和して進めて行きなさい。そしてそのために、超越思考と超越行動をもっともっと深めて行きなさい。

二〇八　統一人格と成ったあなたの偉大な姿

私がこの書で示した一本道を歩み、日常生活の中での数年間の「行」を積み、「帰還の時」を迎え、それを大自明行で越えることで、あなたは「初期段階の統一人格」と成っています。

独善と傲慢におちいらず、自己流におちいらず、もう十年間の努力を怠らなければ、あなたは統一人格をさらに深めています。そのような未来のあなたに確信と自信を持ちなさい。

あなたの運命は既に超越人格の手の中にあり、もう超越人格の手から離れて、分離ベクトルに翻弄されることはありません。もう既に、あなたの運命に立ちふさがる大きな分離ベクトルは存在しないのです。そしてもう運命の下降はなく、運命の変化は全てさらに幸福に成るための変化なのです。

「帰還の時」を迎え、大自明行を実践しながら、下座につくことで謙虚さを学び、「帰還のための回帰点」を確立し、「損の蓄積」が十分済んだ時、あなたは統一人格としての基本形を創り上げたのです。

ところで、自明行を実践する中であなたは『「主体」の立場から自分を見ること』を訓練してきたことに気づくでしょう。それは即ち、あなたは結果としてもう一つの自明行つまり、「自己の本質を明らかにする自明行」がかなり進んでいることを意味するのです。

図らずも「現実の自分の実態を明らかにする自明行」は、そのまま「真実の自分を明らかにする自明行」でもあったことになります。

あなたが真実の自分を見極める自明行を積んだことで、

あなたは自分の未来が希望に満ちて明るく見えてきたのです。

あなたの可能性が無限に見えてきたのです。

あなたは全ての人を愛していることに気づいてきたのです。

あなたに独善のない普遍的な人類愛の心が芽生えてきたのです。

あなたに敵対する人であっても、その人の成長を心から願う思いやりが出てきたのです。

あなたと宇宙との間には何の境界も障害もないことが分かってきたのです。

自明行を中心とする行を積むに従って、あなたの内面の秩序は多層構造に整理され、心の姿勢が整い、あなた自身の中で、「主体」の立場が次第に確立してきたのです。

統一人格をさらに深め、「完成された統一人格」に至れば、あなたには既に作為はなく、生きるままに語るままそのままが統一ベクトルの表現であり、超越思考と成っているのです。そこではもう既に自明行すら意識して実践する必要はないのです。

あなたは人に接しても、人に対しているのではなく、人をあなたの統一ベクトルの中に包みこんでいるのです。

そこではことさら愛を意識しなくても、あなたの存在そのものが人を勇気づけ、幸福感を与え、人に生きる指針を示し、人を統一人格に導く働きをしているのです。そして人を統一人格に導くことこそ最も偉大な愛です。それをあなたは今無自覚の中で実践してしまっているのです。

超越思考を得た今のあなたは、既に宇宙と解け合い、宇宙と一体化していて、宇宙の投影体として一つの働きをしているのです。あなたは宇宙の中で考え、宇宙の中で行動し、宇宙の中で個性を輝かせているのです。あなたが考えることは宇宙の考えが投影されたものであり、宇宙の考えることは基本的にあなたが考えることです。そこでは、あなたの願いは本質的なところで全てかないます。ですからどんな大きな志でも、それに向けて努力すれば、より本質的なところで実現するのです。

あなたは今「何をすべきか」を考えるのではなく、「何をしたいか」を考えれば良いのです。

そしてこの「何をしたいか」の中にあなたの主体命はあるのです。

ある時はあなたの望むことが先回りしてあなたの前に運命として現れてきます。統一人格を深め、超越思考を深め、やがて「完成された統一人格」と成ったあなたにとっては「したいこと」と「すべきこと」が常に一致している「自然《じねん》」の世界が今そこに展開しているのです。

しかもそのようなあなたのあらゆる行為は、以前のように臭みを発することはなく、そのまま一切が宇宙的に全肯定されています。もはや自己肯定のために苦労して自己正当化をする必要もなければ、ましてやそのために自分を被害者に仕立て上げる必要もありません。

そこではあなたの過去のいかなる体験も、それがたとえだましだまされ、殺し殺されような闘争の体験であっても、全ての体験は今全て宇宙的に肯定され、今や統一ベクトルと成ってあなたの中で立場を得て、あなたの中で活かされています。

人間の尺度で計って善かろうが悪かろうが、あなたのあらゆる思考と行動は、そしてあなたの言動と行為は、善悪を超越して宇宙的に全肯定されて宇宙に祝福されています。

あなたはそれを自覚しながら、さらに自己の存在そのものを全肯定することができるのです。

あなたのすることは「主体」のすることであり、「主体」のすることはあなたのすることです。

それ故に、あなたの個性は以前の百倍にも輝きを増し、感受性はうるおいと豊かさを取り戻し、感情も思いも欲望とみえることも、全ては潜在意識の支配から解放されて宇宙の中から出ているのです。

もはやそれらが自分を縛り人を傷つけることはなく、それは全てあなたと周囲を生かすために作用し、愛と感謝を表現するために働き、人生を美しく飾るものとなって光輝いています。

「主体」に帰還し、「初期段階の統一人格」と成ったあなたは、今真の意味での永遠の幸福を得たのです。

もう決して逃げて行くことのない永遠の幸福を今手にして、あなたは生きることの本当のすばらしさを身をもって体験しているのです。

あなたの周囲にはあなたが生み出す安心と平安に包まれた美しい統一ベクトルが満たされています。

あなたがただ黙ってそこに居るだけで、周囲の人々はその統一ベクトルによって清められ、幸福感に包まれます。あなたの超越人格の愛を確信するところからくる真の自信と真の謙虚さは、あなたがただ黙ってそこに居るだけで、周囲の人を勇気づけています。そしてあなたを取り巻く環境は、あなたを中心に展開して行くようにみえるでしょう。

あなたはさらに《超越人格》の普遍性を追究し、《超越人格》の理念を体得し、《超越人格》の器となって主体命を成就していくにつれて、進歩と調和に満ちたあなたの環境はさらに広がります。

そして人類が目指すべき、普遍性が確立した本当の世界が次第にあなたにも見えてきます。

その時あなたの主体命はさらに大きく与えられ、その普遍性を求めて、統一ベクトル領域の投影されたあなた独自の個性的な世界を「自然《じねん》」の中で創り上げて行くことになるのです。

そこは既にあなたの個性あふれる文化圏であり、その統一ベクトルはあなたの宇宙的業績として永遠に存続するのです。

【最後の確認】

私はこの書に、あなたが大きく生まれ変わり、真の幸福を得るための原理と方法論を示してきました。

書いた内容は極めて単純なことなのですが、この書を読んでたとえ難しく感じ、「とても私になんかできないのではないか」と思っても、決して弱気になってはいけません。

『あなたの人間やりなおし』は技術ではないのです。宇宙は『思い通りに成る法則』が支配しているのでした。しかも超越人格はあなたを生まれ変わらせようと背後で働いて下さっているのです。

祈りも自明行も自分で処理するのではなく、全て超越人格に処理して頂くのであることを忘れないように。あなた自身は「生まれ変わりたい」と宣言し、そのスイッチを入れるだけのことなのです。

超越人格といえど「変わりたくない」と思っている人を変えることはなさらないのです。

そして「変わりたい」とさえ願うならば、それから後はあなた自身が自分の力でするのではなく、超越人格があなたのために、超越人格の力をもってあなたを大きく生まれ変わらせて下さるのです。

もう一度言います。『あなたの人間やりなおし』はあなたがそれを望めば成就するし、それを望まなければ成就しないのです。さあ人生最大の喜び、『あなたの人間やりなおし』を見事に成就して下さい。あなたなら必ずそれを成就できるのです。


【『私の人間やりなおし』の祈り】

超越人格さま、私は大きく生まれ変わりたいのです。

超越人格の愛の導きによって『私の人間やりなおし』を成就させて下さい。
超越人格さま有り難うございます。

本文　おわり

結言

私の探究した「道」は、「個」と「全体」を含む絶対価値体系であり、この書では残念ながらその一部分しか表現できませんでした。

しかし本来「個」は常に「全体」の中に位置づけられていますから、「個人の救われ」といえど「全体」を無視して救われを追求するだけでは、決して完全な救われは得られないものなのです。そこでこれから先の「道」は、「個人の救われ」であっても、それは同時に「全体の救われ」につながるのでなければならないのであり、そこではさらに徹底した普遍性の追究が要求されるのです。

そして人類は今その時なのです。

そしてここで言う「全体」とは最も本質的には宇宙でありますが、特に現実を生きる上で大切な「全体」とは、文化という民族が育てた思考環境であり、私達人類という「全体」なのです。

あなたが「全体」に同化し、超越意識に達し、宇宙の秩序の中で生きるには、一たん初心に戻り、さらに心を鎮め、真理の普遍性を体現し、人類という「全体」と一体になる教程が残っているのです。

そこに人と人類の究極の目標である、「個」と「全体」を調和させる「道」があるのです。

ここで、「個」から「全体」への働きかけは「登る道」であり、「全体」から「個」への働きかけは「降りる道」であると言えます。

その意味で、この書で示してきた「道」は基本的には「登る道」であったのです。

そしてこの「道」以外に、さらに「降りる道」も存在していて、その当然の帰着として「登る道」と「降りる道」の整合によって「個」と「全体」は完全調和することになります。

「個」と「全体」を調和させることができて初めて、個人も人類も救われることになるのです。

あなたが真に求めている救われとは、まさにそのことなのです。

さてそこでですが、この書を通して『あなたの人間やりなおし』を決意し、それを実践している今のあなたには、既に国家、民族、人類というような「全体」に係わる大きな主体命が与えられているという自覚が必要です。

それ故にあなたには特に「全体」における、より具体的な立場の確立が求められています。

統一人格を求め、そして既に「初期段階の統一人格」と成ったあなたが、真剣に求めるべきは、「全体」の秩序とその中でのあなたの具体的な位置づけなのです。

もしそれがなければ、多くの人々はそれぞれ勝手に孤立して行動することになり、それでは矛盾と対立の中に落ちこみ、労多く実り少ないものになってしまいます。


そこでいよいよ超越思考が重要な意味を持ってくるのです。

あなたは宇宙の秩序の中で内面的に統一されて導かれ、超越意識からの「統一ベクトル領域」で力と具体性を与えられます。

そのように超越意識のネットワークによって固く結ばれた同志は、対立なく、矛盾なく、調和して行動できる秩序を築き上げるのです。その行動原理がまさに超越思考なのです。

「全体」と一体化し、普遍性と絶対性を体現し、高度な超越思考を得れば必ずしも形の上で組織が必要でない場合はあります。

統一ベクトルを共有することで、高度な超越思考による「統一ベクトル領域」からの働きかけで、それぞれが形の上で組織を作らなくても統一的に動くことはできるのです。

しかしそれを多くの人々に要求することは現実的ではなく、私達は肉の身を持ってこの形の世界に生きていることの意味は、宇宙の秩序を形に表現することでもあります。

従って働きが具体的な段階に至れば、当然形の上で組織を作り、秩序はその組織に投影されることになるのは必然です。

そこであなたは今からその具体的な段階を念頭において、常に自らの今の立場を《超越人格》にお返ししておくことが必要なのです。

それは既に統一人格と成ったあなた自身を「全体」の中に謙虚に位置づけることにもなるのです。

それは強制ではない、「主体」の意志を尊重した帰一の道でもあります。

そしてそれは表面意識中心の現代流の「自由」という対立の道ではなく、宇宙の真理である「登る道」と「降りる道」の整合による「自然《じねん》」の中に与えられる運命の展開でなければなりません。


ところでもし今のあなたが心から仕える人を持たず、帰一すべき普遍的な理念をも持っていないとするなら、それはあなたは宇宙の中で孤立し、「全体」が投影された現実の秩序の中でいまだ自己の立場が確立できていないことになります。

そこであなたは、いまだ見つからないが、いずれあなたが本来仕えるべき人格にいつでもあなたの立場をお返しする心の準備と、そのための具体的計画が必要なのです。

「いや、私は神に直接仕えているから、人間という人格に仕える必要はない」と言う人は、第二章で述べたように、まずその仕える神が一切の独善を排し、完璧な普遍性を回復していることが必要であり、さらにその人自身が《超越人格》に通じる高い理念を体現していなければなりません。

人間の意識構造は多層構造でした。

つまりあなたは自分の仕えるべき人に《超越人格》を投影して見ることになるのです。

そして《超越人格》を投影できるその人とは、絶対普遍の《超越人格》の理念を体現した「人」です。

あなたは《超越人格》に帰一し、その帰一の具体的表現として、その「人」に仕えようとする心の姿勢を保つこと。

これが「個」と「全体」に係わる、真理に対する謙虚さです。

平成四年九月二〇日

洞爺湖を望む丘にて　空不動

著者近景

著者名　空不動（KUU　FUDOU）
本名　岩根和郎　昭和18年（1943年）生まれ。

かつて、著者ほど真理の普遍性を真剣に命がけで求めた方はいないであろう。

氏は、人生の大半をかけて、色づけのない人類愛の心を大切にされて、これほどまでに真理の普遍性を徹底的に追求されたのだ。

その結果、過去の宗教や思想を大きく超える価値体系が構築され、ここに示される理論体系は実践の中に一元論と二元論を段階的に統一的に融合させたものであり、人類の歴史の中のいかなる宗教や思想の系譜の中にも位置づけられないものであり、しかもこれまでの一切の宗教や思想をその内に位置づけてしまう程の包容力をもつ体系となったのである。

氏はさらにこの価値体系から新たな行動原理を生み出され、自らを実験台として、決して山にこもらず、今も現実の社会に直接関わり、その行動原理を進化させておられるのだ。

氏はどこまでも一人の求道者に徹して、あえて神には成らない姿勢を貫いておられる。一人の人間として、徹底して真理の普遍性を貫いた結果として、真理の絶対性をも与えられることになり、氏は人類史上希有な絶対普遍の真理の体現者と成られたのだ。

絶対普遍の真理であることとは、地球上だけではなく宇宙の中で普遍的に通用する宇宙時代の真理の表現であり、人類が宗教や思想や主義主張の対立を乗り越えて新しい時代を迎えるためにも、そして地球以外の人類（宇宙人）との接触においても絶対に必要となる普遍的な原理と方法論を示されているのである。氏は正に宇宙からの使者であられ、その理論体系は宇宙時代の「法」といえるものである。

人類の歴史の中で、今ほど世界がグローバル化し、地球上の恒久平和が求められている時はない。このような時代は多くの民族と国家が混在したまま、各人が家庭を捨てることなく、山にこもることなく、日常の生活を続けたまま、到達できるレッスンプログラムが潜在的に必要とされている時代であるといえる。

人類の経綸の中で、これまでのほとんどの宗教にもある「祈り」「感謝」「瞑想」等の行の他に、「自明行」という新たな手法を編み出されたことにより、社会に深く関わりつつ日常生活を誠実に過ごす中で、しかも運命を好転させせながら覚醒できる方法を確立されたのである。

また、氏の示す道は徹底した現実主義であることにも特色があり、著書の内容は、チャネリングや霊感によって書かれたものではなく、あくまで自らが体験されたことのみを基として書かれたものである。

氏は大学では物理学を学ばれ、その後国立の研究機関で科学技術、生理学を学ばれ、その知識の上に物事を理論的に考えられる方である。

だからこそ「理論が理論だけではまだ現実的意味を持たない。現実の中で実践してこそ理論は意味を持つ」として、企業を立ち上げその中で理論を実践し、社会との関わりを決して否定せずに行動し、その成果をもって自らの理論を確認し、高い理念の下に現実の裏付けを持つ実践論に発展させておられることが他にはない特徴である。

そして自らは、市井に踏みとどまって一企業の経営者として、そして家庭人として日常を過ごされているのであり、氏はいつも「雲の上から真理を説くほど容易なことはなく、現実の人間と社会に深く係わりながら身を持って真理を表現していくことほど難しいことはない」と仰られている。

また、氏は自らを「自然（じねん）の行動家」と称しておられ、「自分は宗教家ではないし、宗教は大嫌いだ」と仰っていて、宗教家によく有りがちな宗教臭さというものを全く感じさせない方である。

真理は体得・体現してこそはじめて真理となるものであることから、氏の著された理論体系の言葉の中に氏の実在があるわけではなく、清々しい高潔感と溢れる包擁力でいつも気負いなく自然体で相手に接しられつつ、相手次第で無碍自在に変化される御姿の中に絶対普遍の真理の体現者の実在を見ることが出来るのである。

【献文舎・読者連絡室からのご案内】

本文庫の標題にあります「人間やりなおし」を成就するには、「感謝行」「祈りの行」「統一行」「自明行」の三つと一つの行、及び本文庫を繰り返し精読する「読書行」による理論的な学びが必須不可欠と言えます。これまでの読者有志の方々の体験や蓄積からは、これらの行は一人で実践するよりも同志と共に学び行ずる方が幾倍にもその効果は上がるとのことです。

そこで献文舎では読者連絡室を設け、著書等に関する情報だけではなく、読者有志の勉強会の案内業務もさせていただきます。

特に『人間やりなおし』の道に目覚め、統一人格成就を決意した読者様向けに、日々の行実践のサポートを目的とした初心者向け「レインボークラブ」をご案内致します。

◆レインボークラブの目的

前述の通り、本文庫をお読みになり、『人間やりなおし』『自明行』に興味を持たれた皆様の行の実践をサポート致します。原則的にはEメール（パソコン、スマホ）での連絡となりますが、メールがない読者の方にも、通信環境に応じて出来るだけのサポートはさせていただきますので、その際は専任のガイド役に気軽にご相談ください。

◆レインボークラブのカリキュラムについて

「心の姿勢」や「立場の確立」を求めるにあたって、行の基本である「感謝行」「祈りの行」「統一行」の三つの行を実践します。

具体的には、毎月の目標回数や時間をご自身で設定していただき、メールおよびWebを使って月一回の報告をします。これはあくまで自主的な取り組みとして一切強制されるものではありません。形の上では、メンバー間で共有するメーリングリストへの報告メールや、それらを閲覧するだけですが、実は超越意識の中で協力し合い支え合いながら、実践することになります。これは一人で行ずるよりもはるかに効果が上がると、読者の皆様から経験談としてご意見をいただいております。

さて、「自明行」は行の中でも最も行らしい行ですが、日々の「自明行」の積み重ね無くして『人間やりなおし』は成就出来ず、自明行こそは『人間やりなおし』の道を特長付ける特筆すべき行と言えます。しかし初期段階からこの「自明行」のみに注力すると、「自閉行」や「自迷行」といった「自明行もどき」となったり、本質的ではないことばかりを対象にしてしまい、その結果、自己満足に陥る危険性が多分にあります。そこで、「急がば回れ」の諺通り、「自明行」を行ずる前に、「自明行」を実践可能な臨界点＝「正しい苦しみの自覚」に至るまで、まずは「感謝行」「祈りの行」「統一行」の蓄積に注力して頂き、来るべき「自明行」の旬に備えて頂くことを意図しております。

多くの先輩同志の方々も、これらの基本と成る蓄積活動を現在も継続中であり、多い方では「人類愛の祈り」を主とし、「回帰点の祈り」「大構想の祈り」を含めて毎月二万回以上を蓄積されております。また、「統一行」についても、多い方で毎月六十時間程度の蓄積を継続されておられます。

◆入会特典について

日々の統一行の実践と習慣化を強力に支援する柏手入りのCD（巻末の案内参照）を献文舎より贈呈いたします。

そして、初期段階における右記三つの行の一定期間の蓄積が成された後は、自然（じねん）の流れの中で、読者のそれぞれの真剣さやその個性によって、左記の様に、様々な道に枝分かれしながら展開して行くコースも用意されています。

①月一回日曜日の午前中に都内会議室で開催される「瞑想の会」への参加

②全国に点在する先輩同志の勉強会（TAKUZI会、自明会）への参加

③著者の別著書「暗号は解読された般若心経」関連の勉強会である「般若波羅蜜多研究会」の見学および参加。
④「レインボークラブ」の上級コースに位置し、毎月指針（その人に当てはまる修行上の重要ポイント）を戴ける献文舎主催の「やりなおし会」の会員（後述）へのステップアップ
⑤著者岩根和郎先生のセミナー参加（不定期開催）

◆参加の方法について

「レインボークラブ」に参加してみようという志のある方は、左記の要領に沿ってお申し込み下さい。また質問をお持ちの方も左記宛お送り下さい。

☆申し込み先　献文舎・読者連絡室

Eメール：kembunsha@yarinaoshi.com
電　話：03-3549-3290　FAX：03-3549-3293
郵　便：〒104-8238　東京都中央区銀座5-15-1　南海東京ビル1F SP865

●申し込み要領

お名前・性別・年齢・住所・連絡先電話番号・職業・メールアドレスをご記入の上、抱負や決意などを併記して頂き、登録願いを提出してください。

●入会登録の可否について

入会申し込みを戴いた後、読者連絡室にて確認後、登録の可否をお知らせ致します。

●入会会費について

レインボークラブについては全て無料です。

【やりなおし会のご案内】

志のある読者の方々へ、今後の参考として、その概要をご説明いたします。

「やりなおし会」とは、『人間やりなおし』の決意があり、『人間やりなおし』を自ら強く求め、そのために岩根先生の直接のご指導を頂きたいと願う会員の集まりです。もともと本会は、岩根先生が読者からのそうした強い要望にお応えに成る形で発足したものであり、発足以来既に15年以上が経過しています。

『人間やりなおし』とは本書にも書かれております通り、自分の一部の欠点を取り出して修正することではなく、自分の全てを入れ替えることであるため、いわゆる時が至り、時機が来た方でなければ馴染めないものです。また、一定以上の覚悟と積極性と根気も必要です。

従いまして、「レインボークラブ」とは異なり、「やりなおし会」に入会するためには、岩根先生の主要なご著書を既に読み、過去のリドゥメール（岩根先生から毎月二回配信される会員へのメッセージ）の完読、そして『人間やりなおし』の意志が明確にあり、「学ぶ姿勢」を学ぶ意志があり、岩根先生との師弟関係という立場の確立を願っている、といった一定の条件が設けられており、入会には岩根先生のご許可が必要です。そして、入会後には毎月指針（修行上の重要ポイント、導きのメッセージ）を戴くことが出来、厳しく胸に響く指針も、優しく勇気づけられる指針も、『全ては超越人格の愛の導き』として受け取る訓練をさせて頂けます。

と言いますと、何かとても厳しく窮屈な世界を想像してしまいがちですが、実際には正反対であり、求める気持ちさえあれば、実に楽しく、有意義で、伸び伸びと学べ、岩根先生のご指導と同志の支えにより、『人間やりなおし』が効率的に進み、真の自由が謳歌出来る実に有り難い世界です。

読者の皆様方には、「レインボークラブ」での行の実践と蓄積の後には、そのような世界が待っていることを楽しみにされながら、祈りと統一行の基礎と土台をしっかりと築かれ、一段階毎に着実なステップアップを図って頂きたいと切に願う次第です。

「やりなおし会」について、更にその内容を知りたい方は、献文舎までお問い合わせください。

最後になりますが、読者の皆様方の『人間やりなおし』が見事成就されますことを衷心よりお祈り申し上げます。

献文舎・読者連絡室

超越思考

復刻版
今からでも遅くはない
人間やりなおし
平成二十九年二月四日　初版発行
著　者――空不動
発行者――工藤眞宙見
発行所――献文舎
〒104-8238
東京都中央区銀座5-15-1
南海東京ビル1F SP865
電話：03-3549-3290
発売元――株式会社星雲社
〒112-0005
東京都文京区水道1-3-30
電話：03-3868-3282
印刷所――ベクトル印刷株式会社
本書に関するお問合せは文書にて、献文舎編集局まで。
落丁・乱丁本はお取りかえいたします。
ISBN978-4-434-22956-5 C0195 ¥1000E

回帰点の祈り

　ここがあなたの出発点であり、「帰還のための回帰点」となります。

　そしてこの祈りを祈ることは、自分自身の回帰点を確認することになります。

　事有る度にこの祈り言葉を声を出して、ゆっくりと噛みしめて祈り、自分自身の回帰点に帰り、自分を確認し、謙虚に自分の立場を確立しなさい。

　この回帰点が確立できなければ、あなたの出発点となる生きる基盤がいつまでも確立できず、全ての「行」はその意味を失います。そしてこの回帰点さえ確立できれば、生きる基盤が確立され、全ての「行」はあなたを根底から生まれ変わらせ、見事に統一人格を成就させます。

私の、これほどの無知と傲慢とそれによる身勝手から、いつも皆さまを傷つけ、周囲を汚し、多大なご迷惑をかけ続けてきたことと、それを知らずにこれまで生きてきたことを大変申し訳なく思います。

どうぞこれまでの私の不徳をお赦し下さい。

そしてこのような私でも、これまでずっとお付き合い戴き、ここに置いて戴いたことを、《超越人格》さまにそして皆さまに心から感謝いたします。

私は今、心素直で謙虚な人に生まれ変わりたいと心から願っています。

《超越人格》さま、このような私をよろしくお願いいたします。

人類愛の祈り

あなたがこの祈りを祈らせて戴く時、あなたは私の統一ベクトルの中に入り、統一人格に向かってのすばらしい運命が創られていきます。そして、この祈りを祈る多くの人々と超越意識において一つにつながり、お互いに助け合って生きていることを、そして《超越人格》によって強く導かれていることを確認することができます。

さらに多くの人達が「人類愛の祈り」を祈ることで、超越思考ネットワークが構築され、そこには《超越人格》が特に強く働いて下さり、普遍的な場がいくつもできあがります。その場が中心となって人類は真理の普遍性を回復し、真の秩序を回復し、やがて恒久平和が実現されます。

私達人類の進歩と調和が成就されますように。
全ては《超越人格》の愛の導きなのです。
《超越人格》さま有り難うございます。

私達人類の進歩と調和が成就されます。
私達は既に一つなのです。
皆さま有り難うございます。

私達のネットワークは私達に、そして私達人類に、
大きな進歩と調和をもたらすものであります。

◆超越思考シリーズ第一巻

人間が「人」に成る時

普遍の真理が論理的に徹底して吟味されて示され、そこに至る方法と「個人の救われ」を得る方法とが見事に体系的に展開されている。

定価2000円（税込）〒180円

◆超越思考シリーズ第二巻

人類が宇宙人類に成る時

「人」・民族・そして地球の文化

第一巻の総仕上げとしての「個人の完成」の理論と方法論、更にそれを発展的に展開させた「人類の救われ」の理論と方法論が示されている。

定価2400円（税込）〒180円

呪縛された日本

無自覚の中で進む日本の崩壊とその構造

戦後は「個」のあくなき追求により、日本人自らが「民族の精神性」とそれに基づく民族の文化的基盤を無自覚の中で破壊していく。

定価1600円（税込）〒180円

続・呪縛された日本

日本崩壊の危機とその再生論理

今こそ「個」と「全体」をバランスさせてきた日本伝統の原理に還ることで、亡国の戦後は終焉し、日本の文化と歴史の一貫性は回復する。

定価1600円（税込）〒180円

『自分の発見』

私達人類は今、新しい価値を希求し、混沌としています。二一世紀を迎えて、人類は真の秩序を構築することが求められています。

《超越人格》の愛により導き出された『大構想』——それは、「個」と「全体」の完全調和、現代における世界の恒久平和・民族の調和・様々な文化や宗教の共存、これらを実現することであります。さらに、それを現実化する原理と方法論、これこそが岩根和郎先生が提唱される「自分の発見」なのです。あなたもこの崇高な目的の旅を共に歩みませんか。

大構想を具体的に表現するのはあなたなのです。先ずあなたの周囲から始まります。

全6章（6冊セット）　**簡易製本版**　**定価20000円（税込）**

暗号は解読された般若心経

二千年の沈黙を破る。難解で謎に満ちた暗号が遂に解読された。262文字に託された驚天動地の宇宙論真理を知って、今の世を如何に生きるか。解読された般若心経により、やがて人間賛歌の時代が到来する。

定価1404円（税込）

改訂版　暗号は解読された般若心経

「空は実在」こそが真実。人気の旧版を充実強化して再登場。「空」と「色」は重要な意味に再定義されていた。その証拠を理論的に示す。空が実在と知って、今を如何に生きるか。究極の悟りを得た人達が真実の空を暗号化した般若心経に編纂し、後代の私達に仏教再生を託したのである。

定価1404円（税込）

あなたの「統一行」を手助けする…

CD一人でできる瞑想による統一行

このCDは、みなさまの「統一行」が日常生活の中できちんと習慣化され、またその境地がより高い域に到達できるようにとの願いからつくられました。言うなれば「統一行」の実践をみなさまの最も身近で応援する強力な助っ人であります。

〈2枚組〉定価1000円（税込）

CD-1

「みんなで瞑想」

1. 人類愛の祈り 1［38分］
2. 大構想の祈り［20分］
3. 回帰点の祈り［3分］
4. 人類愛の祈り 2［8分］
5. 注意忠告の祈り［1分］

CD-2

「ひとりで瞑想」

1. 人類愛の祈り30分用［30分］
2. 人類愛の祈り15分用［15分］
3. 人類愛の祈り10分用［10分］
4. 人類愛の祈り5分用［5分］
5. 大構想の祈り［10分］